T. A. Verkrüzen

Norwegen, seine Fjorde und Naturwunder

weitsuechtig

T. A. Verkrüzen

Norwegen, seine Fjorde und Naturwunder

ISBN/EAN: 9783956560569

Auflage: 1

Erscheinungsjahr: 2013

Erscheinungsort: Bremen, Deutschland

@ weitsuechtig in Access Verlag GmbH. Alle Rechte beim Verlag und bei den jeweiligen Lizenzgebern.

Cover: Foto © Hesse1309 (Wikipedia)

weitsuechtig

Xylophaga dorsalis Turt.

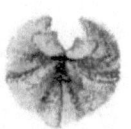

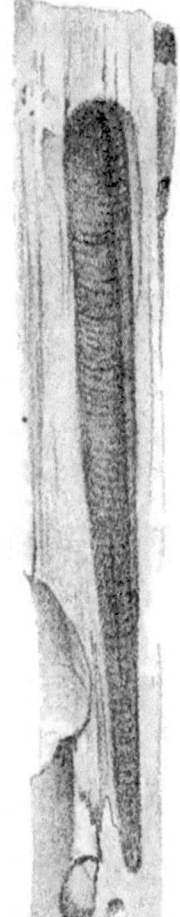

Ansicht v. vorne
natürl. Grösse.

Rücken-Ansicht
natürl. Grösse.

Bohrloch mit der Holzfaser laufend
in natürlicher Grösse.

Das Original hiervon befindet sich im
Senckenbergischen Museum zu Frankfurt am Main.

Aussere halbe Schale
vergrössert.

Innere halbe Schale
vergrössert.

NORWEGEN,

SEINE FJORDE UND NATURWUNDER.

EINE NATURWISSENSCHAFTLICHE REISE

UNTERNOMMEN

IM SOMMER 1871

VON

T. A. VERKRÜZEN.

NEBST LITHOGRAPHIRTER TAFEL UND VERSCHIEDENEN ABBILDUNGE.

Vorwort.

Der günstige Ausfall meiner Unternehmung nach Norwegen und die empfangene Aufmunterung, das Resultat meiner Arbeit und die daselbst gemachten Erfahrungen den Freunden der Naturwissenschaften und der Natur mitzutheilen, damit es Denjenigen als Leitfaden dienen möge, die dies grossartige, wilde, an Naturwundern so reiche Land, sei es wissenschaftlich oder als Touristen zu besuchen wünschen, hat mich bestimmt, dies bescheidene Werkchen den freundlichen Lesern zur nachsichtsvollen Beurtheilung vorzulegen.

Ihrer Nachsicht bedarf ich um so mehr, da ich, seit 42 Jahren im Auslande wohnhaft, keine Gelegenheit gehabt habe, mich im deutschen Buchstyl zu versuchen; auch mache ich keine Ansprüche auf eine ausgedehnte malacozoologische Ausbildung und Fachkenntniss, ich bin nur Liebhaber der Wissenschaft und kann deshalb den erfahrenen und kenntnissreichen Malacologen, die dies Fach mehr zum Lebensstudium gemacht haben, mein Scherflein Beitrag zu diesem anziehenden Zweige der Naturwissenschaft nur in aller Bescheidenheit anbieten. Wenn es Etwas enthält, das diese Wissenschaft bereichert und fördert, so ist mein Zweck und zugleich mein Herzenswunsch erfüllt. In einem Punkte war ich für das Unternehmen vielleicht günstiger gestellt als manche meiner geehrten Fachgenossen in Deutschland. Ich hatte in England Gelegenheit gehabt, die bedeutenden *dredging*-Expeditionen der Herren *J. Gwyn Jeffreys, Dr. Carpenter* und Anderer näher zu beobachten, mich auch sonst wenigstens theoretisch mit den *dredging*-Operationen möglichst bekannt zu machen, und ich hatte den Vortheil von Herrn *J. G. Jeffreys* einige nützliche Winke darüber, sowie auch ein Empfehlungsschreiben an *Dr. G. O. Sars* in Christiania zu erhalten, was ich hiermit dankbarlichst anzuerkennen mir erlaube; zwar war Herr *Sars* bei meiner Ankunft bereits auf den Lofoden, und die meisten Professoren und Naturforscher waren während der Universitätsferien von Christiania abwesend, auch Herr *Asbjörnsen* war in Finmarken; indess verschaffte mir die Empfehlung, sowie eine ähnliche von *Dr. O. A. L. Mörch*, dem ich dafür ebenfalls herzlichst danke, überall den erwünschten Beistand. Dabei habe ich in Folge meiner vielen Seereisen u. s. w. gute Uebung auf See und bin auf dem Elemente vorzugsweise zu Hause; auch verdanke ich meiner kaufmännischen Laufbahn manche praktischen Kenntnisse und Erfahrungen, so dass diese verschiedenen Umstände zusammengefasst mein etwas gewagtes Unternehmen begünstigten, und mir die glückliche Durchführung desselben *trotz* der sehr ungünstigen Witterung ermöglichten. Um diesem Buche ein etwas erweitertes Interesse zu verleihen, habe ich eine kleine Beschreibung meiner Reise und meiner in Norwegen gemachten Beobachtungen und erlebten Schicksale beigefügt; auch habe ich es schliesslich nicht für uninteressant gehalten, über die politische Stimmung des Landes einige Worte zu sagen, da es jedem Deutschen, der das Land zu besuchen gedenkt, in dieser erregten Zeit von Interesse sein muss, hierüber vorher in Etwas unterrichtet zu sein. Es wird ferner Einiges vorkommen, was vielleicht strenge genommen nicht zur Sache gehört; da es indess Beobachtungen und Eindrücke sind, die eben durch diese Reise wachgerufen wurden, so habe ich sie von dem Ganzen nicht trennen wollen.

Einer Entschuldigung, dass ich das Malacologische mit der Reisebeschreibung und Anderm verbinde, bedarf es hoffentlich nicht, weil gerade Norwegen von deutschen Touristen noch weniger besucht worden ist, und es deshalb auch dem Malacologen, der es wissenschaftlich zu besuchen gedenkt, hoffentlich nicht unwillkommen sein wird, vorher Einiges darüber zu erfahren. Sollte aber dennoch dem Einen oder Andern etwas von keinem Interesse erscheinen, so ist es leicht übergangen, da ich durch Ueberschriften das zur Abhandlung kommende andeute. Die angeführten Touren, die ich nicht selbst gemacht habe, verdanke ich theils mündlichen Mittheilungen und eingezogenen Erkundigungen im Lande selbst, theils sind sie andern Wegweisern entlehnt. Ich habe sie hinzugefügt um dem Buche die möglichste Vollständigkeit zu verleihen. — So übergebe ich denn diese Zeilen, im Vertrauen auf eine gelinde Kritik, den deutschen Malacologen und dem deutschen Publikum und hoffe, dass sie als Anregung zu ferneren ähnlichen Unternehmungen dienen mögen.

Für den mir bei diesem Unternehmen freundlichst geleisteten Beistand sage ich noch speciell meinen besten Dank dem Herrn *Dr. D. C. Danielssen* und Herrn *H. Friele* in Bergen; sowie besonders auch Herrn *D. F. Heynemann*, Präsident und Herrn *Dr. W. Kobelt*, Secretär der deutschen Malacozoologischen Gesellschaft zu Frankfurt a. M.

Noch habe ich zu berühren, dass meine grosse Entfernung von der Druckerei, und die Unmöglichkeit, die Correcturbögen wiederholt hin und her zu schicken, mehrere Druckfehler veranlasst hat, die ich vor der Einleitung aufgeführt habe und den freundlichen Leser gütigst zu berichtigen bitte.

LONDON, im Januar 1872.

Der Verfasser.

Inhalt.

	Seite
Einleitung	1
Geräthschaften zum Molluskenfang	3
Anwendung derselben	10
Abfahrt von London und See-Reise nach Christiania	17
Christiansand	23
Christiania	28
Dröbak	30
Das Schaben	33
Xylophaga dorsalis	35
Ausflüge von und Begebenheiten in Dröbak	43
Vallö	48
Reise nach Bergen	53
Stavanger	61
Bergen und Reise ins Hardanger Fjord	62
Utne	67
Kinservik	68
Arbeiten und Erlebnisse in Utne	70
Politische Stimmung	75
Besuch der Naturwunder	85
Ulvik und Osefjord	86
Vik und Eidfjord	87
Das Sörfjord und Odde	88
Der Gletscher Buerbræen	89
Skjeggedal Fos	91
Laate Fos	94
Rückkehr nach Utne, das Hardanger Fjord	96
Vöring Fos	101
Rjukan Fos	103
Die Carriole	105
Abreise von Utne	107
Eide und Vassenden	108

	Seite
Vossevangen	110
Tvinde und Vinje	111
Stahlheim und das Nærödal	112
Gudvangen und Næröfjord	114
Sogne Fjord	115
Lærdalsören	116
Rückkehr durch das Sogne Fjord nach Bergen	118
Lima	121
Abreise von Bergen	127
Abschied von Norwegen und Reise über Hamburg nach Frankfurt a. M.	129
Touren durch Norwegen	135
Landreise von Bergen nach Christiania (Fille-Fjeld, Mjösen-See etc.)	138
Von Bergen nach Christiania	138
Hammerfest und Nordcap	147
Molde, Gudbransdalen und Romsdalen	148
Dovre Fjeld und Trondhjem	149
Christiansund und Aalesund	150
Lofoden und Malström	150
Sandefjord	152
Ringerike	153
Lillehamer und Gausdal	154
Hamar und Glommen	155
Tyri Fjord	156
Fredrikstad	157
Sprache	160
Schabe-Notizen	164
Liste der Norweger marinen Mollusken	171
Dampfschiffverbindungen mit Norwegen	189

Druckfehler.

Seite	Zeile			
4.	20	v. u.	für einem lies einen.
4.	10	" "	¾ Zoll lies 3 bis 4 Zoll.
7.	8	o.	a und b lies a und c.
7.	13	"	einem lies eine.
11.	7	" u.	ihn lies ihm.
12.	6	" "	denn „ dann.
14.	16	" "	Ellenbogen lies Elbogen.
23.	3	" "	8 Uhr lies 10 Uhr.
23.	9 u. 2		Christianssand lies hier und überall Christiansand.
24.	17	"	sie lies es.
26.	13	" o.	Frederikvaern lies Frederiksværn.
26.	13	" "	einem lies einen.
31.	17	" "	ventikaler lies vertikaler.
38.	19	u. "	abgestorbenen Thieren lies abgestorbene Thiere.
39.	1		um lies und.
48.	9		Christian VII lies Christian IV.
51.	3		denn lies dann.
53.	13		hartem lies harten.
53.	14		su lies zu.
55.	7		denn lies dann.
66.	5		merkwürdiger Felswände lies merkwürdigen Felswänden.
70.	6		Sorfjords lies Sörfjords.
76.	12		Frederik V. lies Frederik VII.
80.	19		wesshalh lies wesshalb.
96.	10		welchem lies welchen.
100.	7		mögte lies möchte.
103.	1		Konsberg lies Kongsberg.
104.	4	" "	Konsberg lies Kongsberg.
105.	1	o. etc.	für Cariole lies hier und überall Carriole.
112.	13	" "	verkehren lies einkehren.
112.	14		Stalhheim lies Stalheim.
114.	17	"	Sivlevos lies Sivlefos.
118.	2	" o. "	denn lies dann.
119.	17	" u. "	jeder lies jede.
121.	9	" "	norwegica lies norvegica.
121.	5	" " "	Seen lies Meeren.
124.	8	" o.	Muscheln lies Muschel.
144.	7	" u. "	1¼ lies 1½ Stunde.
149.	20	" u.	Veblungenæs lies Veblungsnæs.
153.	5	"	Lunledal lies Humledal.
162.	10	" o. "	half lies halv fire.
162.	6	" u.	Hvoer lies Hvor.
166.	11	" o.	Ponopæa lies Panopea.
170.	10	"	Turitella lies Turritella.
173.	3	"	imbrifer lies imbrifex.

Einleitung.

Um nicht genöthigt zu sein ein englisches Wort selbst, oder ein solches mit deutscher Endung oder eine lange Umschreibung zu gebrauchen, erlaube ich mir, bis zur Auffindung und Feststellung eines passenderen, einstweilen für *dredge* das deutsche Wort — *Schabe* und für *to dredge* — *schaben* zu gebrauchen. Es scheint mir den Reichthum unserer Sprache verkennen, wenn wir das englische *dredging* oder *to dredge* durch 5 Worte (mit dem Schlepp-Netze arbeiten, ziehen oder fischen) wiedergeben, und das müssen wir doch thun, wenn wir nicht das englische to dredge gar durch dredgen oder dredschen übersetzen oder verdrehen wollen. Das Wort Schlepp-Netz schliesst die Bildung eines Verbums aus; es ist ausserdem ein zusammengesetztes Wort und gibt keinen entschiedenen Begriff von unserer Maschine, die von Eisen ist, oft kein Netz, sondern (z. B. bei der Eimer-Schabe) nur einen Boden hat, und oft habe ich einen Sack von porösem Stoffe dem Netze vorgezogen. Ich will meine Benennung nicht als die beste hinstellen, die gegeben werden kann, und ziehe sie zurück, sobald ein zweckmässigeres Wort dafür bestimmt wird, aber es scheint mir, dass wir ein passendes Wort für unsere Operation haben sollten, ohne solche durch einen langen Satz umschreiben zu müssen. Wollten wir z. B. den englischen Satz: *on the 5th I went again on sea to dredge* verdeutschen, so müssten wir sagen: am 5. ging ich wieder auf See, um mit dem Schleppnetz zu fischen oder zu arbeiten; eine lange Umschreibung! die ich mit: am 5. ging ich wieder zum Schaben auf See, noch durch 1 Wort weniger als der Engländer ausdrücke.

Die Instrumente, deren man sich bedient, um die Bewohner des Meeresgrundes zu fangen, sind im wesentlichen denen nachgebildet, die seit langer Zeit von den Fischern gebraucht werden, um die essbaren Muscheln zu sammeln. Die Schaben, welche von den englischen Fischern zum Fang der Auster und des whelk, *Buccinum undatum* L., (in England massenhaft als Nahrung verbraucht, während man sie an der deutschen Küste nicht geniesst) angewandt werden, fördern häufig auch andere Mollusken herauf, aber sie sind so roh construirt, dass die zärteren Muscheln zerbrechen, die kleineren meistens verloren gehen. Es ergab sich deshalb, sobald die Schabe häufiger im Dienste der Wissenschaft angewandt wurde, die Nothwendigkeit, vollkommenere Instrumente zu construiren. Namentlich in England, wo Dredging-Expeditions fast zum *sport* gehören, hat man in der Anfertigung aller dazu nothwendigen Utensilien sehr bedeutende Fortschritte gemacht.

Da nun der Erfolg beim Schaben sehr von der Güte und Brauchbarkeit der angewandten Instrumente abhängt und mir bis jetzt in keinem deutschen Werke eine eingehendere Beschreibung der nöthigen Schaben, Siebe etc. zu Gesichte gekommen ist, würde ich glauben, den Zweck meines kleinen Werkchens zu verfehlen, wollte ich nicht diesem Puncte eine eingehende Beachtung widmen. Ich gebe deshalb in Folgendem eine genaue Beschreibung der von mir angewandten Geräthschaften, die sämmtlich nach den neuesten Modellen construirt waren und sich gut bewährt haben.

Einleitung. 3

1. Die grosse Schabe. (Fig. 1 a, b, c.)

Meine grosse Schabe, von starkem galvanisirten Eisen angefertigt, wiegt etwa 18—20 Kilogramm; man kann sie natürlich, je nach der Tiefe, in der man zu arbeiten gedenkt, und nach der Beschaffenheit des Bodens, schwerer oder leichter haben. Ich gebe auf dem beigedruckten Holzschnitte Fig. 1 a ihre Ansicht von oben, in Fig. 1 b die Ansicht von vorne, und in Fig. 1 c eine Endansicht. Die Hauptbestand-

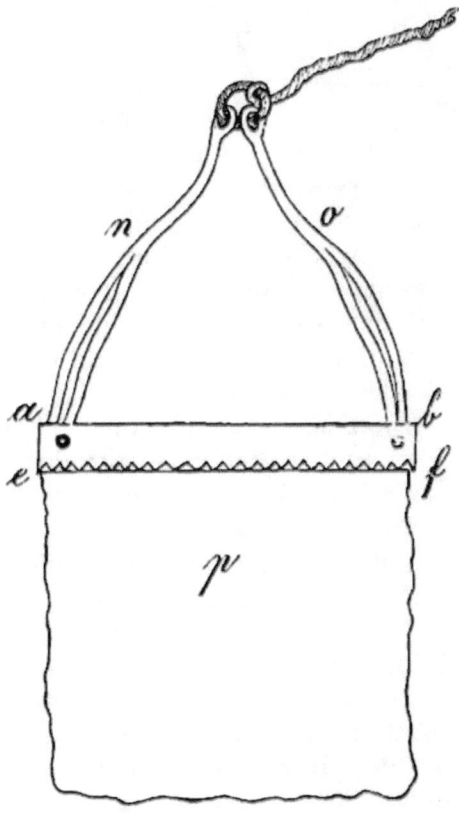

Fig. 1 a. Ansicht von oben.   Fig. 1 b. Ansicht von vorne.

theile sind zwei starke Eisenplatten, *i* und *k*, mit keilförmigem Querschnitt, durch zwei starke runde Eisenstäbe, *l* und *m*, so verbunden, dass die scharfen Kanten *a b* und *c d* weiter auseinanderstehen, als die stumpfen *e f* und *g h*. Längs der letzteren ist eine Reihe Löcher, die zur Befestigung des Netzes dienen. An den Eisenstäben *l* und *m* sind ein paar starke eiserne Arme *n* und *o* angebracht, und zwar beweglich; jeder hat an seinem Ende einen Ring zur Befestigung des Taues. Unter gewöhnlichen Umständen zieht man das Tau durch beide Ringe; ist aber der Grund steinig oder felsig und befürchtet man, fest zu gerathen, so befestigt man das Tau nur an einem Ring und bindet den anderen Arm mit einer schwachen Leine an das Haupttau. Geräth dann die Schabe hinter einen grossen Stein oder einen Felsvorsprung fest, so bricht bei starkem Ziehen zuerst die dünne Leine, die Arme öffnen sich und die Schabe wird leichter befreit.

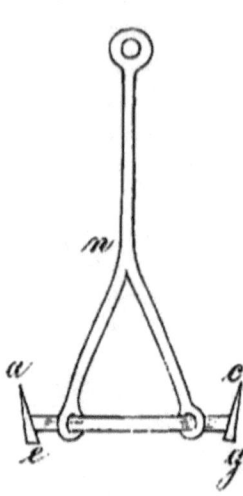

Fig. 1c. End-Ansicht.

Die Dimensionen meiner Schabe sind (in englischen Fussen und Zollen ausgedrückt) **ungefähr**:

Länge der Seitenplatten *i* und *k*	20 Zoll.
Breite derselben	3 ¾ „
Dicke derselben an der stumpfen Kante	⁵/₁₆ „
Entfernung von *a* bis *c*	9 „
„ *e* bis *g*	7¼ „
Länge der Arme	24 „

Die Länge des Netzes kann man beliebig wählen, doch thut man gut, es nicht allzu lang zu nehmen, da sonst der Inhalt zu schwer werden und es zerreissen könnte; das an meiner grossen Schabe war ungefähr 2 Fuss lang, schrumpfte aber durch den Gebrauch bedeutend zusammen. Die Maschen des Netzes dürfen nur so weit sein, dass sie den feinen Schlamm nur unbedeutend durchlassen.

2. Die kleineren Schaben.

Die eine meiner kleineren Schaben war ganz ähnlich construirt, wie die eben beschriebene, aber bedeutend leichter, sie wog mit Netz nur etwa 9 Kilogramm. Die Arme waren nicht gebogen, sondern gerade und die obere Oeffnung war für grössere Thiere zu klein. Ich habe mit ihr keine sonderlichen Resultate erzielt, um so mehr, als ich sie schon bald im Hardanger Fjord verlor, wo das Zugtau an einem Felsen durchrieb und brach. Statt ihrer liess ich mir in Bergen eine andere machen, die durch ihre etwas weitere Oeffnung besser für Norwegen geeignet war. Die Arme derselben waren gerade und feststehend, was vielleicht nicht ganz so praktisch sein dürfte.

Ferner bekam ich in Bergen noch eine Schabe geliehen, deren Oeffnung nicht ein Viereck, sondern ein gleichseitiges Dreieck bildet; Fig. 2 gibt eine Idee davon; die drei Seiten sind von Eisenplatten gebildet. Ich hatte leider keine Gelegenheit, sie praktisch zu erproben.

An den steilen unterseeischen Abhängen des fast unergründlichen Hardanger-Fjord gebrauchte ich besonders zum Fang der prächtigen *Lima excavata* noch eine ganz leichte dreieckige Schabe, wie sie auf Fig. 3 (siehe umstehend) abgebildet ist. Es ist ein leichter

Fig. 2.

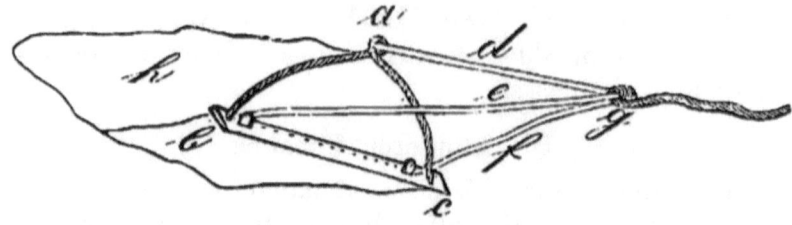

Fig. 3.

eiserner Rahmen *a*, *b*, *c*, auf der einen Seite von einer Eisenplatte, auf den beiden andern von runden Eisenstäben gebildet, die oben in ein Oehr gebogen sind; an demselben sind drei Leinen befestigt, *d*, *e*, *f*, die bei *g* zusammengeknotet und mit dem Zugtau verbunden sind. Statt eines Netzes benutzte ich dabei einen Sack aus einem sehr offen gewebten leinenen Stoffe, der in Norwegen in ausgezeichneter Qualität gemacht wird.

3. Die Eimer-Schabe.

Die gewöhnlichen, bis jetzt beschriebenen Schaben sind zwar unbestreitbar sehr praktisch, aber sie sind nur geeignet, die oberste Schicht des Meeresgrundes abzukratzen, und bringen deshalb auch nur die Thiere, die nicht tiefer als $\frac{1}{2}$ bis 1 Zoll stecken. Viele Muscheln graben sich aber tiefer ein und sind also den gewöhnlichen Instrumenten unerreichbar. Hier hilft die von Robertson construirte Eimer-Schabe, von der ich zwei Exemplare mit hatte.

Es ist dies, wie die beigedruckten Holzschnitte zeigen, ein ovaler Eimer aus starkem galvanisirten Eisenblech, der an den beiden längeren Seiten in Spitzen *a* und *c* ausgezogen ist. Sie ist aus zwei Hälften zusammengesetzt, welche correspondirende Ringe tragen; zwei durch diese hindurchgesteckte Eisenstäbe *d g* und *e h*, die sich nach oben unmittelbar in die Arme fortsetzen, halten die Hälften zusammen und dienen durch Schrauben bei *g* und *h* auch zugleich zur Befestigung des siebförmigen Bodens *b*. Man braucht also nur diese beiden Schrauben abzunehmen und die Eisenstäbe herauszuziehen, so fallen die beiden Hälften und der Boden auseinander.

Die Dimensionen dieser Schabe sind:

Höhe des Eimers von *a* bis *b*	20 Zoll.
Grosser Durchmesser der Oeffnung	11 „
Kleiner Durchmesser .	8½ „
Entfernung der Spitzen *a* und *&c*	10 „
Bodendurchmesser . .	6½ 8 „

Die Schlussstäbe, deren Verlängerung zugleich die Arme bilden, haben etwa 1¾ Zoll Umfang. Die ganze Schabe wiegt etwa 12—15 Pfd. englisch. An die Ringe der Arme befestigt man zunächst einem ca. 12 Fuss lange eiserne Kette, und erst an diese das Zugtau. Die Kette reibt sich weniger leicht durch und hält auch gleichzeitig durch ihr Gewicht die Schabe nieder, die an einem elastischen Tau zu stark tanzen würde.

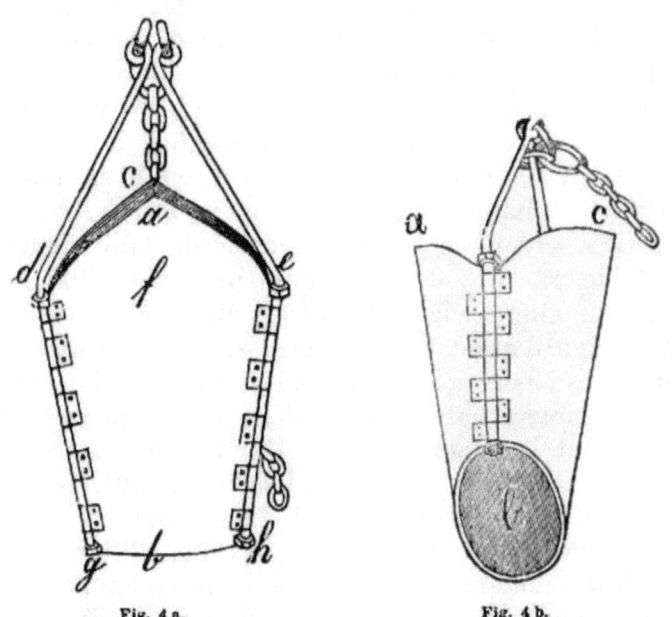

Fig. 4 a.   Fig. 4 b.

Man wendet nicht mit Unrecht gegen diese Schabe ein, dass sie sich zu rasch füllt, deshalb nur eine unbedeutende Fläche des Grundes bestreicht und, wenn sich da gerade nichts vorfindet, leer heraufkommt. Aber das Leerheraufkommen ist eine Sache, an die man sich beim Schaben gewöhnen muss, denn auch die anderen Schaben kommen häufig mit wenig oder nichts herauf; trifft man aber auf ergiebigen Grund, so erlangt man mit der Eimerschabe mitunter auch Sachen, die ungewöhnlich sind. So erhielt ich mit derselben bei Vallö ein ausgewachsenes Exemplar der *Isocardia cor*, wie es noch keiner der norwegischen Sammler gefunden hat, und hätte wahrscheinlich noch mehr davon erlangt, wenn ich daselbst nicht fortwährend das ungünstigste Wetter gehabt hätte.

Ausserdem hat man aber bei der Eimerschabe den Vortheil, dass man ziemlich genau bestimmen kann, an welcher Stelle die Muscheln vorkommen, um solche noch einmal zu versuchen, was man nicht kann, wenn man mit der gewöhnlichen Schabe 50 oder 100 Ellen Grund abschabt. — Es hat eben jede Art ihre Vortheile, und man thut gut, an günstigen Punkten beide abwechselnd anzuwenden. Oekonomische Rücksichten sind in diesen Stücken übel angewandt: die wahre Oekonomie bei einer solchen wissenschaftlichen Unternehmung ist: Alles Erforderliche hinreichend, ja eher im Ueberfluss zu haben, damit man nicht durch einen Unglücksfall wochenlang aufgehalten wird, dann dem Operationsfelde rasch zuzueilen und nun die Gelegenheit fleissig und energisch zu benutzen, und zwar trotz aller sich entgegenstemmenden Hindernisse. Wer das nicht liebt, der muss das Meer nicht zu seinem Operationsfelde wählen.

Die Eimerschabe lässt sich ihrer Zerlegbarkeit halber leicht in einen kleinen Raum verpacken. Wer sie gebrauchen will, vergesse aber nicht, auch eine Anzahl überzähliger Schrauben nebst passendem Schraubenschlüssel und wo möglich einen überzähligen Boden mitzunehmen; denn schon bei meinem ersten Zuge kam mir eine ohne Schrauben und Boden wieder herauf.

4. Taue.

Die Taue müssen bester Arbeit und von bestem Material gemacht sein, so dass sie nicht schwerer zu sein brauchen, als nöthig ist, die Schabe sicher über den Grund zu schleppen und beladen herauf zu bringen. Für die kleinere und die Eimerschabe benutzte ich 300 Faden eines Taues von 1 Zoll Umfang, für die schwere Schabe eines von $1\frac{1}{4}$ Zoll. Die Länge richtet sich nach der Tiefe, in der man schabt, und hat man 50 bis 75 à 100% mehr Länge nöthig, als das Wasser tief ist. Schabt man also z. B. in 100 Faden Tiefe, so bedarf man 150—175 Faden Tau, nach Umständen auch wohl mehr, und man thut gut, nicht zu wenig mitzunehmen. Besonders an solchen Stellen, wo man die Schabe vom Ufer aus aufzieht, braucht man oft eine sehr beträchtliche Länge Tau.

5. Siebe.

Gute Siebe sind für den Erfolg des Schabens sehr wichtig, denn es ist nicht möglich, die kleinsten Muscheln einzeln aus dem Schlamm und Sand herauszulesen, während man sie leicht durch Auswaschen in passenden Sieben erhält.

Ich bediente mich starker und besonders gut gemachter Siebe von drei Einsätzen, die fest in einander passten, von Eichenholz und Kupferdrath verfertigt, mit starken Handgriffen von galvanisirtem Eisen. Das oberste Sieb hatte Oeffnungen von $\frac{1}{4}$ Zoll Weite, das mittlere von $\frac{1}{8}$ Zoll und das untere von $\frac{1}{32}$ Zoll, welches letztere auch die kleinsten Thierchen von der Grösse eines sehr kleinen Nadelkopfes zurückhält und nur den feinst zertheilten Schlamm und feinsten Sand durchlässt. Das obere misst ca. 11 Zoll im Durchmesser bei etwa $3\frac{1}{2}$ Zoll Tiefe. Noch grössere sind, wenn mit Schlamm gefüllt, unbequem zu handhaben.

Verfahren beim Schaben.

In 10 bis 15, höchstens bis 20 Faden Tiefe und bei windstillem Wetter kann ein kräftiger Mann in einem Ruderboote allein schaben, indem er, wenn die Schabe auf den Grund gesenkt und die nöthige Länge Tau ausgelassen ist, letzteres ans Schiff befestigt, und nun mit der Strömung fortrudert, bis er seine Schabe gefüllt zu haben glaubt und alsdann aufzieht. Bei tieferem Wasser, 20 bis 100 Faden, bedarf man eines schweren Ruderboots und zweier geübter Ruderer und Seeleute; ist das Wetter aber windig, so ist's gerathener, 3 Mann mitzunehmen. Drei Mann genügen ebenfalls bei grösserer Tiefe, wenn nur in einem Fjord, einem Meeresarm oder in einer ruhigen Bai und mit den kleineren Schaben gearbeitet wird, oder mit den schweren nur in Tiefen bis zu 100 Faden. Bei grösseren Operationen und weiter in See muss man 4 bis 6 Mann haben, nebst einem entsprechenden seetüchtigen Boote; sowie man bei den tiefsten marinen Fischereien ein verdecktes Yachtschiff mit 15 bis 20 Mann Bedienung, oder noch besser ein Dampfschiff, nöthig hat. Meine Operationen erstreckten sich vorläufig nur auf die Küstenfischereien, obschon ich den lebhaften Wunsch hege, auch an den grössten und ausgedehntesten Theil nehmen zu können.

Ausser seinen Schaben, Tauen und Sieben bedarf man ein ziemlich grosses, hölzernes Waschbecken (Küfen) nebst hölzernem Löffel oder Schüppe; ferner einen Korb oder Kasten mit offenen Gläsern verschiedener Grösse, die man halb mit Seewasser füllt, dann gut verkorkte Gläser, die mit verdünntem Spiritus zu füllen sind; ferner sind nöthig und nützlich diverse Pincetten (ich gebrauche auf See kleine messingene, die dem Roste nicht ausgesetzt sind), dann etliche kleine Säcke von starkem Packleinen, ein oder zwei gemeine Esslöffel und ditto Theelöffel von dünnem galvanisirtem Eisen oder ähnlichem Metall, auch 1 bis 2 Taschenmesser, sowie ebenfalls ein Hammer etc. nützlich werden kann; und dass der begeisterte Schaber in seinem Eifer schliesslich nicht vergessen darf, sich stets mit Regenrock und Kappe, sowie mit einigen belegten Butterbröden und 2 oder 4 Flaschen Bier, ebenfalls einem Fläschchen mit Cognac und Wasser, zu versehen, brauche ich wohl kaum zu erinnern. Ich habe es für nöthig gehalten, den Leuten aus freien Stücken einige Flaschen Bier zu verabreichen, besonders ist dies wichtig bei stürmischen und nassem Wetter, denn selbst die harten Norweger sind am Ende auch nur Menschen, die von einer 8- bis 10- à 12stündigen schweren Arbeit oft bei von Meerwasser und Regen durchnässten Kleidern und ewigem Schwanken und Stossen des Schiffes auch ermatten, und will man ihren Muth nicht in dieser Weise aufrecht halten, so bleibt man selbst besser in der trockenen Stube. Ich vertheilte auch gewöhnlich noch einige meiner Butterbröde unter sie, da Essen und Schlafen nicht meine schwachen Seiten sind und ich es den Leuten fast immer zu lange auf dem Meere aushielt; aber meine Arbeit schritt dabei auch trotz Sturm und Regen vorwärts und ich hatte die Freude, in Vallö in meinem Wirthshause zu hören, dass die Leute sich dahin ausgesprochen, sie würden mit mir um die Welt gehen. — Ich erwähne dies, weil es ein wichtiger Punkt ist, dass man sich gut mit den Leuten stellt und sie willig für sein Commando macht, denn sonst gedeiht die Arbeit nicht. —

Ist man an Ort und Stelle angekommen, wo man schaben will, so lässt man durch einen der Bootsleute die Schabe auf den Grund hinuntersenken; hat er es schon mehr gethan, so weiss er Bescheid, wo nicht, so thue man es zuerst selbst oder stelle sich bei ihn. Das Tau muss vorher so zurecht gelegt sein, dass es ohne Hinderniss der sinkenden Schabe nachfolgt. Ist die Schabe unten, was man fühlen kann, und hat man sich am Tau die Tiefe gemerkt (die Taue müssen von 20 zu 20 oder von 30 zu 30 Faden ein Zeichen haben), dann gibt man zunächst 50 bis 70% mehr Tau aus, befestigt dasselbe ans Boot, und nun müssen die Leute mit der Strömung rudern; dies ist eine schwere Arbeit, denn die Schabe wirkt wie ein Anker aufs Boot, und oft sind sie nicht im Stande, dasselbe von der Stelle zu bewegen. Geräth die Schabe so fest, dass trotz aller Kraftanstrengung (ich habe oft den Ruderern mitgeholfen) das Boot nicht vorwärts gebracht werden kann, dann muss, wenn die Schabe schon einige Zeit vorher geschleppt hat, aufgezogen werden; oder geräth sie gleich zu Anfang fest, dann wird sie so weit aufgeholt, dass man sie über das Hinderniss hinweghebt und dann gleich wieder niederlässt. Eher aufzuholen, als bis die Schabe eine ziemliche Strecke geschleppt hat, ist verlorene Arbeit. Man zieht nur früher auf, wenn das Hinderniss unübersteiglich wird, oder wenn man glaubt, dass sonst etwas nicht in Ordnung ist; auch ist's möglich, dass sich die Schabe einmal ziemlich rasch füllt, denn liegen auf sonst glattem Sand- oder Schlammgrunde nur mässig grosse Steine mit Muschelbruch, auch Seegewächse u. s. w., so füllt sie sich oft ziemlich bald, und wenn voll und es häuft sich noch mehr Schlamm u. s. w. vor derselben auf, so ist sie nicht weiter zu bringen, und es muss aufgezogen werden. — Alles dies lernt man am besten durch Uebung und eigene Erfahrung, wozu man das Tau oft selbst in die Hand nehmen und am Gefühle kennen lernen muss, wie es da unten aussieht.

Auf Schlamm und Sandgrund bietet das Schaben wenig Schwierigkeiten dar; finden sich aber viele grosse Steine, Felsstücke und Korallenriffe vor, dann ist die Schwierigkeit grösser, so wie man an Felswänden nur leichtere Schaben bei behutsamer Arbeit gebrauchen kann. Ist der Grund sehr schwierig und will man nicht riskiren, seine Schabe oft zu verlieren, dann bindet man ein zweites dünneres Tau oder eine starke Leine an die Schabe, befestigt, wenn sie auf dem Grunde ist, dies zweite Tau an eine Boje, wirft Tau und Boje über Bord, und rudert nun zum nächsten Ufer mit dem Zugtau. Hier wird letzteres angezogen und sitzt die Schabe fest, so kehrt Einer mit

dem Boote zur schwimmenden Boje zurück, hebt die
Schabe vermittelst der Sicherheitsleine ein wenig auf
und über das Hinderniss hinweg, und dies wird so
lange fortgesetzt, bis die Schabe endlich ans Land gebracht ist. Befindet man sich zu weit in See, oder
bieten die starren Felsgestade kein Plätzchen zum Landen, so muss man mit dem Boote selbst zurück, und
dann dient die Boje nur als Sicherheit, dass man die
Schabe nicht verliert, wenn das Zugtau brechen sollte;
auch kann man ein zweites kleineres Boot mitnehmen,
welches sich bei der Boje aufhält, während die Mannschaft im grösseren Boote beim Rudern und Aufziehen
bleibt. — Ferner ist es, wenn das Meer wogt, nützlich,
etwa 2 Faden vor der Schabe einen schweren Stein ans
Tau zu binden, was das Tanzen der Schabe über'm
Grund (durch das Schaukeln des Bootes bewirkt) ver-
mindert; ich habe auch wohl an die Eck-Enden des
Netzes Steine gebunden, um Alles noch mehr nieder zu
halten. Es ist noch zu bemerken, dass die Leute eine
Winde mitnehmen müssen, die ans Vordertheil des Schiffs
befestigt wird, um darüber aufzuziehen, was sonst aus
grösseren Tiefen nicht möglich ist. Besitzen die Bootsleute keine, so lässt man vorher eine machen und nimmt
sie mit. Es ist einfach ein krummes starkes Stück Holz,
in dessem Ende eine eiserne Rolle läuft, die gerade
weit genug ist, das Zugtau darüber zu rollen und aufzuziehen. Kommt nun endlich die Schabe ganz oder
zum Theil gefüllt herauf, dann wird der Inhalt vorsichtig in das Becken (Küfen) geschüttet; man sehe aber
erst in die Schabe hinein und hebe alle schweren Steine
mit der Hand heraus, auch etwaige Seeigel und Seesterne, so wie Alles, was beim Umschütten mit Steinen
leiden würde (die Esslöffel sind nützlich, um Echini etc.
heraus zu heben), und kehre nun schliesslich den Rest
langsam ins Becken hinein um, dann wird jeder Stein,
jede Pflanze, Koralle, zerbrochene oder leere Muschel-
schale aus- und inwendig untersucht und alles Unnütze
über Bord geworfen. Die Müschelchen und Thiere ver-

theile man sogleich je nach Grösse, Schwere und sonstiger Naturbeschaffenheit in die verschiedenen Gläser und lasse während dieser Arbeit die Leute die Schabe wieder hinunter senken. Ist der Inhalt nur Schlamm und Sand, d. h. sind keine Steine und Thiere sichtbar, dann wird Alles vorsichtig in das Becken umgekehrt und nun kommen sofort die Siebe in Requisition. Man fülle mit dem Holzlöffel das obere Sieb $3/4$ voll, halte die ineinandergestellten Siebe über Bord ins Meer gesenkt, so dass der obere Rand der Siebe mit der Meeresoberfläche etwa gleich steht, also Alles im Wasser ist, und siebe oder wasche so den Schlamm durch alle drei Siebe ins Meer zurück, bis das Wasser ziemlich klar durchfliesst, dann hebe man die Siebe ins Boot zurück und untersuche nun den Inhalt von allen dreien, lese das Brauchbare heraus und spüle den Rest sofort ins Meer zurück; kann man mit dem Heraufholen des Schlammes nicht Schritt halten, so thue man den Inhalt des feinsten Siebes in Säcke, um ihn zu Hause zu untersuchen. Wogt das Meer, dann hält man die Siebe weniger tief hinein, denn das Wasser nimmt sich alsdann alle Freiheiten und kommt einem ohne Umstände bis an die Ellenbogen, oder der Ungeübte bringt auch mal seine Nase mit dem Schiffsbord in Berührung, denn seine Hände müssen die Siebe festhalten und seine Arme bleiben über Bord gestreckt. Unter solchen Umständen erfordert das Sieben gute Praxis. Diese Arbeit ist nun etwas anstrengend, wenn man einen ganzen Tag so dran bleiben und dabei die Leute unter Aufsicht und an der Arbeit halten soll, zumal wenn das Boot ewig tanzt und schwankt und man auch zur Abwechselung Salzwasser von unten und Süsswasser von oben über den Leib kriegt. Dass es hierbei etwas steifen Rücken und steife Glieder gibt, dass einem auch zuletzt der Kopf wohl mal schwindelt, und es Einem grün und gelb vor den Augen wird, ist nicht zu verwundern; auch dass man dabei den ganzen Tag nasse Hände und oft nasse Kleider behält, von Schlamm und Schmutz so bemalt wird, und Einem Alles so in Unordnung geräth, dass man zuletzt **ärger** als ein Hottentotte aussieht, ist selbstverständlich; und wer Alles dies nicht als **höchst** gleichgültige Nebendinge ansieht, der passt sich überhaupt nicht zum Schaben und darf, wenn es ihm auf Erfolg ankommt, sich keinenfalls allein daran wagen.

Es ist selbsverständlich, dass man sich mit passender Kleidung bedeckt. Ich trug eine starke blauleinene Ueberziehhose, hohe Schmierstiefel und als Rock einen alten grauen Ueberzieher, der sich bis an den Hals zuknöpfen liess. Ausserdem nimmt man stets einen Regenrock und ditto Kappe mit, selbst wenn die Sonne scheint, da plötzliche Schauer sich bei unsteter Witterung oft einstellen.

Man sieht aus dieser kleinen Beschreibung, dass das Schaben unter Umständen eine etwas schwierige Aufgabe werden kann, aber der Erfolg versüsst wieder alle Leiden und die spannende Erwartung über den Inhalt des so schwer Erbeuteten hält allem Ungemach die Wagschale. Man gewinnt die Beschäftigung zuletzt lieb und ist verstimmt, wenn sie durch widrige Umstände unmöglich oder man sonst daran verhindert wird. Hat man nun sein Tagewerk auf See beendet und kommt mit Allem in seine Wohnung zurück, dann hat man noch die grosse Arbeit, Alles zu reinigen, die Thiere zu tödten, aus den Schalen zu ziehen, die Bivalven zusammenzubinden, die Spiritussachen zu präpariren, und Alles in schliessliche Ordnung zu versetzen. Bleibt man bis 5, 6 oder 7 Uhr N.-M. oder gar noch länger auf See, wonach man natürlich erst ein Mittagsmahl haben muss, so kann man die Hauptsache dieser Arbeit nicht mehr am selben Tage beenden (denn, ist auch der Wunsch da, man fühlt sich gliederlahm und unseren Kräften ist eine Grenze gesetzt), sie bleibt desshalb eine Arbeit für den folgenden Tag, und oft hat sie mich den ganzen Tag und bei grossem Vorrath noch länger in Anspruch genommen. Es ist auch nicht zweckmässig, sich zu sehr auf einmal mit Gegenständen zu überfüllen, weil sie dadurch zum Theil verkommen und verderben. Alle zwei oder alle drei Tage einen ganzen Tag zu schaben, ist hinreichend, oder man kann auch blos des Vormittags auf See sein und am Nachmittage ordnen; dadurch aber vertheuert sich die Arbeit, denn die Leute geben ungern ihr sonstiges Tagewerk auf, ausser sie können etwas Gewisses verdienen; für die zweite Hälfte des Tages finden sie schwerlich noch wieder Beschäftigung; ich musste ihnen für einen halben Tag fast dasselbe zahlen wie für einen ganzen, ja im Hardanger Fjord wollten sie es nur für eine gewisse Summe thun; ob ich 3 oder 10 Stunden ausblieb, das war ihnen gleich. Ich machte desshalb, wenn die Umstände es irgend erlauben wollten, stets lieber ganze Tage, obwohl mit etwas mehr Unbequemlichkeit verbunden.

Es ist noch zu erwähnen, dass man die Muscheln, die man aufheben will, nach dem Tödten der Thiere in heissem Wasser, zweckmässig 1 bis 2 Stunden darin stehen lässt, bis sie erkaltet sind, damit auch das Salzwasser gut auszieht, welches der Erhaltung der Schalen nachtheilig ist; beim Tödten in verdünntem Spiritus kann man sie in warmem Wasser etwas nachwaschen, sowie die ganz kleinen nur kurze Zeit in süssem Wasser zu sein brauchen.

Diese kleine Beschreibung meiner Geräthschaften und der Arbeit wird die folgende Darstellung meiner Erlebnisse auch für Diejenigen deutlicher machen, die nicht Malakologen sind, aber vielleicht Lust dazu verspüren möchten, denn trotz der mühevollen und auch nicht ganz ungefährlichen Arbeit verschafft sie Einem manche Seelenfreuden und geistigen Genuss, und es ist eine gesunde Beschäftigung, da ich mich auf See trotz Nässe und Sturm nie nennenswerth erkältete, obgleich mir das auf dem Lande leider häufiger passirt. Ich gehe nun zu meiner Erzählung über.

Abreise von London
den 22. Juni 1871.

Da unser Dampfer *The Albion* (nominell von 1000 Tonnen Inhalt und 700 Pferdekraft), Capitain J. A. Gatgens, früh am 23. abfahren sollte, so begab ich mich schon am 22. an Bord. Ich hatte vieles und schweres Gepäck; dabei war der 22. Juni wie ein ächt englischer Novembertag, ein endloser Regen; ich musste, um mein Gepäck hinzuschaffen, zweimal nach den Millwall Docks fahren, dem Lagerplatz des Albion, eine Reise hin und zurück von 2 Stunden trotz des raschen Fahrens der englischen Handerer; ich kam schliesslich gegen 10 Uhr Abends mit meinen 14 Stück Gepäck glücklich am Bord an. Es goss in Strömen. Ich legte mich gegen 12 Uhr zu Bette oder richtiger gesagt, kroch in meine Koje, war aber vor 4 Uhr schon wieder heraus, da ich in neuen Localitäten selten gleich schlafe und mir in den engen Kojen und meist sehr unbequemen Schiffsbetten zu Anfang gewöhnlich noch Kopfweh hole. Der Dampfer sollte um 4 Uhr a. m. abfahren, bei dem starken Regen indess hatte sich das Einladen verzögert, und so begann unser Schiff erst gegen 5 Uhr sich zu bewegen; um halb 6 Uhr waren wir aus den Docks und steuerten nun die Themse hinunter. Der Regen, der etwas nachgelassen hatte, begann von neuem und nöthigte uns, die sonst nicht ganz uninteressante Fahrt die Themse hinunter vorerst in der Kajüte zu machen. Zwar hatte ich mich mit hohen Schmierstiefeln und wasserdichten Oberkleidern gehörig versehen, wollte sie indess nicht gleich hervorholen; der Hauptzweck meiner Reise war der Molluskenfang; ich hatte mich später vielleicht noch

2

reichlich auszusetzen, und da mir die Themse-Ufer nichts Neues waren, so begnügte ich mich damit, dann und wann mal auf Deck zu kommen.

Unser Dampfer war ein eisernes Schraubenschiff mit einem gewaltigen feuerrothen schwarzköpfigen Kamine und drei Masten; ungewöhnlich lang gebaut, dem Lootsen zufolge 228 Fuss lang bei einer Breite von etwa 32 Fuss. Wir legten 8 Knots oder Seemeilen (ca. 9 englische Meilen) in der Stunde zurück; der Wind war nordwestlich. Wir passirten Greenwich um 6 Uhr, Woolwich etwa 6½ und Gravesend um 9 Uhr. Der Regen liess jetzt nach und es drang sogar ein schwacher Sonnenstrahl sparsam durch die dichten Wolken. Wir hatten ein kaltes, unfreundlich nasses Frühjahr in England gehabt, und überhaupt wenig Sonne gesehen. Zwischen Woolwich und Gravesend konnte ich die Stellen bemerken, wo ich *Assiminea grayana* und *Hydrobia similis* nachgespürt, so wie entfernter vom Ufer auch *Helix cantiana, virgata, rufescens, hispida, Zonites (Hyalina) nitidus, Littorina saxatilis* und andere gefunden. Das Wetter hatte sich jetzt wunderbar geändert und wurde von Gravesend ab mit jeder Stunde schöner. Es ward vollständig Sommer; die wohlthätig erwärmenden Sonnenstrahlen waren uns höchst willkommen, und unter günstigen Aussichten auf eine schöne Fahrt näherten wir uns dem deutschen Meere. Die Mündung der Themse erweitert sich so allmählich, dass man kaum sagen kann, wo der Fluss aufhört und die See anfängt. Wir erreichten letztere etwa um 12 Uhr, also nach einer 7stündigen Fahrt von den Millwall Docks aus. Unser Cours, der bisher östlich gewesen, wandte sich allmählich nördlicher; der Wind hatte sich nach West, Südwest und Süd gedreht, und unser Schiff fing nun auch an, stärker zu schwanken, eine Eigenschaft, die die lang und schmal gebauten Schiffe in grösserem Maasse besitzen, als die breiter gebauten, wogegen sie aber auch leichter durch die Wogen schneiden als letztere. Gegen Abend wurde es sehr kühl, man konnte es recht kalt nennen; die liebe Sonne hatte uns nur eine kurze Freude gemacht, der Himmel war wieder bedeckt; der Wind hatte sich abermals weiter nach Ost und Nordost gedreht und blies uns also jetzt gerade entgegen, so dass die schon ausgespannten Segel wieder eingezogen werden mussten. Die Passagiere verschwanden allmählich vom Deck und viele (besonders die Damen) erschienen auch nicht mehr an der Abendtafel in der Kajüte. Die Sonne erfreute uns vor ihrem Untergange um halb 9 Uhr noch auf 10 Minuten mit ihrem holden Angesicht und vergoldete mit ihren Feuerstrahlen die Wolken in prachtvoller Gluth, uns also eine baldige freundliche Rückkunft versprechend; ihr Schein blieb noch bis gegen 11 Uhr in den landschaftlichen Wolkenbildern und erhellte den nördlichen Horizont die ganze kurze Nacht hindurch. Ich blieb bis Mitternacht auf Deck und hatte die Freude, auch noch den trauten Mond (er war im ersten Viertel), dann und wann verstohlen durch die Wolken schielen und etwa drei Stunden nach Sonnenuntergang ihr folgen zu sehen. Die Wolken vertheilten sich mehr und mehr, und meine lieben Freunde, die Sterne, zeigten auch noch ihre geheimnissvollen Bilder; der kühle Nordost-Wind trieb mich jedoch zuletzt in mein enges Gemach und ich drückte mich, der Natur gehorsam.

Samstag, den 24. Juni. Da ich an Bord fast immer Einer der Letzten und Ersten bin, so war ich auch um 4 Uhr schon wieder auf. Die Sonne hatte Wort gehalten und stand scheinbar schon zwei Ellen über'm Horizont, als ich auf Deck kam; der Wind blies uns arg ins Gesicht, als ob uns zu warm sei, und das besagte unsere Winterkleidung doch eben nicht; wir steuerten nach Nordost mit einem Punkte gen Nord. Unsere Reisegesellschaft in der ersten Kajüte bestand aus 11 Damen und 12 Herren, worunter sich einige Deutsche (in welchem Erdenwinkel träfe man die lieben Landsleute nicht an!), einige Norweger, zumeist aber Engländer befanden. In der zweiten Kajüte waren auch noch etwa 10 Passagiere. Die Engländer besuchen seit der verbesserten Dampf-

schifffahrt Norwegen häufig im Sommer, theils um da
zu fischen und zu jagen, theils zum Vergnügen des
Segelns und Bootfahrens, und theils um das romantisch
wilde Land mit seinen wunderbaren Fjords, schneebedeckten Felsgebirgen und grossartigen Wasserfällen zu sehen.

Mein Schlafkammergefährte war ein Norweger aus
Stavanger, der englisch sprach, sich 3 Jahre in Afrika
aufgehalten hatte und nun heim reiste. Dieser und ein
in Drammen ansässiger deutscher Herr waren so freundlich, mir den ersten Unterricht in der norwegischen
Sprache zu ertheilen, was ich wegen meiner Schwerhörigkeit doppelt anerkennen musste. Die norwegische
Schriftsprache ist, einige kleine Abweichungen ausgenommen, dieselbe wie die dänische, und von beiden ist
die schwedische wieder ein Bruderstamm. In allen diesen,
sammt der holländischen und englischen, ist die deutsche
Wurzel unverkennbar; das Englische hat freilich eine
starke Beimischung vom Lateinischen, dem Dänisch-norwegischen und dem Normännisch-französischen, ausser
einigen Resten vom Urbritischen, welchen vielen Mischungen es seine Schwierigkeiten in Schreibart und Aussprache zu verdanken hat. Das Norwegische scheint dagegen nur das alte Germanische zur Grundlage zu
haben, seine Aussprache bietet der deutschen Zunge
kein Hinderniss dar, und der Deutsche, der seine Zeit
darauf verwenden kann, sollte es bei einem dreimonatlichen Aufenthalte in Norwegen einigermassen
geläufig sprechen. Ich hoffe trotz meiner für diesen
Zweck minder günstigen Lage doch vor meiner Rückreise etwas Näheres darüber sagen zu können.

Meine Reisegefährten, es ist nun 7 Uhr a. m.,
scheinen alle einen besseren Schlaf zu haben, oder ihre
Kojen mehr zu lieben als ich, denn ausser mir ist nur
Einer munter. Da es im Albion erst um 9 Uhr Frühstück gibt, etwas spät für den, der seit 4 Uhr auf ist,
so benutze ich die Zwischenzeit zu einem Spaziergang
auf Deck, wohin die Sonne in ihre belebenden Strahlenarme freundlichst einladet.

Am Nachmittage näherten wir uns der Mitte der Nordsee, von den Dänen Westsee (Vesterhav), von den Engländern Deutsches Meer (German Ocean) genannt. Der Wind bläst aus Nordost uns immer noch frisch entgegen, die Sonne bleibt uns heute getreu und unser Schiff tanzt und schaukelt auf den Wogen munter vorwärts. Von unseren Damen ist nur noch Eine sichtbar und auch einige Herren fehlen an der Gesellschaft.

Das Meer zeigt eine prachtvolle tief indigoblaue, stellenweis schwach ins Grünliche gezogene Farbe; auf den Spitzen der kurzen Wellen spielt schneeweiser Schaum; aber den schönsten Anblick gewährt das Meer hinter unserm Steuer, wo die Schraube das Seewasser tief durchwühlt und aufschäumt, eine breite und lange Spur hinter unserm Schiffe bildend, die es wie ein Kometenschweif beständig begleitet; und in dieser breiten Furche oder Spur ist das Meerwasser bis nach ganz hellblau schattirt, zu beiden Seiten von schneeweisem Schaum wolkig eingefasst, der die Mitte wieder in feineren Adern durchzieht, so dass das Ganze dem schönsten Marmor, aber in stetem Wallen und Wechsel begriffen, vergleichbar ist; dabei braust und zischt es beständig wie frisch ausgegossenes Sodawasser, durch den Umschwung der Schraube bewirkt, und vielleicht verstärkt durch den Umstand, dass das Meer fixe Luft (freies kohlensaures Gas) enthält, welches sich ohne Zweifel auf seinem Grunde durch Verwesung aus vegetabilischen und anderen Stoffen entwickelt.

Soeben fahren in geringer Entfernung zwei nordische Dreimaster mit vollen Segeln an uns vorüber, denn der uns widrige Wind ist ihnen günstig und sie bieten uns mit ihren sämmtlichen weissen Segeln, vom Winde geschwellt, ein malerisches Schauspiel dar. Es ist stets ein angenehmer Anblick auf der öden Leere des weiten Oceans Schicksals-Gefährten anzutreffen; es liegt etwas Beruhigendes in solchen Begegnungen, und gern späht man durch das Fernrohr nach Schiffen im weiten Umkreis.

Von Seemöven, Tauchern und Delphinen, wie letztere im Süden der Nordsee wohl irrig heissen, doch auch Tümmler (und von Engländern wohl porpoises?) benannt, bemerkten wir auf dieser Tour noch keine. Diese schwarzen Tümmler, die ich auf früheren Fahrten zwischen Hamburg und London oft gesehen, kommen bei schönem Wetter an die Oberfläche, wälzen sich um und verschwinden wieder in die Tiefe.

Die Taucher, eine Art See-Ente, von denen wir auf der Rückreise von Norwegen viele sahen, schwimmen meist gesellschaftlich auf dem Meere umher, schiessen, wenn man zu nahe kommt, wie ein Pfeil ins Wasser und kommen in ziemlicher Entfernung wieder an die Oberfläche. Die Möven verfolgen oft die Fährte der Dampfschiffe in Schwärmen und stürzen sich, wenn ihr scharfes Auge ein Fischlein in der strudelnden Fährte erspäht, im Nu aufs Wasser, tragen ihre Beute im Schnabel empor und verlassen nun im raschen Fluge den Schwarm, um in ihrem Mahle nicht gestört zu sein. Im Allgemeinen halten die Seevögel sich mehr in der Nähe der Küsten auf und dringen, ausser bei Windstille, selten weit vor; ich sah Schwärme davon auf meinen späteren Fahrten zwischen den norwegischen Inseln. Der Wind, der bisher fest im Nordost gestanden, drehte sich jetzt weiter nördlich und erhielt die Luft scharf und kalt trotz der Sonne, die heute mit nur kurzen Unterbrechungen anhaltend schien. Der Abend verlief ähnlich als der gestrige, nur ging die Sonne blass und kalt hinter dichten Wolken unter, was von Einigen als ein Omen für Sturm und Regen auf den folgenden Tag gehalten wurde. Spät begab ich mich müde zur Ruhe, die kommenden Dinge erwartend.

Sonntag, d. 25. Juni. Weder Regen noch Sturm hatten sich eingestellt; unser Cours blieb derselbe, sowie auch der Wind sich nordöstlich hielt und so frisch blies, dass man es trotz der Winterbekleidung recht empfand und sich fest einhüllen musste. Das Meer wogte weniger als gestern, denn der Wind kam nun vom Lande her, dem wir uns jetzt näherten, und welches wir am Nachmittage zu sehen hofften. Gegen 10 Uhr a. m. hatte sich der Wind ganz nördlich gewandt und wir konnten endlich einige Segel aufspannen, was unsere Fahrt, die bisher zwar günstig, aber wegen des ganz contrairen Windes und der leichten Befrachtung unseres Schiffes eine schwerfällige gewesen war, jetzt etwas beschleunigte; der Tag war prachtvoll. Ich hatte am Morgen beim Frühstück die interessante Bekanntschaft des Herrn Professor Forbes, des rühmlichst bekannten englischen Geologen, der mein Tischnachbar war, gemacht; derselbe hatte viele Jahre in Norwegen gewohnt und ging zum Besuch wieder hinüber; er sprach zu meiner Verwunderung ein recht geläufiges Deutsch und erfreute mich mit seiner Ansicht über die Mohr'sche geologische Theorie, der er im Allgemeinen nicht beistimmte, was indess Professor Mohr, wie er in seinem Werke selbst sagt, auch nicht erwartet.

Um 3 Uhr p. m., oder da wir jetzt füglich nach Norweger Zeit rechnen mussten, ca. halb 4 Uhr, erblickten wir zuerst die hohen Küsten des südlichen Norwegens. Die Sonne schien in höchster Pracht; die Luft wurde milder, so wie wir mehr unter den Schutz des Landes gelangten, und so elend unsere Abfahrt von London gewesen war, so glanzvoll war unsere Annäherung an die skandinavischen Gestade. Wir waren Norwegen etwa südlich gegenüber, als ich meine Uhr 35 Minuten vorwärts stellte, und es war jetzt 6 Uhr p. m. nach Norweger Zeit. Wir hatten noch eine starke Strecke bis Christiansand, unserm ersten Anlaufshafen, vor uns. Das Meer war hier von ungewöhnlich dunkler, grau grünblauer, fast tintenschwarzer Farbe, ohne Zweifel ein Zeichen gewaltiger Tiefe, und wurde beinahe spiegelglatt. Um 7½ Uhr passirten wir *Mandal*, jedoch in so grosser Entfernung, dass es mit freien Augen kaum zu erkennen war. — Um halb 10 Uhr p. m. kamen wir im Hafen von *Christiansand* vor Anker; wir fuhren, da unser Capitän sich etwa 2 Stunden aufzuhalten erwartete, aus Land, um uns die Stadt zu besehen. Dieselbe enthält etwa 9000 Einwohner, ist in geraden breiten Strassen regelmässig gebaut und hat, obschon die Häuser meistens von Holz, aber geschmackvoll und solide construirt sind, ein sehr freundliches Ansehen. Im Hôtel Ernst wird deutsch und englisch gesprochen. Die Einfahrt in diesen Hafenplatz ist höchst malerisch und romantisch wild. Die Küste ist von einer Menge felsiger Inseln als eine Art Schutz und Vorhut umgeben; dieselben bilden Meerarme, Baien, Buchten und natürliche Häfen und ziehen sich in malerischen Gruppen um das Festland herum. Um 11 Uhr p. m. kehrten wir zu unserm Dampfer zurück. Es war vollständig hell, denn um diese Jahreszeit (von Mitte Mai bis etwa 25. Juli) werden die Nächte in Norwegen nicht dunkel. Um 12 Uhr waren wir mit dem Ausladen der für hier bestimmten Güter fertig, und nun gings zurück durch unsere Inselgruppen wieder in See, um unsere letzte Strecke bis Christiania zu vollenden, wozu wir dem Lootsen zufolge noch etwa 17 Stunden bedurften.

Alle Passagiere begaben sich zur Ruhe; ich konnte es nicht über mich gewinnen, den prachtvoll beleuchteten Himmel gegen meine enge Koje zu vertauschen.

Die Sonne hatte sich eben hinter die nördlichen Gebirge niedergesenkt, aber erhellte durch ihren Schein das ganze Firmament so stark, dass die Sternbilder kaum zu erkennen waren, und es blieb hell genug zum Lesen. Der Mond lies sich eben in seinem schönsten orangefarbenem Feuerkleide hinter die Berge nieder, seiner lieben Sonne als dankbarer Verehrer den Hof machend und ihrer Spur, soweit es ihm vergönnt war, folgend. Es war vollkommene Ruhe in der ganzen Natur, und der Nordhimmel bot eine Perspective dar, wovon nur der Pinsel eines Hildebrand eine schwache Idee wiedergeben könnte. Ich begriff kaum, dass die Menschen diesen Anblick so gleichgültig verlassen konnten, den die Natur uns hier umsonst darbot, während sie sich oft für einen Theil ihres sauern Erwerbs in stickluftige Räume drängen, um Scenen zu bewundern, die nur Spott sind gegen solche Naturbilder. Der ganze nördliche Horizont in weitem Umkreise war von einem glanzvollen hellleuchtenden röthlichen Feuerschein umzogen, der höher hinauf in Orange, dann in Gelb, dies wieder in das zarteste Grün und zuletzt in helles Himmelblau so überging, dass es unmöglich war, die eine Tinte von der andern zu trennen; — kleine dunkelrothbraune Wölkchen schwebten in langgezogenen und wieder in kurzabgestumpften Gestalten wie Inseln vor diesem Prachthimmel, während eine riesig grosse, nur leicht verbundene, aus Schäfchen zusammengesetzte Wolke sich trichterförmig in diese Gluth hinabsenkte. Das Ganze war regungslos; der Anblick erfüllte mich lange mit Staunen und mit Wonne! Im stummen Entzücken sehnte ich mich nach dem Anblick der allmählich unter dem Horizont sich wieder erhebenden Sonne, die den Glanz dieses Feuermeers langsam steigerte.

Ich war der Letzte auf Deck; alle Passagiere hatten sich längst zur Ruhe gelegt, und so sass ich in meine Betrachtungen versunken, bis die Natur mich daran erinnerte, dass ich nur ein schwacher Sterblicher sei; es wurde recht kalt, ein unsichtbarer Thau befeuchtete die Bänke und nöthigte mich gegen halb 2 Uhr in die Kajüte zu gehen, wo ich mich in meinen Kleidern mit dem Vorsatze aufs Sofa legte, in einem Stündchen, wann die Sonne wieder auftauchen würde, aufs Deck zurück zu kehren; — aber die Natur forderte ihre Rechte, ich hatte jetzt 3 Nächte sehr wenig geschlafen, war von der Reise angegriffen und versank, von der himmlischen Illumination träumend, in einen leichten Schlummer. Als ich daraus erwachte, war's zu meinem Leidwesen halb 5 Uhr; ich sprang aufs Deck, aber die Sonne stand schon hoch hinter der trichterförmigen grossen Wolke, deren Gestalt sich nun verändert hatte, die prachtvolle Abendbeleuchtung war vor dem blendenden Lichte der Tags-Sonne erblichen, und auf eine spätere Gelegenheit hoffend legte ich mich endlich ins Bett, aus dem ich jedoch um halb 8 Uhr schon wieder hervorkroch, denn die Erinnerung an die Scene der letzten Nacht trieb mich wieder aufs Deck.

Montag den 26. Juni. Wir steuerten nun die östliche Küste Norwegens hinauf, jedoch in einer Entfernung, dass wir nur einen deutlichen Umriss der Gestade mit ihren Bergen und Buchten wahrnehmen, indess nichts darauf erkennen konnten. Um 10 Uhr verengte das Meer (hier das Skagerrack, von Dänemark, Schweden und Norwegen begränzt, und südlicher zwischen Dänemark und Schweden allein, das Kattegat genannt), immer mehr und mehr. Wir passirten Stavaern mit Frederikyaern, einen alten norwegischen Kriegshafen, und um 12 Uhr den Lillefaerder, einen der berühmtesten Leuchtthürme Europas, auf einer kleinen Felsen-Insel erbaut; derselbe soll 200 Fuss hoch sein und hat ausser seinem Lichte eine gewaltige Dampf-Pfeife, mit der er bei starkem Nebel Signale gibt. Hier ist das nördlichste Ende des Skagerracks und der Eingang zu dem berühmten Christiania-Fjord, das bei diesem Leuchtthurme anfängt, obschon das Meer hier noch eher einer grossen Bai ähnlich sieht; hier bekommen auch die einfahrenden Schiffe ihre Lootsen bis Christiania, während die seewärtssegelnden sie abgeben. Zu beiden Seiten ist das Meer hier bereits von norwegischen Gestaden begrenzt, die man links und rechts sieht, und weiter südlich in grosser Entfernung kann man auch 2 Inseln sehen, die schon zur schwedischen Küste gehören. — Um 1 Uhr passirten wir einen zweiten kleineren auch auf einer Felseninsel erbauten Leuchtthurm, Fuglehuk genannt. Der Lootse rechnete vom Faerder, wie er auch kurzweg heisst, bis Dröbak 4 Stunden und von da bis Christiania noch 2 Stunden Fahrt, also erst gegen Abend durften wir das Ziel unserer Reise zu erreichen hoffen. Das Meerwasser hatte hier wieder eine ganz grünliche Farbe angenommen, was am auffallendsten in der Fährte hinterm Steuer zu bemerken war. Wir passirten jetzt Horten, den neuern norwegischen Marinehafen, und schräg gegenüber den Ort Moss. Etwas weiter hinauf theilt sich das Fjord in zwei Arme, wovon der linke nach der bedeutenden Stadt Drammen und der rechte nach Christiania führt. Die Gestade sind jetzt deutlich zu erkennen, man sieht die Hügel mit Bäumen geschmückt, einzelne Wohnungen und Ortschaften wechseln ab, die ganze Landschaft belebt sich. Um halb 5 Uhr passirten wir Dröbak mit dem schräg gegenüberliegenden Fort Oskarsborg auf der Insel Kaaholmen, ein malerisch schöner Punkt; überhaupt von Dröbak bis Christiania wird die Parthie stets reizender, bis man in einiger Entfernung vor Christiania, wo das Fjord sich wieder erweitert und durch herrliche, mit Sommer-Landhäusern und Gärten geschmückte Inseln verschönert ist, die schönsten Panoramen nah und fern erblickt. Die Länge dieses prächtigen Fjords ist ungefähr 9 norwegische oder circa 15 deutsche Post-Meilen. Es dauerte bis nach 7 Uhr bevor unser Dampfer seinen Lagerplatz eingenommen und wir an's Land steigen konnten; da ich wegen meiner vielen Päckereien der Letzte vom Schiff, sowie im Zollhause war, wo ich, beiläufig bemerkt, sehr rücksichtsvoll behandelt wurde, so kam ich erst gegen 8 Uhr im Victoria-Hôtel an und erfuhr leider, dass dieser Gasthof, sowie die meisten andern in Christiania voll seien. Es war die Messe-Zeit der Inland-Holzbauern, die jetzt zum Abschluss ihrer Lieferungen an die Exporteure zur Hauptstadt kamen, und die im Sommer stets von Ausländern stark besuchten Hôtels überfüllten. Der Sohn des Wirths war jedoch so gefällig, mir einstweilen sein Schlafstübchen zu überlassen mit der Zusage des ersten frei werdenden Zimmers, was ich dann auch am folgenden Tage schon erhielt.

Unsere ganze Reise von London hatte somit 86 Stunden gedauert, und einschliesslich der Nacht, die wir vor der Abfahrt am Bord zu sein hatten, waren wir 4 Tage und 4 Nächte in unserm Dampfschiff gewesen, welches wir mit einem good bye an den Capitain in froher Stimmung verliessen.

Christiania.
(Auch Kristiania geschrieben.)

Obschon spät nachdem ich mich im Hôtel einquartiert und einen erfrischenden englischen Thee eingenommen hatte, so besah ich mir, da es ja nicht dunkel wurde, zuerst noch die Stadt, die amphitheatralisch vor einer Bergkette liegt, welche sich nach dem Fjord hin abflacht und die Stadt gegen die nördlichen Winde schützt.

Christiania, das nahe am 60. Grad nördlicher Breite liegt, die jetzige Hauptstadt Norwegens (früher war es Trondhjem oder Drontheim), soll jetzt mit den Vorstädten an die 75,000 Einwohner zählen, ist in sich rechtwinkelig durchschneidenden Strassen regelmässig und solide gebaut, und hat wie die meisten grossen Städte, seine ältern und neuern Theile, letztere mit schönen massiven hochstöckigen Stein-Häusern, ganz im besten Hamburger Styl erbaut.

Die Karl Johans Gade ist die Hauptstrasse und führt von der Nähe des Hafens bis zum Schloss.

Die Stadt wurde von Christian IV. an der Stelle der alten Stadt Osloe, nachdem diese abbrannte, 1624 gegründet, und hat sich seit dem Frieden von 1815 und dem durch die Dampfschifffahrt erleichterten Verkehr mit dem südlichern Europa, rasch entwickelt und ausgedehnt.

Es besitzt seine königlichen und üblichen Regierungs-Gebäude, als den neuen Palast, Parlaments-Haus, Universität nebst Museum u. s. w., die durch Grösse und Styl gleich in die Augen fallen; doch da mein schwacher Pinsel sich wohl an Landschaften aber höchst ungern an Gebäude wagt, so überlasse ich es den geehrten Lesern, wenn sie, was ich ihnen aufrichtigst wünsche, einmal diese nordische Schweiz besuchen, sich deren Schönheiten selbst auszumalen; nur Eins sei mir erlaubt zu erwähnen, das Storthings-Gebäude, in dem das norwegische Parlament sich versammelt, hat mich durch seinen einfachen würdevollen Styl innen, sowie von aussen, besonders angesprochen, und liegt mit seiner Fronte, die mit zwei nordischen Löwen geschmückt ist, gegen ein hübsches Square und einen kleinen Park, Studenterlunden genannt, der sich wieder den Schloss-Anlagen anreiht, welche alle dem Publikum offen stehen, während die Gärten der Londoner Squares nur den Einwohnern der umliegenden Häuser zugänglich sind. Dann ist ein Besuch nach Oskarshal zu empfehlen, einer königlichen Villa, wo sich vorzügliche Gemälde von norwegischen See- und Berg-Landschaften vom Maler Tidemand und andern eingeborenen Künstlern befinden.

Die Haupt Gasthöfe sind: das Victoria-Hôtel, das Hôtel Scandinavie, Kronprinzesse Louise, Britannia, sowie die kleinern weniger theuern Hôtel d'Angleterre, das Hôtel Kong Carl, Prinz Gustav, Norbergs, Mad. Nitters, Svea, Jernbane, Copenhagen u. s. w.

Ueber eine Hauptstadt, mit dem was darin, sowie in nächster Umgebung, alles sehenswerth und wissenswerth ist, lässt sich speciell ein kleines Buch schreiben; doch da dies in allen Geographien und den vielen Führern, Wegweisern, Guides u. s. w. zu lesen ist, da man beim Besuche des Ortes solches leicht ausfindet, es mein Zweck nicht ist, derartige Beschreibungen zu liefern, und ich für reiselustige Touristen am Ende dieses Buches noch einige der interessantesten Touren anzugeben beabsichtige, so erlaube ich mir jetzt, zu meinem Gegenstande zurückzukehren.

Ich hatte viele Erkundigungen einzuziehen und manche Einkäufe zu machen, bevor ich an meine Muschelfischerei denken konnte; 420 Faden Taue (circa 2500 Fuss) mussten theilweise noch gemacht werden, und so konnte ich erst am 29. Juni Christiania wieder verlassen, um mich in Dröbak am Christiania-Fjord einzuquartieren. Ich sah nämlich bald, dass, um etwas auszurichten, ich nicht im bequemen Victoria-Hôtel bleiben durfte, sondern der Gegend meines Wirkungskreises möglichst nahe sein musste. Die Nachbarschaft Dröbaks ist der klassische Grund, wo im vorigen Jahrhundert O. F. Müller seine wichtigen Entdeckungen machte, wo auch Sars und Asbjörnsen ihre Nachforschungen anstellten; und wie diese, gedenke auch ich meine Operationen bis zu einem südlicheren Theile des Fjords auszudehnen.

Dröbak,

das ich am 29. gegen Abend erreichte, ist ein Fischerdorf, auch Badeort, mit etlichen Hundert von Holz gebauten Häusern und einem recht eigenthümlichen hölzernen Kirchlein. Es wird von den Wellen des Christiania-Fjords bespült und liegt an dem Abhange der Granitfelsen des östlichen Ufers, auf deren natürlichen zerstreuten Abflachungen die Häuser zum Theil ohne Rücksicht auf besondere Ordnung erbaut sind.

Die Wohnungen, obwohl von Holz, sind freundlich von Aussen und reinlich, ja mit einem gewissen Comfort im Innern. Ich logirte mich bei einer alten Wittwe ein, die Zimmer vermiethete; gleich beim Eintritt ins Haus habe ich zwei altmodische hölzerne Treppen zu erklettern, ähnlich wie man sie noch auf Thürmen findet; dann kommt eine Art Bodenraum als Vorhalle und dahinter die Zimmer; das Ganze von Holz, aber mit allen Bequemlichkeiten, die eine genügsame Seele nur wünschen kann, ausgestattet; kurz, Wohnung, Dörfchen, Lage, Aussicht, Alles sagte mir zu, und es kam mir vor, als sei ich in der Schweiz. Das Haus meiner Wirthin ist zwar gross, aber eins ältesten Styls, und da es gegen einen steilen Abhang gebaut ist, bei viel höherer Fronte als Hintertheil, so erklären sich die besagten Treppen beim Eingang.

Das gewöhnliche Innere der meisten Häuser ist ähnlicher den deutschen Einrichtungen, und das ganze Oertchen mit seiner romantischen Lage, seinen gelegentlich ausgestecken eleganten norweger Flaggen, und zufriednen glücklichen Bewohnern macht gerade auf den Naturforscher einen angenehmen Eindruck. Man denke sich die Holzhäuser nicht etwa leicht gebaut, im Gegentheil sind sie fest und solide; das Fundament ist je nach der Bodenbeschaffenheit etwa 2 bis 6 Fuss hoch von Stein erbaut und meist zu Kellerräumen benutzt; hierauf ruht die Holzmauer von geraden viereckig behauenen starken Baumstämmen, die, horizontal aufeinandergelegt, an den Enden und Ecken des Hauses geschickt und fest ineinander gefugt sind; diese feste solide Holzmauer entspricht der Steinmauer unserer Häuser, und wird ferner von innen und aussen hübsch mit glattgehobelten Brettern in vertikaler Richtung bekleidet und deren Fugen noch mit dünnen Brettern bedeckt, so dass kein Ansatz zu sehen ist; Aussenwand und die so beendeten innern Zimmerwände werden alsdann mit Oelfarbe bestrichen, das Aeussere ist meistens weiss oder hell drap, und da die Fenster mit Gesims verziert sind, so hat das Ganze nicht allein ein freundliches sondern zugleich stattliches Ansehen, zumal man selbst bei der ärmern Klasse meistens weisse Gardinen hinter den Fenstern sieht und oft noch Blumentöpfe.

Man wundert sich in einem Lande, wo man fast keinen Schritt thun kann ohne über Stein oder Fels zu schreiten, die Wohnungen nicht alle von Stein zu finden; die Sache ist jedoch sehr erklärlich. Das Holz ist im Ueberfluss vorhanden und weit leichter bearbeitet, als der harte Granit, Porphyr oder der von Feldspat und Quarzadern durchzogene Grünstein und Gneis. Dabei ist in Norwegen Mangel an Lehmboden um Backsteine zu brennen und an Kalkablagerungen zu Mörtel.

Die Holzwohnungen sind desshalb billiger, leichter aufgeführt und im nordischen Winter wärmer als Steinhäuser. Zwar strebt man sehr dahin, wegen der leider vielfach stattgehabten Feuersbrünste, das Errichten von Steinhäusern zu befördern; aber es wird noch lange währen ehe die Mittelklasse allgemein in Steinhäusern wohnt, und die Aermern dürften vielleicht nie dahin kommen.

Ich muss bekennen, dass die schmucken freundlichen Häuser einen bessern Eindruck auf mich gemacht haben, als die schiefen, oft halbverfallenen Lehmhütten, die man auf ärmern deutschen Dörfer noch sieht. Diese Holzhäuser, zumal die der Oekonomen, sind oft sehr geräumig und haben zuweilen noch eine Art Hof von Stallung und Nebengebäuden umgeben.

Unmittelbar an der Kirche liegt der Begräbniss-Platz, dessen sinnige Ausschmückung mich so angesprochen, dass ich ihm verschiedene Besuche abstattete. Ueber den Gräbern ist ein länglichovales, etwa 1½ Fuss erhöhtes Blumenbeet aufgebaut, rundum von einer dichten lebhaft grünen Graswand eingefasst, oben darauf ist das Blumengärtchen von feinster Erde, worin unter andern meist eine ausgewählt schöne Blume, eine würzhafte Nelke, eine Fuchsia u. s. w. blüht; ausserdem sieht man viele frische Blumenkränze auf die Gräber gelegt und das obere Ende schmückt ein weisses Kreuzchen, auf dem einfach Name, Geburts- und Sterbe-Jahr verzeichnet stehen; diese Gärtchen werden regelmässig begossen, in Ordnung gehalten und von den Angehörigen viel besucht. Ich bemerkte die Pflege noch auf Gräber angewandt, in denen der Abgeschiedene schon über 20 Jahre geruht hatte.

Dröbak hat einen bedeutenden Eishandel. Man sieht die Eisspeicher unterhalb, und im nördlichen Theile Dröbaks an den Ufern des Fjords erbaut. Schiffsladungen davon gehen im Frühjahr nach England, auch wie ich hörte, vieles nach Frankreich, Holland u. s. w. Es gibt in Dröbak reiche Kaufleute im Eishandel.

Das Schaben.

Am Morgen nach meiner Ankunft in Dröbak war ich um halb 5 Uhr auf und um halb 7 im Boot mit 2 Ruderern, Schaben, Tauen, Sieben u. s. w.

Ein junger Student von der Universität, mir durch Herrn Professor Rask freundlichst empfohlen, war so gefällig mich auf den ersten Fahrten zu begleiten und die wahrscheinlich besten Stellen zu bezeichnen. — Der erste Zug mit meiner Eimer-Schabe fing gleich mit einer Täuschung an, indem selbe ohne Schrauben und ohne Boden wieder herauf kam, und hier erwies sich gleich der Nutzen doppelter Geräthschaften, obschon wir erst zurückrudern mussten, um die andern zu holen.

Der zweite Zug mit der gewöhnlichen Schabe ergab auch wenig, theils vielleicht, weil wir nicht genug Tau ausgegeben, und auch 2 oder 3 Faden vor der Schabe einen Stein aus Tau zu binden hatten; darauf bekamen wir erst einen ächt norwegischen Schauer über den Leib, was jedoch durch Schmierstiefel, Regenrock und Kappe ziemlich abgehalten wurde, und hiernach fuhren wir mit dem Schaben in 50 bis 100 Faden Tiefe unaufhaltsam fort, bis wir 3 Uhr p. m. nach achtstündiger Arbeit sämmtlich matt und müde waren. Der Grund war nur schlammig, wir hatten deshalb die ganze Zeit zu sieben, und unsere Arbeit, mit dem Heraufholen Stich zu halten. — Ich wollte nach dem Essen nicht auf meinen Lorbeeren ausruhen, sondern da ich als neuer Bewerber noch übereifrig war, so wurde alles Erbeutete am selben Tage gereinigt, präparirt und in Ordnung versetzt. Ueber den Erfolg dieses Tages beziehe ich mich auf Notiz A. am Ende dieses Buches. Ich bemerke noch, dass grössere Gastropoden leichter aus den Schalen zu ziehen sind, wenn sie etwa 3 oder

5 Minuten gekocht werden und dann bis zum Erkalten oder noch länger im Wasser stehen bleiben; man vergesse nicht, die Opercula von den Thieren zu schneiden und in die Schalen zu stecken.

Am folgenden Tage gingen wir wieder früh Morgens zu Boote auf neuen Fang aus. Das Wetter wurde arg windig; wir beharrten, so lange es nur gehen wollte; die Arbeit wurde durch das starke Schwanken unseres Bootes sehr schwierig und wir bekamen oft ein Wellen-Schauerbad über uns. Zur Seekrankheit darf man nicht geneigt sein, sonst ist man bei diesen Gelegenheiten zu aller Arbeit unfähig; auch ist die Sache bei stürmischem Wetter nicht ganz ohne Gefahr; — hieran dachten wir freilich nicht, und, das Hinderniss bei der Arbeit abgerechnet, ging Alles gut von Statten; der Erfolg dieser Fahrt ist unter Notiz B. verzeichnet.

Ich muss gestehen, dass die Anstrengung dieser ersten zwei Tage meine Glieder auf die Folter spannte, besonders waren mir Hüfte und Rücken sehr erlahmt und schmerzhaft, und es wäre mir unmöglich gewesen, am folgenden Tage gleich eine dritte Fahrt dahinterher zu machen.

Ich freute mich deshalb, dass der nächste Tag ein Sonntag war; — ausserdem hatte ich Vieles zu ordnen und zu schreiben, so dass mich die Arbeit bis 11 Uhr p. m. in Thätigkeit erhielt. Es blieb zwar in meiner Stube zum Schreiben nicht hell genug, ich brannte deshalb Licht von 11 bis 1 Uhr, zum zu Bette gehen aber löschte ich die Lichter aus, denn der Tag hatte bereits zu ergrauen begonnen, und auch selbst um Mitternacht war es zu Allem noch vollständig hell genug, ausser zum Lesen und Schreiben oder ähnlichen Verrichtungen.

Am Montag den 3. Juli gings von Neuem auf See nach einer südlichern Localität, wo wir einige Sachen erhielten, die wir vorher nicht bekommen hatten. Der Wind wurde am Nachmittage wieder heftiger, und da er aus dem Süden, also gerade ins Fjord herein, blies, so war er für uns der allerungünstigste; als uns deshalb in geringer Entfernung ein grosses Dampfschiff vorbeisteuerte und uns neben den Windwogen seinen Wellenschlag zum Besten gab, da wurde unser Schifflein dermassen herumgeworfen, dass es nasse Kleider absetzte. Auf der Heimkehr begriffen, warfen wir indess in 60 bis 70 Faden Tiefe nochmals aus, und als die Schabe mit grosser Mühe heraufgeholt wurde, siehe da, es kam ein schwerer Eichenstamm mit nach oben, der sich in die Arme der Schabe festgeklemmt hatte; ich schätzte seine Länge auf 10 bis 12 Fuss und seine Circumferenz auf circa $1\frac{1}{2}$ Fuss englisch. Wir legten ihn mit Mühe quer über unser Boot, weil eine kleine Anzahl *Anomia ephippium var. squamula* daran sassen; nach deren Ablesung gedachten wir schon, ihn dem Meeresgrunde zurück zu geben, doch stellenweise feine Löcher bemerkend, die uns vermuthen liessen, dass er *Teredinidæ* enthalten könne, schleppten wir ihn mit zum Landungsplatze. Nachdem unsere Siebensachen unter Dach gebracht waren, giengen wir mit Säge, Axt, Meissel und Hammer, Messer und Pincette an die Arbeit und entdeckten bald zu unserm frohen Erstaunen, dass er eine Anzahl lebender

Xylophaga dorsalis, Turton.

enthielt, und zwar in selten schönen und grossen Exemplaren. Es war desshalb nun unsere Aufgabe, diesen Stamm klein zu machen, was bei zähem, von Seewasser getränktem Eichenholz nicht leicht ist. Wir brachten fast 3 Stunden auf diese Arbeit zu, bekamen eine ziemliche Anzahl und hatten einzig zu bejammern, dass durch das Spalten und Hacken viele, ja die meisten in Stücke gehen mussten.

War es eine Arbeit gewesen, den Stamm aus fast 70 Faden (ca. 400 Fuss) Tiefe vom Meeresgrunde herauf zu holen und zum Landungsplatze zu schaffen, war es eine mühevolle Aufgabe gewesen, die Thiere mit geringster Beschädigung aus dem harten Holze heraus zu bringen, so war alles das kaum mit der Schwierigkeit zu vergleichen, die Thiere aus ihren Schalen zu bringen, ohne letzteren zu schaden. Nachdem sie einige Zeit in warmem Süsswasser gestanden, mussten die Thiere mit Messer und Pincette stückweise herausgeholt werden, denn sie waren ohne allen Gehalt, und doch hielt der Mantel ziemlich fest an den Schalen, dabei sind letztere so zart und mit ihren Rückenschildchen so schwach verbunden, dass es äusserst schwierig war, das Thier heraus zu holen, ohne die Schalen und Schildchen zu trennen.

Ich that deshalb, nachdem ich bis 10 Uhr p. m. daran gearbeitet hatte, noch den Rest in Spiritus. Es war mir ein höchst interessanter Anblick, die Thiere in ihren Schalen frisch aus ihren Holzwohnungen hervorzuziehen, zumal da vielleicht nie vorher so grosse lebende Exemplare beobachtet worden sind; und will ich deshalb eine kleine Beschreibung meiner an Ort und Stelle gemachten Beobachtungen hier folgen lassen. Der Vordertheil, der Fuss des Thieres, ist von lebhaft röthlich brauner Farbe, der ihn umgebende Mantel trüb gelblich weiss; der Fuss füllt die Oeffnung der Schale so, dass derselbe noch ein wenig hervorzuragen scheint, aber bald zurückschrumpft; er liegt also voll angeschwollen vor der Oeffnung. Der weisse Hintertheil, die Syphonen, zusammen in einer Fellhülle eingeschlossen, ragen, je nach der Grösse des Thiers, ½ bis 1 Zoll aus den Schalen hervor; ich konnte auch an deren Spitze keine Theilung der Syphonen äusserlich bemerken; es ist aber wahrscheinlich, dass das Thier sie beide durch die Fellhülle hervorstrecken kann. Die Schalen haben am Hintertheile eine mattweisse Farbe bis zu ihrer grössten Ausdehnung, woselbst eine Furche sie gürtelartig umgibt, und welche durch einen erhöhten schmalen und scharfen Damm vom Hintertheil getrennt ist. Eine erhabene starke Rippe correspondirt im Innern der Schalen mit dieser Furche. Von der Furche bis zur vordern Oeffnung sind die Schalen und Schildchen von lebhaft grüner Farbe, auf einem Strich nach dem Rücken zu etwas ins Olive schattirend; das Ganze ist semitransparent, am Hintertheile am meisten durchscheinend. Die Sculptur am Vordertheil ist äusserst elegant, läuft in feinen Streifen und Furchen parallel den beiden Seiten der ein wenig stumpfwinkeligen Oeffnung entlang, und bildet beim Zusammentreffen ähnliche Winkel. Da diese feinen Streifen jedoch in ihrer Richtung nach dem Hintertheile und Rücken hin anschwellen, so enden die vom Apex herkommenden in ihrer grössten Dicke über den Streifen der zweiten Abtheilung da, wo letztere in ihrer geringsten Stärke anfangen, um wiederum in ihrer grössten Anschwellung knotenartig an der Gürtelfurche zu enden, wodurch letztere eine zweite dammartige Einfassung zu erhalten scheint; sieht man aber der Gürtelfurche entlang über die Sculpturstreifen weg, so bemerkt man keine Erhöhung der letztern an deren Enden; man sieht nur, dass sie mit ihrem knotenartigen Schluss ihr Ende erreicht haben, wo sie gegen die Gürtelfurche durch ihr Aufhören eine Wand derselben bilden, während der erwähnte an beiden Seiten erhabene scharfe Damm die andere Wand der Furche bildet und sie vom Hintertheile trennt; der knotenartige Schluss der Sculpturstreifen macht jedoch die Täuschung einer Erhöhung derselben vor ihrem Ende vollkommen. Die Gürtelfurche ist also nicht an beiden Seiten von einem scharfen Damm begrenzt. Die Streifen sind wiederum mit feinsten regelmässigen Querschnitten versehen, wodurch die ganze Sculptur ein perlartiges Ansehen erhält. — In der Furche und am Hintertheil erscheinen nur Anwachsstreifen. Die Rückenschildchen sind ohne Sculptur. Die Kanten des die Oeffnung bildenden Ausschnitts am Vordertheile beschreiben, wie schon bemerkt, einen etwas stumpfen (nahezu rechten) Winkel, treten dann vor dem Apex, scharfe Ecken bildend, nach dem Rücken hin zurück, eine fernere schmale Oeffnung zwischen sich lassend, und legen sich alsdann vollständig um, in die Schildchen, die unten doppelt und nach vorne hin offen sind, ein wenig hineinragend; durch das Umlegen der Kanten am Rücken wird die schmale Apex-Oeffnung erweitert und bildet ein griechisches Ω. Die Schlosslinie ist stark eingebogen und die Schlossplatte liegt breit an der vordern Seite dicht an .und schmaler nach hinten zu. Die Apophysen sind nach Aussen hin gebogen, Zähne bildend, wovon der an der linken Schale, einem Eberhauer ähnlich, der längste ist. Die Manteleindrücke sind schwach mit tiefem Sinus nach hinten, die Muskeleindrücke deutlich. Die beigefügte Abbildung wird die Beschreibung verständlicher machen. Das grösste Exemplar misst 14 mm. lang, 12 breit, 11 hoch und 44 in Circumference; viele der übrigen Ausgewachsenen sind nur von wenig geringerer Ausdehnung.

Bei ganz Einzelnen sind die Schildchen weiss, und etwa zwei unter Allen, die ich sah, sind fast gänzlich weiss auch am Vordertheile. Es ist möglich, dass diese 2 kürzlich abgestorbenen Thieren waren? obgleich wir am Thiere selbst keinen Unterschied wahrnahmen; auch könnten es kranke Thiere gewesen sein? Ob die grüne Farbe sich überhaupt erhält, muss sich noch herausstellen; an allen sonst wie todtgefundenen Exemplaren habe ich nie Farbe bemerkt, und ohne Zweifel bleicht sie nach dem Absterben des Thieres, den Elementen ausgesetzt, bald ab.

Unser Eichenstamm ist vom härtesten Holze, was die Thiere vorzugsweise zu lieben und worin sie am besten zu gedeihen scheinen; er ist aussen stellenweis, hauptsächlich aber wohl nur die Rinde, etwas morsch geworden, und schien uns eine längere Zeit (vielleicht 20 Jahre oder länger?) im Meere gelegen zu haben; er ist im Innern kerngesund, aber ganz vom Wasser durchdrungen, wozu die Löcher der Thiere, die von Aussen anfangen, ohne Zweifel beigetragen haben. Welches Alter unsere Thiere erreicht haben mögen, ist schwer zu muthmassen; jedenfalls scheint der Process, eine so bedeutende Höhle in eisenhartes Holz zu bohren, für ein so zartes Thier, nur ein langsamer sein zu können, was auf ein ziemliches Alter unserer grössten Thiere schliessen liesse, sowie auf ein langsames Wachsthum derselben — denn so lange sie bohren, scheinen sie zu wachsen, da sie die Höhlen, ungleich dem Teredo, regelmässig erweitern. — Die Bohrlöcher haben verschiedenartige Formen und Richtungen, gehen zuweilen quer durchs Holz, oft in zwei Richtungen, wenn nämlich das Thier sich zuerst an der Seite des Holzes einbohrt, und dann ist der Anfang, das spitzere Ende des Loches, das kürzere und die Biegung geht möglichst mehr der Holzfaser nach; sie gehen aber auch in gerader Richtung ganz mit der Faser des Holzes, und zwar wenn die Thiere sich zuerst am Ende des Stammes einbohren und auf kein Hinderniss stossen. Die Neigung scheint zu sein, der Holzfaser möglichst nach zu bohren, nachdem sie erst ins Holz eingedrungen sind, sie scheinen auch mit dem Aushöhlen die besten Fortschritte zu machen, wenn sie die Faser-Richtung gewonnen haben, denn gerade die Höhlen sind die längsten, die ganz mit der Faser gehen. Die meisten Löcher sind 2 bis 3 Zoll lang; ich habe indess auch Exemplare von über 4 Zoll Länge. Die Wände derselben sind glatt ohne mit Kalk (wie bei Teredo) oder sonstigem Stoffe gefüttert zu sein, und das Ende ist schön rund geformt, so dass kein Instrument es schöner herstellen könnte. — Nur die jüngern Thiere sind in mässiger Anzahl gruppirt, weil sie sich Anfangs ohne Zweifel gern zusammen halten. Wie sie wachsen, scheinen sie in verschiedenen Richtungen ins Holz weiter zu dringen und ihre gesonderten Wohnungen zu lieben. Einzeln berühren sie sich seitwärts wohl mal unbedeutend; wo sie sich indess direckt entgegen arbeiten, da ändern beide ihre Richtungen. Den durch das Aushöhlen verursachten Holzschlamm lassen sie hinter sich und er bleibt als nasser Teig im ältern Ende der Höhle, welche mit dem Wachsthum des Thiers weiter wird, um gerade geräumig genug zu sein scheint, dass ihr Bewohner sich bequem darin bewegen kann, indess nicht oder nur ein unbedeutendes rückwärts, da das gewachsene Thier in seinen grössern Schalen für das ältere und engere Ende des Bohrloches zu gross geworden ist. Es arbeitet sich also Wohnung und Grab zu gleicher Zeit, aus denen es nie wieder heraus treten kann. — Wir holten mehrere Holzstückchen und Zweige vom Meeresgrunde, die von *Xylophaga* durchbohrt waren und worin die Schalen todter Thiere theilweis noch steckten; aber Alle waren viel kleiner, und nur in unserm grossen Eichenstamm hatten sie sich zur höchsten Vollkommenheit entwickelt. Alle Thiere darin waren frisch und lebend, wir fanden kein abgestorbenes Exemplar, ausser die erwähnten zwei weissen wären todt gewesen, was nicht zu sehen war, weil wir in den Thieren keinen Unterschied bemerkten. — Freilich hatte unser Hacken und Spalten und das Oeffnen ihrer Wohnungen, sowie die Entfernung aus ihrem Elemente sie getödtet. Nach Betrachtung des ganzen grossen Stammes und seiner vielen Bohrlöcher muss ich zu der Ansicht kommen, dass das Thier nicht weiter ins Holz eindringt, als erforderlich ist im Stande zu bleiben, sich vermittelst seiner dehnbaren Syphonen mit dem Meerwasser in Verbindung zu erhalten, dass es seine Eier in den hinter sich gelassenen Holzschlamm legt und diese entweder ins Meer ausstösst oder dass die Jungen von selbst die Höhle des Mutterthiers verlassen, um sich an andern Stellen des Holzes von neuem einzubohren.

Die Vermuthung, dass die *Xylophaga* sich mit dem Meerwasser in Verbindung erhält, sollte sich vor meiner Abreise von Dröbak noch bestätigen. Als ich nämlich zum Einpacken die überflüssigen Theile von den Holzstücken absägte und spaltete, stiess ich noch auf einzelne Thiere in ihren Höhlen, und es gelang mir, aus Einer den Holzschlamm, der sich durch Eintrocknen nun verhärtet hatte, ziemlich in einem Stücke herauszuziehen; derselbe bildete jetzt eine Röhre, nach dem Thiere zu weiter und sich verengend gegen die Mündung des Bohrloches hin, also genau die Gestalt der Syphonen, die diesen Durchgang nicht nur gebildet haben, sondern auch offen erhalten mussten, weil er sich sonst mit anderm Holzschlamm oder mit eindringendem Meeresschlamm verstopft hätte; ebenfalls ist dies ein fernerer Beleg für die grosse Dehnbarkeit der Syphonen, da das Thier sich stets vom Anfang seiner Höhle weiter entfernt ohne zurück zu können und also in den längsten Höhlen unseres Stammes 3 bis 4 Zoll davon entfernt war. Ich werde dies einzige und seltene Beispiel im Senckenbergischen Museum niederlegen. Ich berühre noch, dass das Hintertheil der Schalen eine feine Epidermis zu haben scheint, indess nicht das Vordertheil derselben oder vielmehr nicht die äusserste scharfe Kante und Ecken der Oeffnung, die weiss sind, aber weiter ab gleich grünlich werden. Wenn sich dies bei näherer Untersuchung herausstellt, dann wäre es ein Grund mehr zur Annahme, dass das Thier mit den erwähnten scharfen Ecken der Schalen das Holz schabt, und so seine Höhle formirt; denn dass das Thier ein Aetz-Mittel besässe, erscheint zu unwahrscheinlich, da ein solches Mittel das Holz ungleich angreifen und die Wände morsch und rauh lassen würde, ausser andern Gründen, die dagegen streiten. Und ob es andere harte Schabwerkzeuge besitzt, als Zähne, Zunge etc., muss sich bei genauer anatomischen Untersuchung ausweisen, ich habe, soweit ich das Thier betrachtet, nichts davon entdecken können, und auch nichts hierüber gelesen. Es scheint mir deshalb am wahrscheinlichsten, dass die Schale, deren Gestalt die der Höhle so sehr entspricht, auch bei der Bildung der Letztern wirksam sein muss. Dass der Fuss einer Patella durch langes Berühren und Reiben eine Vertiefung in den Stein machen kann, ist denkbar; dass aber der zarte weiche Fuss der *Xylophaga* in zähes faseriges Eichenholz eine lange Höhle schaben sollte, ist weniger wahrscheinlich, indem derselbe auf Holz eher eine Politur als Aushöhlung bewirken würde, und da das vorhandene

Holzmehl beweisst, dass hier ein schärferes Instrument thätig war, so muss es doch wohl ein schärferes Mundwerkzeug oder die scharfen Ecken und Kanten der Schale gewesen sein. Zum Bohren, Hobeln u. s. w. bedarf es eines festen Gegendrucks; so lange der Tischler auf fester Erde steht, hobelt er mit Leichtigkeit, suspendiren wir ihn aber an einem Gürtel und langen Seil in der Luft vor seiner Hobelbank, so ist's mit dem Hobeln aus; — was würde zum Fuss der *Xylophaga* den Gegendruck bilden? Die Syphonen stecken im Holzschlamm und die Schale ist hart und gefühllos! Wie sollten auch die jungen Thiere z u e r s t ins Holz eindringen können, wenn sie sich nicht mit dem Fusse fest ansaugten und nun die Schalen zum Bohren hin und her drehten. Es heisst zwar, die Schalen der jungen Thiere seien von der z a r t e s t e n Art und zum Bohren untauglich. Ist es aber nicht denkbar, dass, sobald sich das junge Thier seine Stelle erkoren und erst angesaugt hat, die Schalen sich sehr rasch härten und stärken? Auch scheinen sie sich zum ersten Eindringen eine möglichst weiche Stelle auszuwählen. Der stärkste Beweis aber liegt im Bohrloch selbst, denn überall, wo dies m i t der Faser geht, sieht man deutlich ein Hobeln oder Aushöhlen in sehr flachen Furchen quer durchs Holz rundum die Höhlenwand, diese in queren Furchen vorrückende Arbeit ist ein augenscheinlicher Beweis eines scharfen Instrumentes; und dieselben Furchen sieht man auf dem Grunde der Höhle aber nicht mehr rundum, sondern von oben nach unten, also zum V e r t i e f e n der Höhle, zu welchem Zweck das Thier sich etwas seitwärts ansaugen muss, um mit den Ecken in die Tiefe hinein aushöhlen zu können, wonach es sich alsdann wieder u n t e n ansaugt, und n u n r u n d u m erweitert. Ich kann deshalb nicht umhin, diese Ansicht festzuhalten, bis eine andere Art der Bildung des Bohrlochs durch factische Beweise dargethan ist.

Ich schätze die Anzahl der Bewohner unsers Eichenstamms auf 3 bis 400, obwohl es uns kaum gelang, den vierten Theil, klein und gross, unbeschädigt herauszuholen, und manche litten noch unvermeidlich beim schliesslichen Behandeln. Ueber alles in Betreff der Wohnungen der Thiere u. s. w. hier gesagte werde ich die Belege in Holzstücken etc. in unserer Normal-Sammlung im Senckenbergischen Museum zu Frankfurt a. M. niederlegen, woselbst sich jeder Liebhaber augenscheinlich überzeugen kann. Sollte eine spätere genauere anatomische Untersuchung des Thieres vorgenommen werden, so wird solche, wenn es für dies Buch nicht mehr zeitig sein sollte, in den Monatsblättern der Deutschen Malakozoologischen Gesellschaft erscheinen, worauf ich die Liebhaber zu verweisen mir erlaube.

Dass dieser Fang durch besonderes Zusammenwirken eigenthümlicher Umstände gemacht wurde, ist ein Factum, welches für die Wissenschaft gewiss wichtig und für mich höchst erfreulich ist, zumal sich Thatsachen dadurch ergeben haben, die bisher nicht so gründlich beobachtet werden konnten; denn obgleich die *Xylophaga dorsalis* Turton keine Seltenheit ist, so ist sie vielleicht nie vorher in so vollkommen entwickelten Exemplaren und so grosser Behausung aufgefunden worden.

Vom 4. bis 10. Juli verhinderte ein beständig heftiger Wind alles Schaben auf See in Ruderböten; der Wind blies unausgesetzt vom Süden herein und schwellte die Wellen im Christiana Fjord so sehr, dass ein Erfolg beim Schaben nicht erwartet werden konnte. Ich fand indess Arbeit genug, die gesammelten Sachen zu ordnen und meine Zeit mit Schreiben auszufüllen; auch machte ich einige Ausflüge zu Fuss die Ufer des Fjords entlang zum Einsammeln von Littorinen und Andern. Am Sonntag Nachmittag den 9. Juli unternahm ich eine kleine Fusstour ins Land, oder richtiger gesagt über die Berge fort auf dem Wege nach Christiania hin, wo ich eine vorzügliche macadamisirte Chaussée vorfand. Etwa für eine halbe deutsche Meile gings fast immer bergauf, und am höchsten Punkt angekommen, belohnte mich eine prachtvolle Aussicht nordöstlich weit ins Land hinein. Ich sprang seitwärts rechts vom Wege ab und bestieg einige etwas höher gelegene Felsrücken, hinter denen ich eine jähe Schlucht vor mir hatte, aus der in geringer Entfernung die Tannengipfel zu meinen Füssen heraufragten. Wer *Dröbak* besucht, sollte nicht versäumen, diesen Spaziergang zu machen. Mein Weg führte durch fruchtbares Land an einigen bedeutenden Meierei-Höfen vorüber; in einem davon war ich so frei, mich etwas umzuschauen; das geräumige Herrn-Haus war weiss von freundlichem Aeussern und auf Wohlstand deutend; diesem gegenüber befand sich noch ein kleineres Wohnhaus, wahrscheinlich für den Verwalter bestimmt, von hell drapfarbigem und gleichfalls freundlichem Aeussern; den Beschluss machten 4 bis 5 Neben-Gebäude mit rothbraunem Ueberzug und von weissen Ecken eingefasst; das Ganze war recht malerisch und einladend, hätte ich flott norwegisch gesprochen, so würde ich mich versucht gefühlt haben, einzutreten und einige Fragen an die Insassen zu richten; ich wurde übrigens von Niemanden in meinen Betrachtungen gestört, und nicht mal von einem Hunde angeknurrt. Auf dem ganzen Wege tauchen stellenweise die dunklen Felsen wie enorme Elephantenrücken aus dem Boden hervor, während die Zwischenräume mit fetter Dammerde ausgefüllt sind; die Fichten wechseln hier mit Edeltannen, Birken, Erlen, Sikamoren, auch Eichen, ab, und zwischen den Felsen herum wachsen reichlich Bickbeeren und wilde Erdbeeren.

In meiner Wohnung zurückgekommen, bemerkte ich von meinem Fenster aus, welches das Fjord überschaut, in der Entfernung einige grosse Schiffe, und ein reges Leben auf den verschiedenen Landungsbrücken Dröbaks, was mich veranlasste auch hinunterzueilen; und bald darauf segelten zwei stattliche amerikanische Kriegsfregatten majestätisch an uns vorüber nach Christiania hin. Die ins Fjord hinein gebaute Landungsbrücke war voll von Herren und Damen in Sonntagstracht trotz des herrschenden heftigen Windes; aber die Norwegerinnen tragen hier nicht Kleider, die 7 Zoll länger sind als ihre eigene Gestalt, und die unter diesen Umständen auch äusserst hinderlich sein würden, so wie sie im südlichern Europa den Damen nur fatal und auf staubigen Wegen aller Welt höchst lästig sind. Den Zweck oder Nutzen solcher und ähnlicher Moden habe ich überhaupt nie begreifen können, und noch weniger, dass unsere Damenwelt sich so von der Mode beherrschen ja sich zu Sklavinnen derselben machen lassen sollte! Selten sind die Moden nur mal graciös oder geschmackvoll und dienen eher zur Entstellung, und, zumal in ihrer Uebertreibung, zur Karrikatur der menschlichen Figur, als zur Hebung derselben. Ich kann kein Verdienst darin erblicken, sich nach irgend einer Vorschrift zu kleiden. Die schönste Mode scheint mir zu sein, dass jede Dame sich ganz nach ihrem eigenen Geschmack, so wie den Verhältnissen und Umständen anpassend kleidet; ist sie alsdann geschmackvoll in ihrer Tracht, so gebührt ihr das Verdienst der Wahl selbst; auch habe ich gefunden, dass talentvolle Damen und Künstlerinnen sich mehr darin nach ihren eigenen Ideen, als nach den Moden richten.

Möge mit dem Ende des französisch-imperialistischen Schwindel-Reichs auch, wenigstens für Deutschland, das Ende der unsinnigen, ja oft widerlichen französischen Moden, wie sie besonders in den letzten 20 Jahren Europa vergiftet haben, gekommen sein!

Ich glaube meinen schönen Leserinnen versichern zu dürfen, dass eine einfach geschmackvoll gekleidete Dame in den Augen der Herren mehr Beifall findet, als die grösste Modeträgerin, über die man sich eher belustigt, als sie bewundert. Ich hoffe, diese kleine Abschweifung von meinem Gegenstande wird meiner unbezwinglichen Verachtung der französischen übertriebenen und zwecklosen Moden zu Gute gehalten werden.

Da die Witterungsverhältnisse am 10. Juli noch keine Operationen auf dem Fjord zulassen wollten, so benutzte ich den Tag, Christiania per Dampfer einen zweiten Besuch abzustatten, wo ich ausserdem einige Einkäufe zu besorgen hatte.

Die Einfahrt in den Hafen bot diesmal einen höchst interessanten Anblick dar; die zwei amerikanischen Kriegsschiffe, von denen das grössere etwa 90 Kanonen führte, hatten sich am Eingange vor Anker gelegt und zwischen ihnen, etwas näher nach der Stadt zu, hatten sich zwei norwegische Monitors mit ihren drohenden Eisenthürmchen postirt; auf diesen war reges Leben, und die norwegischen Marinen übten sich in ihren Exercitien zu Ehren des amerikanischen Besuchs. Die Monitors sind bekanntlich ganz flach, ragen kaum 1 Fuss hoch aus dem Wasser, und nur ein niedriger Kamin unterbricht ausser dem Kanonenthurm die gerade Fläche. Wie ich hörte, waren diese Monitors in Horten, dem norwegischen Arsenal, gebaut. Unser Dampfer steuerte mitten zwischen diesen Kriegsungeheuern hindurch und wir erhielten eine vorzügliche Ansicht von denselben.

Am Nachmittag fuhr ich eine Strecke östlich auf dem schönen Wege nach Dröbak der Uferklippe, dem nördlichsten Ende des Fjords, entlang; hier erlangt man die beste Aussicht auf eine Abtheilung der herrlichen Inselgruppen, wo die wohlhabende Klasse ihre Landhäuser und Sommerwohnungen hält, und welche mit Gärten und üppiger Vegetation zwischen ihren Felsengipfeln geschmückt sind; man sicht hier zugleich in den Endarm des Christiania-Fjord hinein, der das Bunde-Fjord genannt wird und sich südlich nach Dröbak hin zurückzieht; die andere Haupt-Inselgruppe liegt westlich von der Einfahrt nach Christiania.

Erst am Dienstag den 11. Juli konnte ich wieder eine Fahrt auf Mollusken-Fang machen. Ich nahm diesesmal ein grösseres Boot mit drei Ruderern und wir arbeiteten von halb sieben Morgens bis 5 Uhr Nachmittags beständig auf See dergestalt, dass selbst meine harten Norweger ermüdeten, und auch mir war der Rücken vom Sieben und langem gebückten Arbeiten steif und lahm; ausser ein Butterbrod und ein Glas Bier hatten wir in den 10 Stunden nichts genossen. Ich hatte von meinem Sieben und der Arbeit kaum aufgeblickt, und fühlte die Anstrengung noch zwei Tage in den Gliedern. Der Erfolg war auch recht günstig gewesen, und insbesondere bereicherte er meinen kleinen Vorrath der interessanten *Neæren*, der eleganten *Yoldia*, *Syndosmya* etc., so wie auch diverse *Terebrateln* und einzelne der nordischen *Natica clausa*, deren südlichster Fundort das Christiania-Fjord sein soll, erlangt wurden. Das Nähere findet sich unter den Schabe-Notizen D. aufgeführt. — Keine unserer vorhergehenden Fahrten hatte so viel Interessantes geliefert, wenn ich bei der dritten den Hauptfang der *Xylophaga* ausnehme, die überhaupt wohl der Glanzpunkt meiner Operationen bleiben wird.

Am 12. Juli war Arbeit vollauf da, das Tags zuvor Eingefangene zu reinigen und zu beseitigen, und am Nachmittage stattete ich dem Fort Oskarsborg auf der Insel Kaaholm einen Besuch ab, woselbst ein norwegischer Kanonier uns freundlichst umher führte. Dieses Fort, das die Durchfahrt des engsten Theils des Christiania Fjords deckt, ist bei vorzüglicher Einrichtung fest und stark gebaut, führt etwa 70 schwere Kanonen, und war bis zur letzten Erfindung der gezogenen Stahl-Geschütze und Panzer-Kriegsschiffe eine der stärksten europäischen Festen. Jetzt werden nachträglich Erdwälle hinzugefügt, und es ist im Werke, noch 20 bis 30 schwere Kanonen neuester Construction aufzustellen; wie es heisst, soll auch das Mauerwerk des Forts mit Eisenpanzer bekleidet werden. Des Gouverneurs Haus liegt auf einer hübchen Neben-Insel, mit dieser durch eine elegante eiserne Brücke verbunden.

Ich fand hier *Helix lapicida*, *hortensis* und eine interessante Varietät von *fruticum* von roth-bräunlicher Farbe, theilweis mit einem dunkel rothbraunen Bande verziert; die Erstere scheint sehr allgemein sich gern an den Felsen des südlichen Norwegens aufzuhalten;

die zwei letztern schienen mir, so viel ich vom Lande gesehen, mehr local zu sein.

Da das Wetter sehr ungünstig blieb, so beschloss ich, auf besseres Glück hoffend, am 13. Juli nach

Vallö

hinunter zu fahren, welches auf einer kleinen Halbinsel, etwa eine halbe norwegische Meile östlich von Tönsberg, nicht mehr weit vom südlichen Ende des Christiania-Fjord liegt.

Vallö ist ein Fischer-Oertchen von wenigen zerstreut liegenden Gebäuden. Früher waren hier durch den Unternehmungsgeist zweier Schweizer, des Herrn Melchior Tschudy (dessen Grabmal ich auf dem Kirchhofe wiederfand, und der 1788 im Kanton Glarus geboren war) und des Herrn Blumer, seines Associés, eine Saline im Gange, sowie auch eine Weberei-Fabrik, in der jetzt noch etwas gearbeitet wird; Beides hat indess keine genügende Rechnung liefern wollen, und jetzt scheint die frühere Industrie von Vallö und mit ihr die Gebäude im Verfall zu sein. Auch eine alte Windmühle, die kaum noch zwei Flügel hat, deutet auf frühere getäuschte Hoffnungen; ein alter Mann sammelte Fenchel in ihrer Nähe, und ich konnte nicht umhin mit Hülfe meines Begleiters einige Fragen an ihn zu richten; er war 84 Jahre alt und seine Frau 85. Sein Vater, ein Holsteiner, hatte die Mühle erbaut. Er selbst war in dänischen Marine-Kriegs-Diensten gewesen, und hatte auf dem Christian IV. gestanden, einem Admiralschiffe, welches ich vor 40 Jahren bei Sheerness, unweit der Themse-Mündung (in Gesellschaft des Bellerophon, der den ersten Napoleon nach St. Helena gebracht), gesehen hatte, aber damals nicht ahndete, ich würde noch mal im Norden Europas einen alten Seemann antreffen, der mich an jenes Kriegsschiff wieder erinnern sollte, das zu der damaligen dänischen Flotte gehörte, die Nelson in 1807 nach dem Bombardement von Copenhagen abführte, und die so widerrechtlich von England behalten, man kann sagen geraubt wurde. — Wir gaben dem guten Alten, der noch ein lebhaftes Auge hatte, eine Kleinigkeit, und er entblösste trotz des nassen windigen Wetters sein kahles Haupt und reichte uns dankbarlichst die Hand. Ich logirte in dem einzigen, aber für den Ort unerwartet guten Wirthshause, das auch noch aus der guten alten Tschudy'schen Zeit herstammt, wo Wirth und Wirthin ebenfalls Schweizer sind und deutsch sprechen, was mir recht willkommen war. In der Wirthschaft kommt zwar jetzt weniger vor, ausser dem gelegentlichen Besuch von Seeleuten und einzelnen Reisenden, aber die Eigenthümer betreiben auch Landwirthschaft und Handel und haben das einzige Ladengeschäft im Orte. Der Sohn des verstorbenen Herrn Tschudy bewohnt mit seiner Familie noch das grosse Haus südlich von der Kirche, war so freundlich, mir einen Besuch abzustatten und freundschaftliche Anerbietungen zu machen.

Am Tage meiner Ankunft in Vallö hatte ich leider nur noch etliche 3 oder 4 Stunden schaben können (vide Notiz E.), wir kamen nicht weit, der Wind blies zu heftig, und da die zwei folgenden Tage noch viel schlimmer waren, besonders der 15. Juli, so kehrte mein Gefährte nach Christiania zurück, und ich blieb nun in dieser Einsamkeit allein. — Gegen den Regen, wenn er nicht zu arg, noch zu anhaltend ist, kann man sich schützen, aber bei starkem Winde lässt sich in einem kleinen Boote mit der Schabe nicht arbeiten, weil sie bei den heftigen Schwankungen desselben über den Grund tanzt, anstatt darüber zu schleppen und theils hinein zu greifen; auch ermüden bei Wind und viel Regen die Leute zu sehr, während man selbst beständig im Miserere sitzt und durch das Stossen und Schwanken an den nöthigen Verrichtungen verhindert wird; dabei bekommt man gerade mal ein Salzschauer in die Augen, wenn man eben mit der Pincette ein Müschelchen aus dem Siebe nehmen will, Vieles wird umgeworfen, zerbricht und geht verloren, kurz: Es thuts halt nimmermehr! wie unsere Brüder im südlichen Deutschland so treffend sagen.

Wind und Wetter waren mir bisher recht ungünstig gewesen, denn von den 15 Tagen, seit ich in Dröbak begonnen, konnte ich soweit nur 5mal auf See arbeiten, und hatte dabei oft noch mehr Regen und Wind, als uns bequem und erwünscht war.

Am 16. öffneten sich alle Wasser-Schleusen des Himmels; da es sich indess gegen Mittag aufzuklären schien, so ging ich mit zwei Leuten auf See; wir bekamen auf der Fahrt noch ein gehöriges Norweger Schauer, und hiernach blieb es zwar trocken, aber zu windig, um mit besonderem Erfolge arbeiten zu können. Der folgende Montag fing prachtvoll an, so dass ich in bester Stimmung auf See ging und in meiner freudigen Eile sogar die Regenkleider zu Hause liess. Aber hierfür sollte ich auch ein- für allemal gehörig büssen, denn schon gegen Mittag machte sich der Wind auf und wuchs mit jeder Stunde an Stärke, so dass es wieder mit der Arbeit einer Täuschung gleich sah: wir hielten uns jedoch auf hoher See, so lange es nur gehen wollte; die Schabe holte indess nur noch wenig herauf und kam endlich 4mal leer nach oben, was, da wir uns auf etwa 100 Faden Tiefe hielten, eine vierstündige harte Arbeit zunichte machte, die unter dem Stürmen und Wogen doppelt schwierig wurde; da der Horizont sich alsdann stark dunkelte, so beschloss ich die Heimkehr.

Auf dem Rückwege begriffen, liess ich indess noch einmal auswerfen, und weil einige *Terebrateln* in der Schabe waren, so wollte ich diesen erwünschten Grund nicht verlassen, ohne noch eine letzte Anstrengung zu versuchen. Ich vertheilte den Rest meines Proviants zur Aufmunterung unter die Leute, die Schabe wurde ausgeworfen, wir setzten zwei Segel auf, die Leute mussten ausserdem rudern, während ich das Steuer lenkte, und so gings unter Brausen und Toben weiter in See, als wohl rathsam war; unser Schiffchen hatte schon 4mal ausgeschöpft werden müssen; das Unwetter kam nun durch hinzutretenden Regen vollends zum Ausbruch und als die Schabe endlich heraufgebracht wurde und leer war, da waren weitere Versuche denn auch zur Unmöglichkeit geworden, und wir mussten nun auf unsere Sicherheit bedacht sein.

Wir hatten zur Rückkehr eine lange Strecke gegen Wind, gegen Wogen und Regen anzukämpfen, erreichten nach mühevoller Arbeit endlich das Ufer, und ich kam gegen 9 Uhr durchnässt, ermattet und steif an allen Gliedern in mein Quartier zurück; ich war fast 14 Stunden dem Wetter ausgesetzt auf See gewesen.

Der Erfolg der zwei letzten Fahrten, die nach einer Gegend hin gemacht wurden, ist zusammen unter Notiz F berichtet.

Der 18. Juli war wiederum zu ungünstig zum Schaben; aber am 19. wollte ich vor meiner Rückkehr nach Dröbak noch einen letzten Versuch in Vallö machen, und ging mit 3 Mann auf See; der Wind war mässig, fing aber auf alte Weise gegen Mittag wieder an, sich unangenehm zu machen. Der erste Zug mit der Eimer-Schabe ergab, wenn auch in Quantität nichtssagend, dennoch ein so interessantes Resultat, dass ich es als den Glanzpunkt meiner Vallöer Operationen ansehen muss. Das erste Schalenthier, was ich bekam, war eine schöne, voll ausgewachsene *Isocardia cor*, L. — Da noch keiner der eminenten nordischen Naturforscher und Sammler diese Molluske in solcher Vollkommenheit im Christiania-Fjord gefangen hatte, so darf ich wohl stolz darauf sein, dass ich als Ausländer in diesem Punkte der Erste gewesen bin.

Im Museum zu Christiania existirt nur ein kleines, unausgewachsenes Exemplar von circa $^3/_4$ Zoll Länge aus dem Christiana-Fjord, welches Sars nebst einer halben Schale von etwa 31 m.m. Länge gefangen hat; ausserdem hat Asbjörnsen ebenfalls nur eine ähnliche halbe Schale erlangt. Die meinige misst 63 m.m. Länge, 57 m.m. Höhe, von den Umbonen zur Basis, 45 m.m. Dicke und 152 m.m. Circumferenz.

Dieses Ereigniss constatirt nun das Factum, dass gegenwärtig lebende, voll ausgebildete *Isocardia cor* sich im Christiania-Fjord befinden, was bisher nicht mit Gewissheit behauptet werden konnte.

Dieser Fang versetzte mich in die glücklichste Stimmung, und ich blieb wieder bis 9½ Uhr am Abend auf See, aber trotz aller Anstrengung konnte ich kein zweites Exemplar erlangen; der Wind spielte mir nochmals den Falschen, und obschon ich ihm bis zum Aeussersten trotzte, musste ich doch zuletzt menschlich weichen und kam gegen 10 Uhr p. m. nach 13stündiger Arbeit auf dem Salzwasser, ohne etwas Warmes genossen zu haben, halb erstarrt in mein Quartier zurück. Siehe Notiz G.

Am 20. reiste ich auf dem hübschen Dampfer Moss wieder nach Dröbak; es war ein Tag zum Erbarmen, ein Regen ohne Ende, und die Fahrt hatte folglich nichts Interessantes. Der folgende war zwar prächtig, aber ich hatte Arbeit genug, die Vallöer Sachen zu beseitigen und mich neuerdings einzurichten; da die Sonne glanzvoll unterging, so rechnete ich auf einen nächsten günstigen Tag für neue Operationen; aber „der Mensch denkt, Gott lenkt!" denn der 22. gab dem 20. in keinem Stücke nach! — Am 23. wurde es möglich, einen halben Tag zu schaben. Erfolg Notiz H.

Der 24. erforderte meine Anwesenheit in Christiania; der 25. und 26. wurden gänzlich vom schliesslichem Ordnen und Aufpacken meiner Muscheln, wovon ich nun einen grossen Vorrath hatte, beansprucht; am 27. ging ich zum letzten Mal auf einen halben Tag in Dröbaks Nähe auf See, um wo möglich meinen Vorrath der hübschen *Leda pernula* noch zu vermehren; aber die Umstände waren wiederum sehr ungünstig, und ich erhielt nur eine von der gewünschten Art, obgleich ziemlich von *Nucula, Axinus* u. s. w. Siehe Notiz I.

Am 28. stattete ich Christiania meinen letzten Besuch ab, um alle Geschäfte vor meiner Abreise schliesslich zu ordnen, und am 29. Nachts 12 Uhr gings mit meinem schweren Gepäck, jetzt 18 Stück, an Bord des Dampfers Stavanger, Capitän Norman, zur

Reise nach Bergen.

Der Stavanger hatte Christiania um 10 Uhr p. m. verlassen und kam um Mitternacht bei Dröbak vorbei; ich musste meine vielen Gegenstände in ein Ruderboot schaffen lassen und so ins Fjord hinein rudern; der Dampfer hielt an, Alles wurde auf See übergeladen (glücklicherweise war es bei dieser Gelegenheit trocken), ich stieg nach und nun gings vorerst wieder gen Süden.

Leider waren im Dampfer alle Schlafstellen und Sofas besetzt, und ich musste mich in meinen Kleidern mit nur einer Wolldecke auf hartem Fussboden betten; an Schlaf war folglich nicht zu denken; nachdem ich drei Stunden auf dieser Folterbank ausgeharrt, stand ich auf, machte so gut es gehen wollte Toilette und suchte das Deck.

Wir hatten in der Nacht starken Nebel gehabt, so dass unser Dampfer sehr langsam vorangehen musste, ja zuweilen anhielt; wie der Morgen vorschritt, klärte es sich auf, und obgleich es windig und wolkig wurde, so war es doch für uns Seefahrer noch recht günstig; wir hatten gelernt, sehr zufrieden zu sein, wenn es nur nicht unmässig stürmte oder anhaltend stark regnete. Die Norweger scheinen fast alle gut auf See zu sein, das Meer ist ja ihre hauptsächlichste Verbindungsstrasse; ich sah keinen Herrn seekrank, und nur zwei Damen waren schwach, obschon unser Dampfschiff artig tanzte. Bei ähnlichem Schaukeln und Rollen auf deutschen, englischen und französischen Küstenfahrten hatte ich die meisten Passagiere krank und Damen oft sehr leidend gesehen. — Unser Dampfer, der Stavanger, war ein kleines Schiff und hielt sich der Küste nahe, während der grosse Albion mehr die offene See gehalten hatte, wobei wir die Küsten nur in weiter Entfernung hatten beobachten können; jetzt fuhren wir zwischen den

Tausenden von Felseninseln und Inselchen hindurch, und hatten die Aussicht auf die wunderbaren Felsgestade in grösserer Nähe. Alle Ausseninselchen sind nacktes Gestein, von den Wogen ewig gepeitscht und mit keinem oder sehr wenigem Grün geschmückt; nur die grössern tragen niedriges Gebüsch und Vegetation in ihren Spalten und Vertiefungen, während die grössten einigermassen, besonders aber das Festland, hauptsächlich mit Waldung, auch mit einzelnen Feldern und Grasflächen abwechseln. Inseln und Festland bilden eine unendliche Verschiedenheit hoher Formen; Alles ist harter Granit, Gneiss, Grünstein, Porphyr in unzähligen Abwechselungen und Uebergängen, von Quarz-, Feldspath- und anderen Adern durchzogen; nur sparsam bemerkt man Schieferthon mit parallelen Lagen von harten Knollen durchsetzt. Um 7 Uhr a. m. sprachen wir bei der Station Larvik (Lorvik) vor, einem malerisch gelegenen Oertchen, woselbst wir uns ein halb Stündchen zum Ein- und Ausladen aufhielten, und gleich darauf passirten wir Frederiksværn mit Stavaern, einem alten Marineplatz Norwegens, wo auf nahe gegenüberliegenden Felseninseln noch ein altes Fort, Wachthäuser u. s. w. sich befinden, welche, obwohl im Stande erhalten, doch heutzutage von wenig Bedeutung mehr sind; die Einfahrt ist hier indess von den Klippen so eingeengt, dass sie bei stürmischem Wetter schwer zu passiren sein dürfte. Um halb 10 Uhr hielten wir bei Langesund an, wo geschichtete Gesteine sich zeigen, und eine Uebergangsformation (eine Seltenheit in Norwegen) sich vorfindet.

Von diesem Orte an nahm bei starkem Regen der Wind an Heftigkeit zu, so dass unser kleines Schiff dermassen ins Schwanken gebracht wurde, dass bei einigen argen Wellenstössen in der Kajüte Alles übereinander taumelte. Einige Damen ängstigten sich und wurden sehr elend; eine stürzte mit einem Schrei halb ohnmächtig aus der Damen-Kajüte in die Haupt-Kajüte herein und hatte Hülfe nöthig; eine andere junge Dame konnte von ihrem Begleiter (ihr Bräutigam, wie ich nachher hörte), der sich alle Mühe gab, nicht beruhigt werden, weinte anhaltend und blickte bei jeder starken Seitenbewegung des Schiffs verzweiflungsvoll auf; mich belästigte das Drauf und Drunter des Schiffs wenig, es war mir vielmehr eine Abwechselung vom Gewöhnlichen und als solche nicht ohne Interesse; ich konnte die armen Dinger nur bedauern, was ich denn auch von Herzen that, ohne dass es ihnen leider was nützte; gern hätte ich ihnen von meinem Gleichmuth etwas abgegeben. Gegen 2 Uhr hatte sich das Unwetter so ziemlich ausgetobt, und wir erreichten gegen 3 Uhr die Station Arendal, jetzt eine der schmucksten Städte Norwegens, da es in den letzten Jahren zweimal abgebrannt und nun seine früheren Holzwohnungen mit soliden und geschmackvollen Steinhäusern vertauscht hat. Die Ein- und Ausfahrt seewärts ist den Schiffern durch zwei auf zwei gegenüberliegenden Inseln erbaute hohe Leuchtthürme angedeutet, die Thorsungerne (Thors Kinder) genannt sind.

Hier tobt es im Herbst und Winter mitunter erschrecklich, und ein Reisegefährte erzählte mir, dass er mal in der schlimmen Jahreszeit auf diesen Küsten-Dampfern hier im Sturm und Schneegestöber 13 Stunden in See gehalten wurde, ohne dass es dem Capitän möglich war, in Arendal einzulaufen, und wie sie endlich durch die zwei Thors Kinder steuerten, lief ein anderer grosser Dreimaster auf eine der benachbarten Felseninselchen und scheiterte vollständig, doch rettete sich die Mannschaft auf den Felsen und wurde später von Arendal aus abgeholt.

Der ruhige Augenblick bei Arendal wurde von uns zum Mittagsessen benutzt, und alle Damen waren zur allseitigen Beruhigung nun wieder munter und bei gutem Appetit. Unsere Fahrt verblieb, wo es immer praktikabel war, zwischen den Ausseninseln und der Küste, denen wir zuweilen so nahe kamen, dass man bequem einen Ball an die Felswand werfen und wieder fangen konnte; aber wo die schützenden Inseln aufhörten und wir dem Wogenschlag des offenen Meeres ausgesetzt blieben, da tanzte und rollte unser Schiffchen gleich wieder nach Herzenslust, aber leider zum grossen Verdruss der Damen. Das Wetter war nun zwar immer noch arg windig, aber doch sonnig geworden, so dass man auf Deck bleiben konnte; und unsere Fahrt ging lustig weiter zwischen ungeheuern Felsen und Klippen hindurch; und wehe dem Schiffe, das mit diesen starren Erdrippen in unsanfte Berührung kommt.

Um 5 Uhr p. m. erreichten wir die Station Grimstadt, wo wir wiederum 15 Minuten anhielten. Fast alle diese Küsten-Städtchen liegen äusserst malerisch an Buchten und Baien auf Landzungen und Felsenvorsprüngen, stets von Gebirgen und Felsmassen umgeben und zum Theil darauf erbaut. Etwas nach Mitternacht kamen wir im Hafen von Mandal, Kleven genannt, an, die südlichste Stadt Norwegens von Bedeutung, und hiernach ging es um die südlichste Spitze des Festlandes, Lindesnes genannt, herum dem Norden wieder entgegen. Der erste Ort, den wir hier erreichten, war die Station Farsund, welches mit Kleven und Christiansand die drei Hauptzufluchtshäfen bildet für Schiffe, die in Noth sind, und wo alle zwischen der Ostsee, dem Norden und Südwesten fahrenden Schiffe, die vom Sturm befallen werden, einzulaufen streben.

Wir hatten eine wilde Nacht gehabt, wie ich am Morgen hörte und erst an der Unordnung in der Kajüte bemerkte, denn ich hatte den Lärm und die Unruhe während der Nacht im Halbschlummer mehr gefühlt als gehört, so dass bei solchen Gelegenheiten halbe Taubheit wohl mal ein Vortheil werden kann. Obschon die Kajüte nass war und alles Gepäck, Kleidung, Stühle u. s. w. durcheinander geworfen und einige auf den letzten Stationen hinzugekommene junge Passagiere arg seekrank gewesen waren, so hatte ich von allem Toben und Gepolter dennoch nur so viel gehört und empfunden, als hinreichte, meinen Schlaf in einen unruhigen Schlummer zu verwandeln und mich merken zu lassen, dass unser Dampfer den wilden Wogen des offenen Meeres ausgesetzt sei. — Da ich diese gefürchtete Seekrankheit früher oft in hohem Grade durchgemacht, nun aber so ziemlich überwunden zu haben scheine, so kommt es mir jetzt auf etwas mehr oder weniger Schwanken nicht an. Denjenigen aber, die noch nicht sattelfest gegen Salzwogen sind, würde ich anrathen, sich erstens, wenn eine Wahl da ist, die grössern Dampfer, die auch ziemlich Ladung mitnehmen, zu wählen, denn die kleinern und leichten, wie unser Stavanger, rollen und schaukeln gleich arg, obschon man sich auch daran gewöhnt. Vor allen Dingen aber halte man sich nicht viel in den Kajüten auf Sofas oder in Betten auf, sondern möglichst viel auf Deck; man bekämpfe die Krankheit, und mache sich nichts daraus, und man wird finden, dass man sie nach und nach bemeistert. Den Damen, ausser den stärkern, empfehle ich dies gerade nicht unter allen Umständen, aber Herren und besonders die, welche schaben wollen, dürfen nicht seekrank werden und müssen es mit Gewalt abschütteln. Eine Hauptsache ist auch, dass man einige Tage vor einer Seereise besonders darauf achtet, dass Magen und Unterleib in guter Ordnung sind. Es ist ein Irrthum, dass man vorher tüchtig essen müsse; es ist gerade verkehrt, weil das den Magen schwächt; ich empfehle dagegen, sich 3 Tage vorher eher auf halbe Kost zu setzen und alle unverdaulichen und besonders fette Speisen zu vermeiden; man wird alsdann auf See schon eher Appetit bekommen, woran es den Seekranken stets mangelt.

Um 6 Uhr a. m. passirten wir die 3 Leuchtthürme Lister Fyr, auf der Halbinsel Listerland gelegen, und jetzt wurde die Scenerie grossartig prachtvoll, denn nördlich vor uns erhoben sich in herrlichster Morgen-Beleuchtung die wildesten Felsmassen in den verschiedenartigsten Gestalten hoch und schroff aus dem Meere empor, in Inseln, Vorgebirge und zahllose grössere und kleinere Vorsprünge mit Klüften und zackigen Kämmen auslaufend. Die Morgensonne vom Lande herüber scheinend gab dieser Felsen-Landschaft die wunderbarste Beleuchtung und schattirte sie in den zartesten Tönen von hellgrau und mattgrün in dunklere Tinten über.

Wir hatten das Flekkefjord vor uns, und steuerten jetzt in diese riesigen Felsmauern hinein, die hier in starren Massen, und wiederum mit Baumwuchs gekrönten Seiten und grünen Natur-Terrassen geschmückt, alle erdenklichen Formen entwickelten, jetzt auch von kleinen Gruppen Fischer- und Schiffer-Wohnungen belebt waren.

Der Ort Flekkefjord, unsere nächste Anlaufs-Station, liegt anmuthig am Ende des Fjords gleichen Namens; und nach dem Entladen unserer Waaren für dieses Städtchen mussten wir theilweis denselben Weg zurück, um unsere See wieder zu gewinnen. Diese von Felswänden eingefassten und zugleich beschützten Fjords sind der Glanzpunkt Norwegens; man denkt sich auf schottische Lochs versetzt, man träumt unwillkürlich von Schweizer- und italienischen Seen, ja von Donau und Rhein; nur ist Alles viel wilder und grossartiger; und es ist eben ein Etwas, das man nur in Norwegen sehen kann; hat man das Glück, vom Wetter begünstigt zu sein und, besonders bei Windstille, von der Sonne eine schöne Morgen- oder Abendbeleuchtung zu erhalten, die nur am nordischen Himmel so prächtig und wunderbar sind, dann kann für den Naturfreund der Besuch dieses Landes einer der interessantesten in Europa werden, zumal für den, der sich an grossen Städten mit ihrem Luxus und geschraubten Vergnügungen satt gesehen hat, und dem Paris oder Pariser Wirthschaft anderswo zum Ueberdruss geworden ist.

Wir waren nun wieder auf offener See, obschon nahe am Lande, wenn dieser Ausdruck hier erlaubt ist, denn das Land zu unserer Rechten war eine starre Felswand, die alle Aussicht auf das weitere Binnenland abschnitt und nur durch einzelne Oeffnungen die Hintergebirge durchblicken liess; zu unserer Linken hatten wir das offene Meer, hier etwa die Grenze zwischen dem deutschen Meere (Nordsee) und dem atlantischen Ocean.

Wo aber Inseln vorkamen und eine Fahrstrasse zwischen sich und dem Festlande darboten, da schlüpfte unser kleiner kühner Stavanger stets hinein, um die Strecken möglichst zu kürzen, und aus demselben Grunde hielt er sich der Küste stets so nahe, als Wind, Wetter und andere Umstände es erlauben wollten. Dies machte die Fahrt für die Passagiere um so interessanter, weil es eine beständige Abwechselung an Scenerie darbot, auch war es anderseits ein Ersatz für die Unbequemlichkeit, dass er mehr Passagiere eingenommen hatte, als seine Einrichtungen wohl gestatteten, um Alle gut bewirthen zu können, und besonders gebrach es an bequemen Schlafstellen: mir lag an letzteren weniger, und es war mir bei meiner schlaflosen Natur fast gleichgültig, ob ich in eine enge Koje oder auf's Sofa, oder auch, wenn es nur eine Matratze gab, auf den Fussboden gebettet wurde; denn die prachtvollen Naturscenen stärkten mich bald wieder und gewährten mir Erholung und Labsal von jeder temporären Ermattung oder Gliederweh. Es kam mir jetzt schon vor, als gehören Wind und Wogen zur Seereise, damit man auch wisse, dass man eben nicht auf einem Binnenwasser spazieren fahre; hierfür aber sollte ich diesmal auch hinreichend davon bekommen, denn seit ich London verlassen, hatte ich nur conträren Wind gekannt; als wir auf dieser Tour das Christiania-Fjord verliessen, war er südlich, dann wurde er südwestlich und jetzt stand er im Norden, also immer gerade entgegen, und blies dabei meistens stark, zuweilen sehr heftig.

So eben bietet sich ein für mich neues Schauspiel dar: zwei junge Wallfische spielen in nicht sehr grosser Entfernung an der Oberfläche des Meeres und stecken ihre schwarzen Flossen und Schwänze, sowie den Kopf theilweise von Zeit zu Zeit aus dem Meere hervor, bis wir sie aus den Augen verlieren. Die Scenerie blieb nun auf eine ziemliche Strecke hauptsächlich Felswand, meist ohne Vegetation und nur stellenweise von natürlichen Grasterrassen unterbrochen, aber ohne Baumwuchs;

und an günstigen Stellen zeigte sich hie und da eine menschliche Wohnung; mitunter war diese Felsmauer von Klüften und Schluchten durchbrochen, oder sie zertheilte sich in einzelne Felsenkegel, und zwischen diesen durch zeigten sich dann die hinterliegenden, noch höhern Felsengipfel, die sich wie Riesen durcheinander thürmten, als stritten sie sich um den höchsten Rang. Allmählig kamen wir an Stellen vorüber, wo die Felsen etwas sanftere Abflachungen hatten, und hier waren sie dann auch gleich schön lebhaft grün, mit Wohnungen besetzt, und menschliche Wesen wurden sichtbar.

Um 12 Uhr liefen wir in eine Meeresstrasse ein, durch die Insel Ekerö und das Festland gebildet; in derselben liegt der Ort Ekersund, unsere nächste Station. Dies Oertchen ist hauptsächlich eine Fischercolonie; es soll aber in seiner Nähe auch eine bedeutende Fabrik existiren, die an die 300 Arbeiter auf Töpferwaare und Porzellan-Artikel beschäftigt. In dieser Strasse flachen sich die Felsgestade sanfter ab und sind mit Wohnungen und Kultur geschmückt; grüne Flächen, selbst Kornfelder, Kartoffel und andere Anpflanzungen wechseln mit den nackten starren Felsen ab und bilden einen freundlichen Gegensatz zu denselben. Wir gelangten endlich aus dem langen Sunde nördlich wieder heraus, sahen nun den Ekerö-Fyr (Leuchtthurm) an der Westseite der Insel Ekerö und waren wieder auf offener See. Die Gestade wurden jetzt weniger wild, die Felsen nahmen an Höhe und drohendem Aeussern ab und das Hinterland zeigte sich in sanftern Abhängen, ähnlich unsern mitteleuropäischen Bergrücken; alsdann steuerten wir einer weiten Sandabflachung von, wie ich hörte, 10 bis 12 deutschen Meilen Ausdehnung entlang, die eine Moor- und Torfablagerung, mit vom Meere ausgespülten feinem Sande bedeckt, sein soll, und für deren Urbarmachung Vieles versucht worden ist, weil es eine der wenigen, ja wie es hiess, die einzige Strecke flaches Land von ähnlich grosser Ausdehnung in Norwegen sein soll; der Name dieses Distrikts ist Jederen.

Kein Baum ist sichtbar auf dieser weit gestreckten Landschaft; nur grüne Flächen, vermuthlich Kartoffel-Anpflanzungen, Hafer und dergleichen zeigen sich nebst zerstreutliegenden und stellenweis zu kleinen Ortschaften gruppirten Häusern. Kaum hatten wir das Ende dieses Flachlandes erreicht, so ging die Fahrt wieder zwischen Inseln hindurch; wir bogen alsdann östlich in das Bukkefjord ein, und hatten bald darauf

Stavanger

vor uns, welche Station wir um 7 p. m. erreichten. Da unser Capitain sich zum Ein- und Ausladen zwei Stunden daselbst aufhielt, so hatten wir Zeit, die Stadt, welche etwa 18,000 Einwohner enthält, in Augenschein zu nehmen. Dieselbe ist meist von starken und hübschen Holzhäusern erbaut und hat im neueren Theile regelmässige und breite Strassen. Die Schätze des Meeres bilden auch hier den Hauptstapel der Industrie und des Handels, besonders soll hier ein bedeutendes Häring-Export-Geschäft betrieben werden, was aber in den letzten Jahren weniger ergiebig gewesen sein soll. — Wir bestiegen den hochliegenden Feuer-Wartthurm, von dessen höchster Kuppel aus man eine vorzügliche Aussicht auf die Stadt und Umgend erhält, die vom Bukkefjord mit seinen zahllosen Inseln und Buchten durchschnitten ist. Wir besahen schliesslich die alte massive Domkirche der Stadt, und nachdem wir ihre Haupttheile durchstreift, kehrten wir zu unserm Dampfer zurück, der alsbald seine Fahrt gen Norden fortsetzte. — Wir blieben von hier ab fast gänzlich zwischen den Felsen-Inseln und in den Fjords; das Schwanken des Schiffs nahm folglich bedeutend ab, der Sturm hatte sich ausserdem verlaufen, das Wetter wurde ruhig und sogar sehr heiter. — Wir bekamen einen herrlichen Abend und ein fast blendender Vollmond beleuchtete unsre Fahrt aufs schönste. Noch nie hatte ich den Vollmond so glanzvoll prächtig gesehen; sein goldener Schimmer strahlte in den tausenden kleiner Wellen in der Fährte unsers Dampfers wieder, und die meisten Passagiere blieben in Folge dieses erwünschten Witterungs-Wechsels noch lange auf Deck bevor wir uns zur Ruhe begaben. — Etwa um Mitternacht passirten wir die Station Haugesund.

Der erste August brach herrlich an; die Sonne schien uns für ihre lange Abwesenheit im Juli nun Ersatz gewähren zu wollen; der Wind war unbedeutend und das Binnen-Meer zwischen den Inseln war folglich glatt wie ein Spiegel; so steuerten wir von Becken zu Becken dem Ende unserer Fahrt entgegen. Die Inseln in der Nähe boten ausser den schon berichteten Abwechselungen wenig Neues dar, aber im Hintergrunde konnten wir die hohen Gebirge des Hardanger Fjords wahrnehmen, und nachdem wir noch mehrere Inseln und Sunde passirt hatten, bogen wir östlich ein, und bekamen gegen 9½ Uhr

Bergen

zu Gesichte, welches wir um 10 Uhr a. m. erreichten, und hatte unsere Fahrt somit 3 Nächte und 2½ Tag gedauert.

Bergen, das zwischen dem 60. und 61. Grad n. Br. liegt, ist die zweitgrösste Stadt Norwegens und die erste Handelsstadt des Landes, hat über 30,000 Einwohner, treibt einen sehr bedeutenden Handel in getrockneten, gesalzenen und andern Fischen, und ist überhaupt der wichtigste Platz Norwegens für alle Import- und Export-Artikel. Diese Stadt gehörte früher zur alten Hansa; noch jetzt gibt es hier eine Strasse am Hafen, tydske Brygen (deutsche Landungs-Brücke) genannt, wo die alten Kaufmanns Häuser der Hansa noch zu sehen sind, wo eben der wichtige Fischhandel hauptsächlich betrieben wird. Man findet sich bei der Annäherung Bergens über dessen Ansicht etwas getäuscht, weil es um den Hafen und die vom Fjord gebildeten Wasser-Becken herum etwas zerstreut und versteckt gebaut ist; bei näherer Bekanntschaft aber tritt die Wichtigkeit des Platzes mehr ins Auge. Es besteht meistens aus Holz-Wohnungen und zwar in geschmackvollem Styl erbaut, von denen die der wohlhabenden Klasse im Innern aufs bequemste und eleganteste eingerichtet sind, und in diesem Punkte unsern besten deutschen Stein-Häusern nicht nachstehen. Im neuern Theile, besonders in den Strassen hinter dem Hauptmarkt, sieht man bereits viele Steinhäuser, die indess an geschmackvollem und freundlichem Aeussern den Holzhäusern nachstehen. Bergen hat ein Theater, wo augenblicklich von einer schwedischen Gesellschaft italienische Opern aufgeführt werden, ferner ein Athenaeum, eine wichtige Börse, die täglich zur Geschäftsstunde von zahlreichen Kaufleuten besucht wird, Banken, Versicherungs-Anstalten und sonstige kaufmännische Institute, auch ein vorzügliches Museum, das an Fischen und mariner Zoologie überhaupt sehr reich ist, besonders was Norwegens Fauna anbetrifft. Der Kleinhandel in Fischen, Gemüsen etc. am Markte und besonders von den Böten aus ist sehr lebhaft und interessant, und jeder Besucher Bergens sollte nicht versäumen, dieses Getriebe am Morgen mal in Augenschein zu nehmen, wonach er zweckmässig einen Spaziergang die tydske Brygen hinunter machen und sich etwas vom Geschäft im Grossen ansehen kann, wobei ihn die eigenthümliche, aber einfache und zweckmässige Weise unterhalten wird, mit welcher Leichtigkeit ein Mann vermittelst eines an einer hohen Stange angebrachten Hebels ein Fass Häringe u. s. w. aus dem Schiffe hebt. Wer Zeit darauf verwenden kann, sollte gleichfalls die Berge besteigen, an denen die Stadt gelegen ist, und welcher Lage sie ihren Namen verdankt. Die Aussicht bei klarem Wetter soll höchst lohnend sein. Meine Hoffnung auf beständigere Witterung wurde leider wieder zu Wasser, denn der 2. August war ein erschrecklicher Regentag, und der 3., an dem ich meine Reise nach dem Hardanger Fjord fortsetzen wollte, brach ähnlich an. Ich rüstete mich indess zur Abreise und ging mit meinen Apparaten um $9\frac{1}{2}$ Uhr a. m. an Bord des Dampfers Hardangeren, der um 10 Uhr Bergen verliess.

Bei unserer Abfahrt schien ein schwacher Sonnenstrahl;
im Süden aber, woher der Wind leider wieder kam, sah
es noch rabenschwarz und drohend aus. Wir fuhren
einstweilen denselben Weg zurück, den wir mit dem
Stavanger gekommen waren; hinter der Station Bukken
jedoch bogen wir allmälig mehr östlich in die Insel-
Gruppen hinein, die hier anfingen, mit lebhafter Vegetation
bedeckt und theilweis bis zu den Gipfeln mit Baumwuchs geschmückt zu sein; sie bildeten so die prächtigsten
Wasser-Becken mit wieder kleinern Felseninselchen von
den manichfachsten Gestalten geziert, den schönsten
Inland-Seen vergleichbar. Da das Wetter sich heute zu
halten schien, so versprach unsre Fahrt wieder eine
sehr interessante zu werden. Wir durchkreuzten jetzt
das ausgedehnte Björne-Fjord und sprachen bei Os und
Saervold vor. — Um 3 Uhr p. m. passirten wir die
enge Strasse Loksund, wo das Gebirge, hier vollständig
mit Baumwuchs bekleidet, das Meer so einengt, dass es
nicht breiter erscheint als der Rhein bei Rüdesheim,
nur grossartiger als dieser selbst in seinen wildesten
Parthien bei dem Lorelei-Felsen. An beiden Seiten dieses
Sundes erheben sich steile Felsen-Gebirge bis zu 1000
Fuss Höhe, aber meistens grün und mit Waldung bekleidet, während vor uns die Riesen des Hardanger
Fjords sich gen Himmel emporthürmen. Wir erreichten
Teröen etwa 3½ Uhr p. m. und waren jetzt im eigentlichen

Hardanger Fjord,

welches in seinen verschiedenen Abschnitten noch specielle
Benennungen führt. Unser Dampfer steuerte nun quer
über das Fjord nach dem südlichen Ufer hin, und gegen
halb 5 Uhr erreichten wir das lieblich gelegene Uskedal,
wo man die Aussicht in ein langes reizendes Thal hinein geniesst, das an beiden Seiten von riesigen in ihren
höhern Schluchten theils noch mit Schnee bedeckten
Bergen eingeschlossen ist; hiernach passirten wir Demelsvig
mit ähnlicher Lage als das vorige, und nun breitete
sich allmälig eine prachtvolle Landschaft, am Fusse

enormer Gebirgs-Massen, vor unsern Augen aus; die
Scenerie zu unserer Rechten war wahrhaft grossartig,
man sah in drei Thäler hinein, von hohen Gebirgen
eingefasst, auf denen stellenweis noch Schnee lag, und
von dem Felsen vor uns kam in Folge des vielen Regens
ein schäumender Sturzbach wie ein Silberband herunter.
Wir waren hier vor der Station Rosendal, welche mit
vollstem Rechte diesen Namen führt, denn eine herrlichere,
grossartigere Landschaft kann man sich schwerlich denken,
die Fantasie würde nicht ausreichen. Im Hintergrunde
sieht man den 4550 Fuss über der Meeresfläche erhabenen
Melderskin, und da die Wurzel dieses Gebirges vom
Meere bespült wird, dasselbe also nicht auf hohem Unter-
lande ruht, so kann man sich das Imponirende eines
solchen Riesen denken; hier befindet sich auch die Resi-
denz des frühern Barons von Rosendal, der jedoch, nachdem 1815 alle adeligen Titel in Norwegen abgeschafft
wurden, jetzt, wie alle Norweger, einfach Herr Rosendal
genannt wird. Unser Dampfer entlud hier auf eine
rasche, sehr practische, mir aber ganz neue Art eine
kleine Ladung Holz, indem er die Baumstämme und
Planken ohne Umstände einfach ins Meer warf, und es
den Empfängern überliess, sie heraus zu fischen, was,
da wir uns in einiger Entfernung vom Ufer hielten,
unter Umständen etwas weitläuftig werden konnte; das
Wetter war indess bei dieser Gelegenheit ruhig. Es kam
hier eine kleine Gesellschaft Norweger Herren und Damen
an Bord, die eine Fusstour über oder in die Gebirge
gemacht zu haben schienen, denn alle, auch die Damen,
trugen ihre Tornister auf dem Rücken, waren mit Seiten-
flaschen, dem unentbehrlichen norwegischen Seitenmesser
(*norske kniv*) und mit Reise- (Gebirgs-) Stöcken versehen.

Das Wetter begünstigte uns jetzt sehr, die Sonne
beschien stellenweise die höchsten Berggipfel und zeigte
uns ihre Umrisse in klaren Linien, die Erleuchtung der
hohen Gebirgsmassen, die uns hier unaufhörlich umgaben,
in Nähe und Ferne, war prachtvoll. Wir hielten bei
der Station Skjelnaes auf der grossen Insel Varaldsö an,

und fuhren dann durch den von dieser Insel und dem Festlande gebildeten Bondesund nach der Station Oierhavn auf dem nördlichen Ende derselben Insel.

In diesem Sunde kommt man in grosser Nähe sehr merkwürdigen Felswänden vorüber, die in beträchtlicher Höhe fast senkrecht aus dem Meere emporragen und in eigenthümlich dunkeln, stellenweise aber auch sehr hellen Farbentönen vielfach schattirt und gestreift sind; Sturzbäche zeigten sich unaufhörlich, die ihre Wasser kaskadenartig an den felsigen Bergwänden herab tummelten, deren Dasein jedoch bei lange anhaltend trockener Witterung theilweise wohl fraglich sein dürfte.

Wir hatten jetzt den 5000 bis 5300 Fuss hohen Folgefond zu unserer Rechten, und konnten seinen weissen Rücken in der Entfernung über die nähern Gebirge hervorragen sehen. Wo immer die Berge sich nach dem Ufer zu sanfter abflachten, da erstreckten sich die grünen Gefilde stets bis an den Meeresrand herunter, die Landschaft war mit Wohnungen belebt und mit den wildern Naturscenen wechselten die sanftern ab.

Wir näherten uns jetzt der Station Bakke am westlichen Ufer des hier in die Breite und zu einem grossen Inland-See sich ausdehnenden Hardanger Fjords, speciell das IIis-Fjord genannt. Ein Bergrücken im Norden, der sich nach Osten hin niedersenkt, beschränkt hier plötzlich seine Wasserfläche, und wir steuerten jetzt gen Osten, um den engern Ausgang des Fjords zu gewinnen; wir waren mitten in einem grossen quadratischen Becken, von allen Seiten von den verschiedenartigsten Bergen umgeben und eingeschlossen, von denen die Gewässer in Silberbändern und in grössern und kleinern Wasserfällen sich herunter stürzten. Die Sonne senkte sich jetzt im Nord-Westen hinter die Gebirge und beleuchtete ihre Gipfel im schönsten Abendroth. Unser Dampfer kreuzte nun vom linken zum rechten Ufer hinüber und herüber, bei den Stationen Jondal, Nordheimsund, Ostensö und Herands vorsprechend, was, da es dunkel zu werden angefangen und wir von der Scenerie nicht mehr profitiren konnten, für die ungeduldigeren Passagiere die Reise unnöthig zu verlängern schien, bis wir dann endlich etwas nach Mitternacht in

Utne,

meinem Bestimmungsorte, anlangten.

Diese kleine Colonie besteht aus etwa 20 Wohnungen, unter denen sich ein sehr gutes Hôtel befindet. Es ist eine Art Mittelpunkt, wo alle Touristen vorsprechen, und welches wegen seiner vorzüglichen Lage, gesunden Luft und anziehenden entferntern Umgebungen auch im Sommer viel von den Bergener Familien besucht wird; man schifft, fischt, badet in den krystallenen Fluthen des Fjords, erklimmt die Gebirge und ist bei Gamle Moer Utne (der alten Mutter Utne, wie die Frau Wirthin vorzugsweise genannt wird) sehr gut aufgehoben, auch trifft man fast immer interessante und angenehme Gesellschaft in ihren gastlichen Räumen an.

Ich hatte von der ausserordentlichen Gefälligkeit des Herrn Doctor Danielssen in Bergen ein Empfehlungsschreiben an dessen geschätzte Familie, die sich hier Gesundheits halber aufhielt, erhalten, und verdanke demselben manche höchst erwünschte Hülfe, so wie die angenehmsten Beziehungen zu den Einwohnern und Besuchern des Hôtels.

Utne am Hardanger Fjord war für mich nun das Dröbak des Christiania-Fjords; und von hier aus hatten gleichfalls Herr Dr. Danielssen, Herr Asbjörnsen und andere nordische Sammler ihre Unternehmungen geleitet. Das Hôtel, das aus zwei Holzwohnungen besteht, von denen ich den zweiten Stock des kleinern Hauses bewohnte und die Aussicht aufs Fjord hatte, liegt hart am Ufer des Meeres; das Fjord bildet hier wieder einen förmlichen Kessel, zu dem Ein- und Ausgang ausser Sicht liegen und der allseitig von hohen Gebirgen eingeschlossen ist.

Am Freitag den 4. August konnte ich, obschon es ein herrlicher Tag war, nicht zum Schaben ausgehen, weil gerichtliche Verhandlungen in Utne stattfanden, wo die Anwesenheit meines Schiffers als Beisitzender erforderlich war, was ich sehr bedauerte, weil es der schönen Tage so wenige gab.

Am 5. wagte ich eine Ausfahrt auf See trotz des drohenden Himmels; wir konnten indess kaum einen halben Tag arbeiten, da sich der Regen in Strömen ergoss und auch der unleidliche Südwind sich wieder aufmachte; wir erlangten verschiedene von der dieser Localität eigenthümlichen *Lima excavata*, indess wenig Anderes; ich mache deshalb keine specielle Notiz über diesen Fang.

Der folgende Tag war ein Sonntag, und da ein Theil unserer Gesellschaft zu der etwa eine deutsche Meile entfernt gelegenen Kirche Kinservik fuhren, so schloss ich mich denselben an; zwei Boote fuhren von unserer Landungsbrücke ab; in dem unserigen ruderten der Sohn vom Hause und ein Bekannter, jeder mit zwei Rudern, während unsere zwei Dienstmädchen (in Norwegen rudern die Frauenzimmer so gut wie die Männer) in ihrer hübschen Sonntagstracht jede ein Ruder führten; ausserdem waren wir unserer Viere von der Hôtel-Gesellschaft in unserm Boote. Wir hatten, trotzdem unsere 6 Ruder in geregeltem Tacte ununterbrochen geschwungen wurden und unser Schiff rasch durch die Fluthen schoss, über eine Stunde zu rudern; von allen Gegenden strömten die Boote der Andächtigen zum Gottesdienste herbei. Die Norweger Landbevölkerung nimmt keinen Anstand, 1 bis 2, ja 4 Meilen zur Kirche zu rudern; die Boote sprechen auf dem Wege bei Bekannten vor, und so holen sie sich gegenseitig ab.

Die Kirche zu Kinservik liegt allein, vom Kirchhof und einer bedeutenden hübschen Grasfläche umgeben; der Tag war hell und warm, und wir spazierten eine Zeitlang auf dem frisch duftenden Rasen umher, während der Pfarrer noch mit Taufangelegenheiten beschäftigt war. Endlich traten wir ein in das alte Kirchlein, und nachdem die Gemeinde, hauptsächlich aus der Landbevölkerung bestehend, ohne Orgelbegleitung Psalmen gesungen hatte, fing die Predigt an, von der ich theils aus mangelhafter Kenntniss der Sprache, hauptsächlich aber wegen meines schwachen Gehörs, leider nichts verstehen konnte: zum Schluss wurden wieder Psalmen gesungen, und andere kirchliche Vorgänge machten das Ende des Gottesdienstes aus. Die ganze Verhandlung war ernst, würdevoll und von aufrichtiger Andacht begleitet; und war ich vorher als einziger Ausländer und hier jedenfalls als eine seltene Erscheinung die Zielscheibe der Augen gewesen, so nahm man während des Gottesdienstes wenig Notiz von mir. Nach der Kirchzeit jedoch wurde ich wieder gehörig gemustert, war aber auch meinerseits nicht müssig, die hübschen Sommertrachten der Hardanger Landbevölkerung zu bewundern. Die Männer waren meist in einfacher dunkelblauer Kleidung, ohne etwas besonders Auffallendes; dagegen glänzte die Frauenwelt in den buntesten Farben und in malerischem Kostüme. Fast alle waren in weissen Aermeln, das Vorhemdchen in zierliche Falten gelegt und um den Hals schliessend; hierüber wird ein Mieder getragen, dessen beliebteste Farbe ein volles leuchtendes Scharlach zu sein scheint; dieses Mieder ist ohne Aermel, vorne offen und mit einer bunten Litze eingefasst und verbrämt; nächst Scharlach war ein lebhaftes Grün die beliebteste Farbe, und Einige trugen das neuere glänzende Carmoisin-Rosa. Die unverheiratheten Mädchen tragen blosse Köpfe, das Haar in zwei Zöpfen geflochten auf den Rücken herunterhängend; die verheiratheten Frauen tragen eigenthümliche grosse weisse Mützen, die über dem Kopfe herüber ragend in der Richtung der Schultern breit ausgedehnt sind, dann auf den Rücken in einer Spitze endigend herunterhängen.

Es wurde nach der Kirchzeit noch lange umherspaziert, Verwandte und Freunde treffen und sprechen sich bei diesen Gelegenheiten, und da die Sonne hell schien, so war das bunte Gewimmel einem Jahrmarkt ähnlich; ich hatte daher hinreichend Zeit und Gelegenheit, die schmucken Kostüme zu bewundern. Wir kamen erst um 3 Uhr in unser Hôtel zurück und hatten sechs Stunden auf dieser Fahrt zugebracht.

Der 7. August brach mit schwarzen Wolken, Wind und Regen an; ich wagte es auf Abrathen unseres Bootführers nicht, zum Schaben auf See zu fahren, so wie ein beabsichtigter Besuch des Sörfjords aus demselben Grunde unterbleiben musste. Auf einer Ausfahrt am 8. verlor ich an den untermeerischen Felsen meine kleine Schabe, wodurch der Ausflug leider erfolglos blieb; am 9. dagegen war ich sehr glücklich und erlangte hauptsächlich eine ziemliche Anzahl der eleganten *Lima excavata* meist in schönen Exemplaren.

Da das Schaben hier ziemlich in einer Localität vorgenommen wurde, und es ausser *Lima* wenig anders gab oder doch nicht in Quantität, so habe ich den Erfolg der Hardanger Excursionen zusammen unter Notiz K. aufgeführt.

Der Grund war hier meistens felsig, und nur einmal kam die Schabe mit Sand und Schlamm gefüllt herauf, was eine kleine Verschiedenheit an Testaceen producirte; ausserdem erlangte ich durch die Fischer, die den *Mytilus modiolus* zum Köder fingen, bei diesen Gelegenheiten auch *Lucina borealis* und *spinifera* nebst etlichen kleinern Arten.

Das Wetter blieb bis zum 16. sehr unbeständig und erlaubte, ausser am 14., nur kurze, theils misslungene Versuche. Im Ganzen jedoch war der Ausfall günstig zu nennen, da ich von der hauptsächlich nur in dieser Localität vorkommenden schönen *Lima excavata* eine ziemliche Anzahl erbeutet hatte.

In Utne war ein beständiger Verkehr von Reisenden, Touristen, von nahe und fern, so wie Familien-Besuch von Bergen, die, so oft als die Dampfer passirten, kamen und gingen.

Unter Andern trafen hier zwei Briten ein, die zwei Canoes mit sich brachten, in denen sie auf den schönen Fjords herum ruderten, auch kurze Reisen damit machten, wenn Wind und Wetter es erlaubten. Ich traf dieselben Herren auf der Rückreise von Bergen nach Christiansand und hörte, dass sie mit ihren Canoes bereits in Deutschland und der Schweiz gewesen seien. Auch kam ein schönes englisches Yachtschiff das Fjord herauf mit einer grossen Gesellschaft Herren und einigen Damen, die das Schiff, zum Vergnügen des Segelns, als Mannschaft selbst bedienten, und wie ich von Einem derselben hörte, vom südlichen England durch den irischen Kanal um Schottland herum nach Norwegen gesegelt waren. Zu aller Verwunderung kam Niemand von der Yacht zum Hôtel, um sich auch hier mal umzusehen; das Schiff ging vor Anker für die Nacht und am Morgen fuhren sie weiter: so ist zuweilen der Engländer, abgeschlossen und ungesellig, ausser unter seinen Landsleuten. Allerdings giebt es viele Ausnahmen und ich habe die angenehmsten Gesellschafter unter ihnen angetroffen. Aber seltener bemühen sie sich beim Reisen sofort um einige Kenntniss der Landessprache, was doch so wichtig ist, um die Sitten und Gebräuche, die Ideen und guten Seiten eines Volkes näher kennen zu lernen, dessen Land man besucht. Manche begnügen sich nach Anleitung ihres Bradshaw, Bradbury oder sonstiger Compilatoren von Reiserouten, Distanzen und Kosten ein Land zu durchjagen und selten mal mit einem Fremden zu sprechen, ausser er versteht ihre Sprache geläufig. Natürlich profitirt der Engländer bei solchem Reisen wenig; er sicht und geniesst blos und kann nachher sagen, da und dort gewesen zu sein; dies gilt jedoch keineswegs von Allen, denn gebildete Leute aller Länder sind sich gleich, und der gebildete Engländer ist meistens sehr leutselig und liebenswürdig. — Auch in England wird jetzt auf die Verbesserung des Schulwesens viel mehr Rücksicht genommen: es wird ohne Zweifel bald dahin kommen, dass jeder, der auf einige Bildung Anspruch macht, wenigstens eine lebende fremde Sprache verstehen muss. Der bessere Schulunterricht ist in England nicht allgemein genug, sondern war bisher mehr ein Vorzug der reichern Klassen, während in Deutschland auch der Aermere Gelegenheit zur Ausbildung finden kann, wenn es ihm darum zu thun ist.

Die Norweger sind nicht minder wie die Deutschen vorzügliche Linguisten, und zu meiner Verwunderung fand ich unter den Damen sowohl als Herren eine Sprachkenntniss, die ich in diesem hohen Norden Europas keineswegs erwartet hatte. Die deutsche Sprache scheint jedem gebildeten Norweger mehr oder weniger bekannt zu sein, und sie ist die erste, die in den Schulen gelehrt wird, weil in ihr die meisten wissenschaftlichen Werke geschrieben sind, mit denen die studirenden Norweger sehr bekannt zu sein scheinen; ausserdem wird besonders an der Westküste auch Englisch häufig betrieben und mitunter Französisch. Die Damen scheinen sich nicht allein um Sprachkenntnisse aus specieller Liebhaberei zu bemühen, sondern sie finden ein Vergnügen darin, ihre Kenntnisse in praktische Anwendung zu bringen und fürchten sich nicht, wie man das häufig anderswo antrifft, davon den möglichsten Gebrauch zu machen; sie sind liebenswürdig und leutselig im Umgange, aus dem alles Uebertriebene, Formelle und Steife verbannt ist, und jeder Fremde von Bildung, richtigem Gefühl und gutem Takt ist in norwegischer Gesellschaft bald heimisch und willkommen. — Herren und Damen sind zuvorkommend, rücksichtsvoll und gefällig gegen Fremde, und ich müsste meine Gefühle verleugnen, wollte ich die in Bergen genossene Gastfreundschaft hier nicht öffentlich anerkennen.

Da wir mal das Sprachkapitel vorgehabt, so möchte ich mir, bevor ich abbreche, noch die Bemerkung erlauben, dass es mir wünschenswerth und nützlich scheint, dass in allen Schulen aller gebildeten Länder neben dem Uebrigen auch eine gewisse Sprache gründlich und practisch gelehrt werde, so dass alle Menschen von Erziehung auf der ganzen Welt sich in dieser Sprache gleich verständigen könnten, sei es mündlich oder brieflich. Welche der Sprachen hierzu zu wählen wäre, müsste schon auf einem Congress, den alle gebildeten Nationen beschickten, entschieden werden. Das Englische ist gewiss eine der practischesten Sprachen, es ist kurz und bündig und geht ohne Umschweife stets direct auf seinen Gegenstand hin; aber die unglückliche Aussprache und unreinen Vocallaute machen sie den lateinischen Völkern höchst schwierig und unliebsam. Das Französische wäre in letzterem Punkte schon willkommener, aber die Sprache ist wortkarg, bewegt sich viel in gewissen klangvollen Floskeln und Redensarten, ohne sich den Bedürfnissen des practischen Lebens und der Wissenschaft genügend anzupassen. Das Deutsche besitzt nicht allein einen unerschöpflichen Wortreichthum, sondern erlaubt die stete Bildung neuer Wörter; es ist die Sprache der Philosophen, Poeten und Schriftsteller, wesshalb wir auch in ihr, neben unserer eigenen grossen Litteratur, die besten Uebersetzungen aller fremden poetischen und wissenschaftlichen Werke vorfinden, deren keine andere Sprache sich rühmen kann; sie ist desshalb vorzugsweise die Sprache der Gelehrten, aber so gross auch ihre Vorzüge in dieser Hinsicht sind, so fehlt noch sehr viel, ehe sie selbst im Lande eine schwunghaft practische Ausübung erlangt; die grammatikalische Schwierigkeit, die manchen harten Laute, die unendliche Verschiedenheit, ja Verschrobenheit der Aussprache in verschiedenen Gegenden, durch die lange Zerrissenheit des Landes genährt, machen sie für das Volk selbst zu einem Labyrinth von Schwierigkeiten: um wie viel mehr muss es den Fremden zurückschrecken, alle diese Schwierigkeiten zu bekämpfen? Dabei sind wir selbst (sowie wir bisher politisch uneinig waren) in der Ausübung unserer Sprache noch sehr uneinig, denn anstatt uns nach unsern grossen Autoritäten zu richten, richten wir uns nach Neuerungen, die dem Geiste der Sprache widerstreben und von denen Niemand die Autorität kennt, ausser dass vielleicht mal ein Schauspieler so gesagt hat! Laut Heyse's grosser Grammatik soll es heissen: Ich versichere Sie meiner Liebe, Hochachtung u. s. w.; und: Ich versichere Ihnen, dass ich sie schätze, hoch achte u. s. w.

Goethe schreibt am 1. Dec. 87 von Rom: „Soviel versichere ich Dir, ich bin" u. s. w. Ferner soll es heissen: Es hat mir viele Mühe gekostet, dies durchzuführen u. s. w. — Trotz dem will man in den letzten Fällen den hier widernatürlichen doppelten Accusativ bei den Haaren herbeiziehen! Wesshalb sagt man nicht auch: Es hat mich viele Mühe gemacht? denn der Sinn von: Es hat mir viele Mühe gekostet, oder: Es hat mir viele Mühe gemacht, bleibt ganz derselbe! und will man in erstern Falle den doppelten Accusativ, so müsste man, um consequent zu bleiben, ihn auch im letzten Falle anwenden. Dann gebrauchen wir viele Fremdwörter ohne Noth; so z. B. finde ich zum Uebelwerden das Wort: Dementiren, während wir doch ein halb Dutzend oder mehr an dessen Stelle zu verwenden haben, als: widersprechen, widerrufen, widerstreiten, leugnen, ableugnen, verleugnen, absprechen, abstreiten u. s. w, von denen immer Eins gewählt werden kann, welches gerade den Sinn bezeichnet, der gemeint ist, während dementiren doch zugleich lengnen und auch widersprechen etc. bedeuten kann, worin aber noch ein feiner Unterschied liegt; doch nein, unsere Zeitungsschreiber wollen immer dementiren, obschon dies undeutsche Wort in keinem Wörterbuche zu finden ist. Es liesse sich über die Ungereimtheiten in der Aussprache und Ausübung des Deutschen fast ein Buch schreiben, aber ich fürchte, meine Abschweifung ist schon zu lang geworden. Es fehlt uns an einer akademischen Autorität, wie dies z. B. in Spanien (durch die Grammatica de la Academia) und andern Ländern der Fall ist. Die Gelehrten aus allen Theilen Deutschlands sollten zusammenberufen werden, und dann nach den besten vorhandenen Autoritäten eine Grammatik feststellen, ohne deshalb die fortschreitende Ausdehnung und Vervollkommnung zu beschränken, und hiernach müsste in allen Schulen des Landes unterrichtet werden; und ehe dies der Fall ist, darf nicht erwartet werden, dass die Fremden sich der deutschen Sprache ausgedehnter befleissigen sollten. — Die norwegische Sprache scheint mir fürs practische

Leben der englischen fast gleich zu kommen; auch ist
sie wohlklingend, besonders im Munde der Damen; sie
passt sich vorzüglich für gemüthliche Erzählungen, spass-
hafte und unterhaltende Geschichtchen und Gedichte,
und dergleichen mehr; doch kann ich über ihren Reichthum und Werth für tiefe Poesie und Wissenschaft nicht
urtheilen. In einzelnen Dingen erscheint sie mir sehr
prosaisch, so z. B. finde ich für das einfache Wort:
Frage (question) nur: spörgsmaal, muss also: Das ist
die Frage, durch: Det er spörgsmaalet übersetzen; dies
mag für Ohren, die daran gewölmt sind, nicht so übel
klingen, muss aber dem Fremden sehr unpoetisch vorkommen. Dann gebrauchen sie z. B. für: lehren und
lernen dasselbe Wort: lære, und in etlichen andern
Fällen schien es mir an Ausdruckswahl etwas zu mangeln.
In andern Stücken ist sie wieder practischer und kürzer,
wie das Deutsche; doch wie gesagt, mein Urtheil ist
in diesem Falle nicht ausreichend. Zu einer allgemeinen
Sprache würde ich die Spanische oder Italiänische vor-
schlagen. Diese Sprachen sind wohlklingend, bieten in
der Aussprache keine Schwierigkeiten dar und sind nicht
schwer zu erlernen, besonders das Spanische. Die Wahl
müsste jedoch endgültig von einem Congress der Gelehrten aller Nationen beschlossen werden.

Politische Stimmung.

Ich komme jetzt auf eine wunde Stelle, die schmerzhaft zu berühren ist, weil sie den einzigen Punkt
bildet, in dem ich von meinen geschätzten norweger
Freunden, denen ich so manches Gute und Liebe zu
verdanken habe, differiren muss; ich hoffe aber, dass
auch sie sich den ruhigen und gesunden Anschauungen und
dem Urtheile der Unpartheiischen anderer Länder allmälich mehr und mehr anschliessen werden. — Was ich
jetzt zu sagen habe, bezieht sich nicht auf alle Nor-

weger, aber auf viele, besonders jedoch auf die jüngern leichter erhitzbaren Naturen. — Es war mir höchst auffallend und **zuerst** ganz unerklärlich, einen so verstockten Hass gegen das Deutschthum, und eine blinde Sympathie oder Vorliebe für das Franzosenthum anzutreffen. — Es wurde mir gesagt, dass man von der deutschen Politik alles fürchten zu müssen glaube, dagegen Frankreich als den Beschützer, Freund und natürlichen Bundesgenossen ansehe!! Man konnte Deutschland nicht verzeihen, dass es von seinen schleswig-holsteinischen Landen, die doch durch das Aussterben der dänischen Herrscher-Linie mit Frederik VII. von selbst schon an Deutschland zurückfielen, Besitz genommen, und dass es nach erfolgreicher Bekämpfung eines ihm von Frankreich so frivoler Weise aufgedrungenen Krieges die von Frankreich früher geraubten deutschen Provinzen Elsass und Lothringen wieder mit Deutschland vereinigt hatte; man zog daraus den Schluss, dass die Deutschen ein eroberndes ehrgeiziges Volk seien, das darnach trachte, sich nach und nach Europas möglichst zu bemächtigen; man sah schon den Rest Dänemarks nächstens in deutschen Händen und glaubte nicht bezweifeln zu dürfen, dass alsdann auch bald an Norwegen die Reihe kommen würde!!! Ein intelligenter junger Norweger erklärte mir sogar (ich nahm dies natürlich nur für **seine** erregte Stimmung im Feuer des Gesprächs auf), dass man in Norwegen frohlocken würde, wenn Frankreich und Russland zugleich über Deutschland herfielen, und dass man solche Bewegung nach Kräften unterstützen würde!! Man hielt Europa durch den letzten Erfolg der deutschen Waffen um 100 Jahre zurückgesetzt, und hegte eine specielle Wuth gegen den preussischen Militär-Despotismus.

Meine Argumente konnten sie nicht überzeugen, dass es mehr in Norwegens Interesse liege, Deutschlands Freundschaft zu cultiviren, als sich blindlings zu Deutschlands Feinden zu fanatisiren, dass Deutschland sie gegen natürlichere Feinde beschützen könne, wenn sie Deutschlands Freundschaft sich zu erwerben wüssten; dass sie durch das Gegentheil sich indess leicht sehr schaden, wenn nicht ihr eigenes Grab graben könnten. Meine Versicherung, dass die Deutschen kein eroberndes Volk seien, sondern im Gegentheil allen gebildeten Nationen die Freundschafts- und Bruderhand böten, wurde zu meinem Erstaunen so gedeutet, als rechne ich Norwegen nicht dazu! und ein anderer Herr erklärte mir, aus der Stube gehen zu wollen, wenn ich fortfahre Preussens oder Deutschlands Politik zu verfechten! Auf meine Bemerkung, dass ich für Deutschland keinen Vortheil im Besitze Norwegens sehen könne, sondern nur Last und nutzlose Kosten, wurde erwiedert, dass Preussen es auch schon nehmen würde, nur um es zu besitzen u. s. w., kurz ich konnte im ersten heftigen Anprall keinen Eindruck auf sie machen, und musste mich begnügen, eine solche Verblendung aufrichtigst zu bedauern, um so mehr, da ich von allen so freundschaftlich aufgenommen war und Land und Leute sehr liebgewonnen hatte. Ich schloss deshalb vorläufig mit der zuversichtlichen Hoffnung, dass man bei besserer Bekanntschaft mit den Verhältnissen, sowie mit Deutschland und seinem Volke anders urtheilen würde. — Unzweifelhaft sind die Norweger aufrichtige Patrioten und lieben ihr Land mit glühender Hingebung, wie das bei den Schweizern und allen Bergvölkern der Fall ist; um so mehr sind sie zu beklagen, dass ihre politischen Anschauungen nicht natürlichere Richtungen gefunden haben und auf besserm Urtheil basirt sind. — Fragen wir uns jetzt, was diese wüthende antideutsche Flamme angefacht hat, die in keinem Lande anzutreffen ist, so stossen wir auf folgende zu berücksichtigende Punkte: Erstens ist Norwegen durch seine Entfernung vom übrigen Europa und wegen seiner geringeren Mittel vom Besuche der Länder mehr ausgeschlossen, denen es Hass oder Sympathie zuwendet, sonst würden sie manches als Vorurtheil erkennen, worüber ihnen durch andere Umstände falsche Ansichten beigebracht worden sind. Dann hat Frankreich an Schweden einen König gegeben, dessen Nachfolger noch auf Scandinaviens Thron sitzt; folglich ist die Stimmung von oben herab schon französisch und dass dies desshalb durch alle möglichen Mittel genährt wird, ist erklärlich. Die schwedischen und dänischen Zeitungen haben während des Kriegs gestrotzt von französischen Lügen und Entstellungen, und haben, indem solche in die norwegischen Blätter übergegangen sind, die armen Norweger leider arg zum Besten gehabt! Die abgeschmacktesten Unwahrheiten (ganz à la Londoner Standard mit der Verbrennung eines lebendigen Franctireurs etc.!!) sind ihnen aufgetischt worden. Nach dänischen Berichten hätten die Deutschen in Frankreich haarsträubende Schandthaten verübt, und zwar Dinge, die mir ganz was Neues waren, obschon ich während des Kriegs ein eifriger Leser englischer und anderer Zeitungen gewesen bin! — Die sogenannte scandinavische Union ist eine Bewegung hauptsächlich gegen Deutschland gerichtet, von vielen aber doch meist nur von den jüngern, politisch unerfahrenern Köpfen angestrebt; sie wähnen, dass sie alsdann, wenn es mal gegen Deutschland geht, ein tüchtiges Gewicht in die Schale werfen könnten, und vielleicht für Dänemark **deutsche** Provinzen wieder erobern könnten! — sie vergessen, dass das damals noch **sehr** kleine Preussen unter dem grossen Friedrich erfolgreich gegen ⅔ von Europa (Scandinavien eingeschlossen!) kämpfte, und dass jetzt der Schluss wohl keine Ueberhebung ist, dass ein **einiges** und vereintes Deutschland, in **seinen** Gränzen angegriffen, stark genug ist, gegen Frankreich und Russland zugleich den Kampf aufzunehmen, und ob in solchem Falle alsdann Scandinavien auch mit zöge, das würde in deutschen Augen wie ein Tropfen im Meere erscheinen; aber die mögliche Folge von einer **solchen** scandinavischen Union könnte sein, dass Dänemark den Rest der cimbrischen Halbinsel nebst angränzenden Inseln verlöre, und auf Seeland beschränkt würde, und dass Schweden und Norwegen eine sehr schwere Kriegs-Entschädigung zu zahlen hätten, wenn ihnen auch nichts Schlimmeres widerführe.

Es gibt indess auch viele Norweger, die einer Union mit Dänemark ganz entgegen sind; die die Dänen als ein stolzes übermüthiges Völkchen eher hassen und glauben, dass sie nur über Norwegen zu dominiren wünschen, dass eine solche Verbindung Norwegen nur in nutzlose Kriege und Unheil verwickeln könne, und dass es besser sei, in ihren jetzigen Verhältnissen zu verbleiben. Ich kann dieser weisen Ansicht nur beistimmen, und rufe ihnen das englische Sprüchwort: *let well alone!* zur Beherzigung zu.

Der Hauptpunkt, der mir auch später in Bergen noch als stärkstes Argument gegen Deutschland vorgehalten wurde, war die Frage: Weshalb Deutschland nicht den nördlichen Theil Schleswigs an Dänemark zurückgebe? Dies erschien ihnen eine so enorme Ungerechtigkeit, dass sie darüber alles Andere verwarfen und überhörten. Freilich haben sie diesen Fall leider immer wieder nur durch dänische Brillen beschaut, und können deshalb auch nur als parteiische Richter darüber gelten. Wenn sie indess folgende Punkte ohne Vorurtheil dabei in Betracht ziehen wollten, so dürften ihre Ansichten sich sehr modificiren: erstens würde es schwer halten, ein Land genau nach Sprache zu scheiden, wo an der Grenze die Sprachen so sehr vermischt sind. Zweitens ist die dänische Sprache ein Eindringling in diese rein deutschen Provinzen, wo in ältesten Zeiten die Cimbern und die Angelsachsen ihre Wohnsitze hatten. Drittens ist man in Norwegen im Irrthume, zu glauben, dass bis Schleswig herunter nur oder hauptsächlich nur dänisch gesprochen würde. Viertens ist Schleswig-Holstein stets ein zusammengehöriges Land gewesen, und sollte ohne die dringendsten Umstände nicht weiter zerschnitten werden, denn einen Theil Nord-Schleswigs hat Dänemark von vornherein schon gleich zurück erhalten, was in Norwegen kaum bekannt zu sein scheint. Fünftens hat mit dem Aussterben der dänischen Herrscher-Linie jede Verbindung der ganzen Schleswig-holsteinischen Lande mit Dänemark überhaupt von selbst schon aufgehört, und eine Frage darüber zwischen Dänemark und Deutschland existirt nicht mehr; so wie nach dem Aussterben der männlichen Linie mit William IV. von England Hannover an Deutschland zurückfiel und von England, ohne ein Wort zu verlieren, aufgegeben wurde, ebenso verhält es sich zwischen Dänemark und Deutschland mit Schleswig-Holstein. Sechstens hat Dänemark durch seinen versuchten, aber misslungenen Gewaltstreich, die Länder eigenmächtig zu incorporiren, jeden Anspruch darauf doppelt verwirkt. Siebentens hat Dänemark im letzten französischen Kriege sich wiederum schlagfertig gehalten und nur auf französische Siege gewartet, um gemeinschaftliche Sache mit den Franzosen zu machen, wodurch es Deutschland zwang, ein grösseres Heer im Norden zu unterhalten und mehr Kosten aufzuwenden. Achtens hat Dänemark ohne Zweifel den Punkt längst kräftigst gegen Deutschland angeregt und man hat ihm hinreichende Gründe gezeigt, weshalb die Sache jetzt nicht weiter angehen kann, und wenn Neuntens, dies der Fall nicht wäre, wesshalb wendet Dänemark sich nicht an Oesterreich, an das übrige Europa und an Amerika, in dieser Sache Dänemark möglichst zu unterstützen? Ohne Zweifel aber sind alle übrigen Länder von der Unstatthaftigkeit des dänischen Verlangens überzeugt worden, denn sonst würden sie ihre Stimme von selbst schon laut werden lassen, und wenn endlich Zehntens die andern Länder sich von der Richtigkeit des deutschen Standpunktes überzeugt haben und finden, dass sie hierin nicht ferner gegen Deutschland auftreten können: welchen Zweck oder Nutzen hat es für Norwegen, sich in Händel zu mischen, die es nichts angehen, und wodurch es sich und Dänemark nur noch mehr schaden kann? Es scheint viel natürlicher für Norwegen, eine aufrichtige Freundschaft mit seinem deutschen Bruderstamm zu cultiviren und Dänemark zum selben Vorgehen zu veranlassen, als sich eine unnatürlichere Freundschaft mit den leichtsinnigen und blutdürstigen Franzosen einzureden, die sich (ausser für ihre politischen Zwecke) nichts aus ihnen machen, und ihnen nie genützt haben, über die sie in Charakter und Bildung erhaben sind, die ihr (der Franzosen) eigener Dichter halb Tiger, halb Affen genannt hat; und wie aus dem Nachspiel des letzten Kriegs wieder hervorgegangen, es dürfte schwer sein, ein Volk zu finden, das seine eigenen Landeskinder mit so kaltem Blute hinmorden kann, als das französiche. Beim Lesen der Gräuel der Revolution von 1789 stehen einem die Haare zu Berge und die Bartholomäus-Nacht sollte vom protestantischen Scandinavien am wenigsten vergessen werden! Die lateinischen Völker eignen sich wie die alten Römer, die alles mit dem Schwerte niederkämpften und desshalb auch wieder Alles verloren, schlecht zum Herrschen; die Franzosen sind keine kolonisirende Nation, weil der Franzose selbst sich nirgends ausser in Frankreich gefällt. Italien ist leider unter Priesterherrschaft verkommen und zum Banditenlande herabgesunken; hoffentlich wird es jetzt Gelegenheit bekommen, sich zu regeneriren, und Spanien, das zu einer Zeit die grössten Besitzungen hatte, hat fast Alles durch seine tyrannische Verwaltung verloren; die von ihm verübten Gräuel und Schandthaten in Amerika und den Niederlanden sind unglaublich und empörend, wenn man die Geschichte verfolgt. Als aufrichtige Freunde würde Deutschland Scandinavien ohne Zweifel beschützen, und das, was ursprünglich dänisch und scandinavisch war, mit ihnen als solches zu erhalten streben; wenn sie sich aber lieber blindlings zu Deutschlands bitteren Feinden fanatisiren wollen, so könnte das allerdings möglicher Weise die schlimme Folge haben, dass bei einem Ausbruch solcher Gesinnungen Dänemark unterginge, und Scandinavien unter die russische Knute geriethe. Dänemark hat die tolle Politik verfolgt, im Besitz deutscher Lande Deutschlands Feinde zu unterstützen und gegen Deutschland Krieg zu führen. Es hat mit andern Ländern den Wahn genährt, dass Deutschland nur der natürliche Tummelplatz für die kriegslustigen europäischen Nationen sei, auf dessen Kosten sich jeder gelegentlich bereichern könne; hätte es statt dessen sich stets an Deutschland angeschlossen, so wäre es möglich, dass es jetzt noch Schleswig-Holstein besässe. Die Zeit deutscher Schmach, wo fast jedes andere europäische Land ein Stück von Deutschland besass, ist vorüber. Deutschland hat für die Aufklärung der Welt lange geblutet und gelitten; der 30jährige Krieg für geistige Freiheit hat ihm die tiefsten Wunden geschlagen, und die Kriege des I. Napoleon brachten es an den Rand des Verderbens, während die übrigen Nationen von dem so geschwächten Deutschland ihre Vortheile ziehen zu müssen glaubten, dessen Zerrissenheit fördern halfen und sie sich zu falschem Nutzen machten, wovon sie jetzt endlich die schlimmen Folgen ernteten. Deutschland hat ein natürliches Recht dazu, die ihm entrissenen deutschen Provinzen wieder zu vereinigen, sowie es dazu Gelegenheit finden kann, und weiter wollen die Deutschen nichts. Das endlich wieder erwachte und einige Deutschland muss nun Europa entweder zeigen, dass die Gelüste nach deutschen Ländern nicht ferner ungestraft genährt werden können, oder es müsste auf seine Selbständigkeit verzichten, was man von einer so grossen gebildeten Nation nicht erwarten kann. Die Scandinavier müssen desshalb vergessen, dass unter Andern auch Schweden und Dänemark einstens deutsche Provinzen besessen haben, oder sie müssen erwarten, dass Deutschland mal ruhig zusieht, wenn ihr östlicher Nachbar Lust verspürt, seine Hand nach ihrer Halbinsel auszustrecken, die für ihn bequemer als für Deutschland gelegen ist, und dann könnte es ein Fluch für das Land werden, mit einem französischem Herrscherstamme französische Politik und französische Wirthschaft eingeführt zu haben, die dem Charakter Scandinaviens sowie seiner Lage unnatürlich und seinen Interessen entgegen sind.

Als Beweis der nachtheiligen Folgen für Norwegen will ich nur ein schwaches Beispiel anführen, das mir daselbt begegnete. Mein Tischnachbar im Hôtel zu

Bergen war ein deutscher Reisender, der Norwegen regelmässig, also auch während des Kriegs, bereiste; derselbe lud mich nach dem Essen in sein Zimmer ein und gestand mir, dass er nur mit Hass und Verachtung auf die Norweger blicken könne, und belegte sie wegen ihrer blinden antideutschen Gesinnungen mit den bittersten Namen. Ich entgegnete ihm, dass ich in diesem Volke (ihre Politik ausgenommen, die nur französischen und schwedisch-dänischen Wühlereien zur Last zu legen sei) die herzlichsten und biedersten Menschen hätte kennen gelernt, die ich trotz ihrer politischen Verblendung nur schätzen und lieben könne, und dass er mit solcher Heftigkeit nie etwas Gutes bewirken würde. Auch ich, erwiderte er mir, habe mal anders gedacht, es giebt aber für alle menschliche Geduld eine Grenze; mir sind während des Krieges die bittersten Gesinnungen so rücksichtslos und hartnäckig ins Gesicht geworfen, dass man alle Rücksicht in mir erstickt hat. Ich bin, fuhr er fort, vom Militär frei, aber sollte Deutschland wieder in Kriege verwickelt werden, und Dänemark oder Scandinavien sich darein mischen, dann gehe ich als Freiwilliger mit! Ich suchte ihm noch vorzustellen, wie es für Alle besser sei, eine innige Freundschaft unter den Völkern anzustreben, und wie dadurch Kriege am ersten unmöglich gemacht würden; ferner dass man bei ruhigem Argumentiren mehr ausrichte, und dass ich glaubte, die starren und verirrten norwegischen Ansichten schon etwas milder gestimmt zu haben u. s. w. Es war indess vergebens, der blinde Norweger-Hass hatte einen tödtlichen Gegenhass in ihm erzeugt, den nur Zeit und veränderte Verhältnisse heilen können. Ich führe dies eine Beispiel nur an, um zu zeigen, wie man sich durch leidenschaftliche Gesinnungen meist nur selbst schadet; im Uebrigen lege ich den Norwegern ihre Stimmung nur zur Last, insofern sie übertrieben ist und besonnenerem Urtheil Platz machen sollte. Sie haben während der letzten aufgeregten Zeit hauptsächlich nur französisch-schwedisch-dänische Nachrichten zu lesen bekommen, und über den Werth von französichen Berichten ist die Welt hinreichend aufgeklärt. Ich kann mich deshalb sehr gut in ihre Lage hinein denken und es bedauern, dass dies biedere Volk gegen sein eigenes Interesse irre geleitet ist; wenn es die Dinge erst mal vom richtigen Standpunkt beurtheilen lernt, dann ist eine Annäherung der Nationen angebahnt. Es liegt in der Natur der Sache, dass Dänemark, welches den Besitz deutscher Provinzen vielfach verwirkt hat, solche künftig nicht mehr besitzen kann, und ob auch im Norden Schleswigs sich etwas dänische Sprache und dänisches Element eingebürgert hat, davon kann unmöglich jetzt mehr Notiz genommen werden. Es ist nur zu verwundern, dass nach der 500jährigen dänischen Schandwirthschaft dies dennoch nur in so geringem Grade der Fall geworden ist. Dänemark hat falsch an Deutschland und schlecht an seinen deutschen Provinzen gehandelt, hat dafür seinen verdienten Lohn geerntet, und das Beste, was es nun thun kann, ist unstreitig, sich aufrichtigst an Deutschland anzuschliessen und sich so einen Nachbar zum Freunde zu machen, der es schützen kann; denn die Franzosen haben ihm nie genützt, im Gegentheil sein Unglück, wenn man es so ansehen will, nur fördern helfen. Auf der andern Seite habe ich auch einzelne Norweger angetroffen, die mir mittheilten, dass die Deutschfresserei sich bereits sehr abkühle, und dass erfahrne Leute anfingen, die Dinge von einem andern Gesichtspunkt aus zu betrachten.

Ich habe es für nicht uninteressant für Deutschland, insbesondere für deutsche Reisende, gehalten, die politische Stimmung der Norweger etwas ausführlich zu behandeln, sowie dieselbe auf ihren wahrscheinlichen Ursprung zurück zu führen, und wenn ich dabei den Franzosen manche wohlverdiente Vorwürfe habe machen müssen, und wenn auch Deutschland die gegründetsten Ursachen hat, die Franzosen aufs Bitterste zu hassen, so hoffe ich doch, dass Frankreich sich künftig so gegen Deutschland verhalten möge, dass dieser

Hass allmälich in Freundschaft und Achtung umgewandelt werde. — Alle Nationen haben ihre vorzüglichen Eigenschaften, und wenn die Franzosen künftig mit den Deutschen nur auf dem Felde der Industrie, der Wissenschaften und des Fortschritts zu rivalisiren streben, so wird ihnen unsere Freundschaft und die Achtung der Welt nicht fehlen; aber ihre falschen Ideen von *Gloire, la grande Nation, revanche, à Berlin, Rhein-Gelüste* und dergleichen mehr müssen sie aufgeben und sich im Herzen bessern; dann wird auch Scandinaviens verblendeter Deutschenhass, der in N i c h t s begründet ist, verschwunden sein.

Wenn meine Zeilen von Norwegern gelesen werden, so hoffe ich, dass man in meiner geraden Sprache nur meinen aufrichtigen Wunsch erkennen wird für Norwegens Wohlfahrt; dieselbe liegt nicht in scandinavischen Unionen, am wenigsten darin, dass sie sich in europäische Händel verwickeln, sondern in der Kultur ihres Landes, Handels und Industrie, sowie darin, dass sie sich ihre Nachbaren n i c h t z u F e i n d e n machen, wo sie mal einen w a h r e n Freund nöthig haben könnten.

Besuch der Naturwunder.

Meine conchologischen Arbeiten im Hardanger Fjord waren zu Ende; ich hatte den Umständen nach eine ziemliche Ausbeute gemacht. Die Witterungs-Verhältnisse verblieben immer noch ungünstig, und es schien mir zweckmässiger, einen möglichen, ja wahrscheinlichen Witterungswechsel abzuwarten, als unter den bestehenden ungünstigen Umständen gleich nach Bergen zurückzukehren. Ich beschloss desshalb, den Natur-Schönheiten der Umgegend erst einige Aufmerksamkeit zu widmen, wobei der Wind, der mir beim Schaben sehr hinderlich war, mich nicht besonders belästigte. Mein Hauptgepäck in Utne zurücklassend, ging ich am 18. August in Gesell-

schaft von drei Damen von Bergen, die sich in Utne
zur Erholung aufhielten, an Bord des Dampfers Hardangeren, welcher seine zweimal wöchentlichen Fahrten
von Bergen in die verschiedenen Arme und Endpunkte
des Hardanger Fjords fortsetzte. Wir mussten schon vor
5 Uhr a. m. in einem Ruderboote nach der gegenüberliegenden Seite des circa $^1/_2$ deutsche Meile breiten Fjords
hinrudern, weil der Dampfer von Eide kommend, um
das nördliche Ufer des Fjords (Utne gegenüber) herumsteuerte. Er kam dann auch etwas nach der Zeit heran,
und wir stiegen von unserem Boote ab an Bord. Unsere
Fahrt ging zunächst um das Utne gegenüber liegende
3500 Fuss hohe Felsengebirge, Oksen genannt, herum
in den östlichen Arm des Hardangers, in das Eidfjord
hinein; von diesem steuerten wir in den nördlichsten
Ausläufer, das Osefjord und bogen bald darauf in einen
kleineren Arm desselben, das Ulvikfjord, ein, an dessen
Schluss der Ort Ulvik liegt. Das Wetter war zwar windig, aber doch klar und sonnig, und die Fahrt war desshalb doppelt interessant. Die Norweger Fjords sind alle
von hohen Felsengebirgen umgeben, die sich stellenweise
mehr oder weniger gegen das Ufer abflachen, und sich
wiederum in grösseren und kleineren Terrassen und
Absätzen, sowie in Schluchten und Thälern brechen und
so den menschlichen Wohnungen und der Kultur verschiedenartigen Raum gewähren. Bis zu einer gewissen
Höhe sind diese Felsen-Gebirge meist mit Vegetation
und Baumwuchs bekleidet, und nur gegen die SchneeGränze und wo sie steil aus dem Boden oder dem Meere
emporragen oder durch ihre Form der Ansammlung von
Erde keinen Raum lassen, erscheinen sie als nackte
starre Felsmassen.

Ulvik bildet einen reizenden Schluss des Ulvikfjords; die Berge senken sich hier in längeren sanften
Abhängen gegen das Ufer, und die ganze weite Umgebung dieses natürlichen Hafens oder schönen Bai, wie
man es nennen will, ist eine Abwechslung von Saatfeldern, die jetzt in Garben standen, von grünen Wiesen

und Triften, Wohnungen Gärten und Waldung, die sich sämmtlich nach dem Meere hin senken und in dessen Hintergrunde die Gipfel der Felsengebirge emporragen. Auf dem Dampfboote befindet man sich mitten in diesem belebten Panorama und geniesst von demselben die herrlichste Aussicht rund um sich herum. Hier verliessen zu meinem Bedauern die drei Damen unsern Dampfer, um auf einer anderen Tour nach Utne zurückzukehren, und ich blieb nun wieder meinen Betrachtungen allein überlassen. Nach kurzem Aufenthalte zum Aus- und Einsteigen der Passagiere und Gepäck-Besorgung kehrte der Hardangeren um, wir verliessen dies paradiesische Plätzchen und steuerten aus dem Ulvik- und Osefjord nun in das östlichste Ende des Eidfjords hinein. Dieses hat ebenfalls seine eigenthümlichen Schönheiten, ist viel wilder wie das vorige, aber weniger anmuthig. Am Ende desselben liegt die Station Vik und etwas weiter Eidfjord, von wo aus die Touristen ausgehen, die den berühmten Wasserfall, den Vöringfos, auf den ich noch zurückkomme, zu besuchen gedenken. Unter Ortschaften im Innern Norwegens darf man sich meist nur einzelne zerstreute Wohnungen (gewöhnlich etwa 10 bis 30) vorstellen. Dörfer und Städte gibt es hier mit wenigen Ausnahmen nur an den Meeresküsten, wo Handel und Schifffahrt einen regeren Verkehr bieten, und auch diese sind nur von mässiger Ausdehnung im Vergleich zu den südlicheren europäischen Städten. Wenn diese kleinen Ortschaften eine Kirche besitzen, so nehmen sie sich gewöhnlich in einiger Entfernung schon sehr malerisch aus, da die schönsten Plätzchen für sie gewählt sind, und der Hintergrund stets grossartig und oft prachtvoll ist. Ulvik und Odde, welches Letztere mein vorläufiges Ziel war, haben beide ein hübsch gelegenes Kirchlein, das man schon in weiter Entfernung sieht. In Vik trafen wir das schöne englische Yachtschiff wieder an, welches am Abend zuvor in Utne angekommen war; ob die Insassen diesmal sich aus Land begeben, um den Vöringfos zu besuchen, oder ob sie noch in seinem Bauche versteckt lagen, habe ich nicht erfahren. — Unser Dampfer trat nach einem sehr kurzen Aufenthalte seinen Rückweg an, und nicht lange darauf steuerten wir in den südlichen 5 bis 6 deutsche Meilen langen Arm des Hardangerfjords, in das schöne Sörfjord hinein, welches an seinem westlichen Ufer in seiner Hauptlänge vom Folgefond und seinen Ausläufern begränzt ist; dies 5000 bis 5300 Fuss hohe Gebirge ist eins der grössten Schneelager Norwegens; seine mit ewigem Schnee bedeckten Gipfel unterhalten eine Anzahl verschiedener Wasserfälle und Giessbäche, die ihre schäumenden Fluthen den Gebirgen entstürzen, bis sie das Fjord erreichen. Der ungeheure Rücken des Folgefond gleicht einem riesigen Gletscher, auf dem der im Winter sich angehäufte Schnee von der ersten heissen Frühlingssonne erweicht wird, um wieder in der Nacht zu Eis zu erstarren; die Sommer-Sonne nagt alsdann beständig an der Schnee-Eismasse, durch die das Wasser durchsickert und Bäche und Flüsse bildet, doch vermag sie den ungeheuren Vorrath nie zu schmelzen, so dass die Abnahme im Sommer kaum bemerkbar ist, und vom October an wächst der Vorrath von neuem während 6 bis 7 Monaten. Nachdem wir die Stationen Grimo, Lofthuus und Naa, alle sehr malerisch gelegen, passirt hatten, erreichten wir gegen halb ein Uhr O d d e, am Ende des Sörfjords gelegen, und das vorläufige Ziel meiner Fahrt. Hier landeten ausser mir zwei Engländer, von denen Einer, der bekannte Astronom Herr J. Glaisher, noch zwei seiner Söhne bei sich hatte, der andere, Herr Carr, war aus der Grafschaft Essex zu Hause. Da diese Herren mich freundlichst einluden, mit ihnen Gesellschaft zu machen, so machte ich von diesem Anerbieten gern Gebrauch. Nachdem wir uns in dem recht guten Wirthshause von Lars Wetterhus etwas gestärkt hatten, gingen wir, vom Führer Svend Tollevsen begleitet, sogleich zum Besuch des berühmten Gletschers

Buerbræen,

einem Theile des Folgefond, aus, der von Fremden und
Eingebornen während des Sommers beständig besucht wird.

Ein guter Weg, zum Theil bergansteigend, brachte
uns in einer starken halben Stunde zu einem etwa 300
Fuss höher gelegenen Inland-See, den Sandven Vand,
über den unser Führer uns in einer kleinen halben
Stunde bis nach Jordal ruderte, wo der Gletscher-Fluss
in den See mündet. Von hier ab hatten wir durch ein
von hohen, schroffen, zackigen Felsenmassen gebildetes
wildes Thal über einen rauhen Pfad etwa 1¾ Stunden
meist bergauf zu wandern und theils zu klettern, und
standen alsdann vor dem Fusse des Gletschers. Es ist
schwer, sich von dieser wunderbaren Naturerscheinung
in der Entfernung einen Begriff zu machen, man muss
sie in der Nähe sehen. Dieser Gletscher schiebt seine
Eismassen, die mit dem Gipfel des Folgefond in Verbindung
stehen, alljährlich, wie es heisst, etwa 90 Fuss
weiter ins Thal hinunter, und würde es auf diese Weise
nach Jahrhunderten ausfüllen. Es scheint mir jedoch,
dass, wenn er noch ein gutes Stück vorgerückt ist, der
Schmelzpunkt so stark zunehmen muss, dass das untere
Eis aufbrechen und sich ebenso rasch auflösen wird, als
die Masse sich nachschieben kann, zumal wenn er an
einer Stelle des Thales angekommen ist, die auf eine
ziemliche Strecke *horizontal* läuft, und wo also der Nachdruck
bald aufhören oder doch sehr schwach werden
muss. Bei unserem Besuche war das untere Ende des
Gletschers noch an einer abschüssigen Stelle des Thals
und wird sich desshalb auch noch weiter voran schieben;
der Fuss des Gletschers ist jetzt noch etwa 1200 Fuss
über der Meeresfläche, bei welcher unbedeutenden Höhe
auch in Norwegen kein Eis, der Sommer-Sonne ausgesetzt,
sich halten kann, und dies beweist, dass das Nachschieben
vorläufig noch stärker vor sich geht, als das
Schmelzen. Die Wasser strömen hauptsächlich unten
hervor, aber es fliesst und sickert an allen Stellen durch.
Die Eismassen stehen senkrecht, oft überhängend wie

eine hohe starre Felswand vor dem Beschauer, von Klüften und Spalten in Blöcke aller Formen getrennt; sieht man in diese Klüfte hinein, so schaut man in eine crystallene Grotte vom schönsten Azurblau von hell nach dunkel schattirt. Dieser Anblick, wenn sich beim Besuche gerade tiefe Klüfte vorfinden, denn die Gestalt der Eismassen ändert sich fast täglich, ist unbeschreiblich prachtvoll, sowie die Idee überrascht, an heissen Sommertagen bei blühender und grünender Natur plötzlich Eis- und Schneefelder vor sich zu sehen; man hat hinter und neben sich den lieblichen Sommer und vor sich den starren eisigen Winter und kann sich mit wenigen Schritten vollständig in die eine oder die andere Jahreszeit versetzen. Man sieht, wie die Eismassen durch ihr Vorrücken das Erdreich aufpflügen, grosse Granitblöcke umstürzen und alles vor sich niederwerfen und begraben, oder weiter schieben; es muss zuweilen mit Gefahr verbunden sein, den Eisblöcken nahe zu sein, jedenfalls ist es abzurathen, sich zu lange unmittelbar unter denselben aufzuhalten. Auch führt der Gletscher auf seiner Oberfläche Erde und Steine mit sich. Wir stiegen noch bis zu einer bedeutenden Höhe die steilen Seiten des Berges neben dem Gletscher hinan, um auch einen guten Ueberblick direct über denselben zu gewinnen, und wäre es nicht schon zu spät gewesen, so hätte ich Lust verspürt, noch eine ziemliche Strecke weiter zu klettern, wo man, wie es schien, auf die Eisfläche hinauf gelangen konnte. Nachdem wir Alles zur Genüge beschaut und bewundert hatten, traten wir unsere Rückreise an, und erreichten nach einer 6 bis 7stündigen Anstrengung steif und müde, aber sehr zufrieden mit unserem Ausfluge, unser Hôtel wieder, hatten uns zum Abendessen einen guten Appetit geholt, und liessen uns den Salm und Rennthier-Wildbraten vorzüglich schmecken. Es wurde nun Rath gehalten und beschlossen, den folgenden Tag dem berühmten Skjœggedal Fos (Wasserfall) einen Besuch abzustatten. Ich hatte seit lange keine beschwerlichen Fusstouren gemacht, und da ich durch

das Bergansteigen stark in Transpiration gerieth und
meine Glieder von der letzten Anstrengung matt und
schmerzhaft waren, so zweifelte ich fast an der Möglichkeit, schon am folgenden Morgen eine noch weit anstrengendere und längere Tour unternehmen zu können.
Der Schlaf jedoch erquickte meine müden Glieder, und
obwohl noch steif und matt, so war ich doch schon um
7 Uhr am folgenden Morgen zu unserer zweiten Excursion bereit. Es fehlten jedoch Zwei an unserer Gesellschaft, Herr Glaisher und sein jüngster Sohn waren
liegen geblieben; Letzterem war die gestrige Anstrengung
zu stark gewesen, um eine grössere schon gleich dahinterher unternehmen zu können, und so blieb dann auch der
Vater mit ihm im Hôtel zurück. Sein ältester Sohn,
Herr Carr und ich traten also um halb acht Uhr a. m.
unsere Reise zum berühmten Wasserfall, dem

Skjeggedal Fos

an. — Er heisst eigentlich Ringedals Fos, doch da man
die kleine Meierei-Colonie Skjeggedal passirt, so scheint
er unter diesem Namen (auch Skjægedal geschrieben)
bekannt zu sein, obschon er noch weit von derselben
entfernt liegt. Wir bestiegen mit unserm Führer um
7½ Uhr a. m. ein Boot, um zunächst eine starke Stunde
das Sörfjord hinunter zu rudern; während welcher Fahrt
es anhaltend und ziemlich stark regnete, so dass ich
am Landungsplatze Tyssedal angekommen, unschlüssig
war, ob wir die Reise antreten sollten, denn Regenkleider oder Regenschirme hatten wir nicht, sie wären
auch bei dieser Gelegenheit sehr überflüssig, lästig und
unzweckmässig gewesen. Wir stiegen indess einstweilen
unter dem Schutze der Bäume den Berg hinan, und da
der Regen allmälich nachliess, so stiegen wir getrost
vorwärts.

Der Pfad wurde bald sehr rauh und verlor sich
nach und nach gänzlich in eine kaum zu entdeckende
Spur; es ging stets bergauf über Steine, Felsblöcke und
Baumwurzeln, an der schroffen Thalwand entlang; zur

Rechten unter uns hatten wir die tiefe Thalkluft, in der
der tosende Fluss, kaum Raum findend, sich schäumend
und brausend durch die Felsen den Weg bahnte, während
ihn am andern Ufer riesige Felsmassen begränzen, die
sich wie eherne Mauern himmelan thürmen. Wo an
unserer Seite die abschüssige Felswand glatt war und
es fast unmöglich wurde, den Fuss mit Sicherheit nieder
zu setzen ohne in die Tiefe hinab zu rutschen, da war
ein langer runder Fichtenstamm querüber angebracht,
in die Lücke zwischen demselben und dem Fels einige
Steine gelegt, und darüber gings nun halb balancirend
vorwärts. Zuweilen führte der Weg an einer Felsen-
Mauer entlang, wo der Pfad kaum 1½ Fuss breit war,
dann ging es mal wieder über aufgethürmte Felsblöcke,
über deren Rippen man förmlich zu balanciren hatte, so
dass das Vorwärtskommen ein stetes Steigen und Klettern
blieb, bis wir endlich den höchsten Punkt, etwa 1500
Fuss über dem Meere, welches wir beim Landen verliessen, erklommen hatten. Hier stand eine Heu-Hütte,
in der ich meine müden Glieder niederstreckte und
mich mit einem Trunk Ziegenmilch erquickte, den die
Bauersfrau uns verkaufte. Diese Art Hütten werden
an Stellen erbaut, wo es keine menschliche Wohnungen
in der Nähe gibt, sie dienen zum zeitweiligen Unter-
bringen des Heues, welches an einzelnen Stellen des
Bergabhanges noch wächst, und welches später aus der
Hütte auf dem Rücken hinunter getragen wird, denn
kein Lastthier vermag hier herauf zu kommen. — Nach
kurzer Rast musten wir weiter eilen. Wir hatten noch
eine lange Reise vor uns. Der Weg führte uns jetzt
auf dieselbe Weise bergab, bis wir Skjeggedal, eine
Bauern-Kolonie von etwa 6 Häusern, erreichten. Die
Scenerie auf der ganzen Strecke ist wild und wunderbar; an einer Stelle stürzt sich der Bergstrom eine tiefe
Felsenkluft hinunter und kocht schäumend auf zwischen
den hemmenden Steinblöcken. In Skjeggedal bekamen
wir zwei Mann, die uns in einem viertel Stündchen über
einen kleinen untern See ruderten, wonach wir an der

Seite einer schönen Cascade, die den Abfluss des obern Sees in den untern bildet, wieder ein viertel Stündchen bergan steigend, den obern See erreichten. Hier bekamen wir wieder ein anderes Boot, das diesmal wegen des starken Windes und der hohen Wogen von vier Mann gerudert werden musste, und nach etwa 1¼ Stunde angestrengter Arbeit brachten sie uns an das Ende dieses wilden von 2 bis 3000 Fuss hohen Felswänden eingeschlossenen Sees, wo der berühmte Skjeggedal Fos seine Wasser aus einer Höhe von 600 Fuss den Felsen herab stürzt, zunächst in eine Art oberes Felsenbecken, bis er darnach, kaskadenartig die Felsenterrassen hinunter brausend, zuletzt den See erreicht. Das Schauspiel ist überaus grossartig und imponirend; keine Worte reichen hin, eine annähernde Vorstellung davon zu geben; wir kletterten die Höhe hinan, um ihm möglichst nahe zu kommen, mussten uns jedoch bald zurückziehen, da wir in einen dichten Staubregen geriethen. Wir hielten uns etwa ¾ Stunde in seiner Nähe auf, erkletterten alle practikabeln Felsblöcke, um die Ansicht von allen Seiten zu gewinnen, und traten alsdann unsern Rückweg wieder an. In geringer Entfernung von diesem Hauptfalle passirt man einen andern ebenfalls sehr schönen doppelten Wasserfall, Tyssestrengene genannt, wovon der eine Arm wie eine Silbersäule sich eine lange Strecke perpendikulär und ungetheilt herunter stürzt. Nach Skjeggedal zurückgekommen, nahmen wir unsere mitgebrachte Mahlzeit ein, bestehend aus Brod und Käse, wozu die Wirthin uns Kaffe und Butter lieferte, und hiernach traten wir unsere beschwerliche Rückreise über das Felsen-Gebirge, durch ein Regenschauer noch verschlimmert, wieder an. Auf der Höhe kam ein armer Landmann, ein Päckchen Felle auf seinem Rücken tragend und begleitet von einem etwa 8jährigen kleinen Mädchen, hinter uns vorbei. Das Kind hüpfte wie ein Reh furchtlos über die Felsen, während es zugleich an einem Strumpf strickte; ich konnte nicht unterlassen es anzurufen und ihm eine Kleinigkeit zu geben, es reichte mir zum Dank die Hand, aber ich verlangte einen Kuss, den es mir, zuerst zögernd, vom Vater und unserm Führer indess ermuntert, alsdann auch gab; gleich darauf tanzte es über die Felsen weiter, so dass man ihm kaum ohne Besorgniss nachblicken konnte, aber gewohnt an diese Wege, waren Beide unsern Augen bald entschwunden.

Wir langten endlich müde und steif in unserem Hôtel zu Odde wieder an und hatten also, einschliesslich Aufenthalt, 12½ Stunden auf dieser Tour zugebracht. Ich bin der Ansicht, dass es sich, ausser bei ganz trockenem Wetter, nicht viel rascher abmachen lässt, es sei denn, dass man den Aufenthalt abkürzt. Damen können bei trockenem Boden die Tour mitmachen und ich bemerkte im Fremdenbuche, welches in Skjœggedal gehalten wird, die Namen mehrerer Damen aus Bergen und sogar einiger aus Berlin. Die Hauptsache bei solcher Gelegenheit ist, dass man Stiefel ohne Absätze und jedenfalls ohne Nägel trägt, weil sonst das Gehen über Felsen, zumal das Hinabsteigen, sehr beschwerlich und gefährlich werden kann; das erwähnte kleine Mädchen trug ganz flache breite Schuhe, die für mich fast gross genug zu sein schienen, dafür aber hüpfte es in der Gewissheit, nicht glitschen zu können, mit der Leichtigkeit eines Vogels über die Felsen. — Der folgende Tag, ein Sonntag, brachte uns mal wieder schönes Wetter und trotz Gliederweh und Müdigkeit traten wir alle 5 Gesellschafter unsern dritten Ausflug zum Besuch des nye Veien (der neue Weg) an, auf dem man vier grosse und mehrere kleine Wasserfälle antrifft, von denen jedoch der

Laate fos

der berühmteste ist. Dieser Name wird Lotefos ausgesprochen und auch mitunter so geschrieben. — Bis Jordal gegenüber war unsere Tour dieselbe, die wir am Freitag zum Besuch des Buerbræen gemacht hatten; jetzt ruderten wir Jordal vorbei bis zum Ende des Sandven

Sees, von wo die Haupt-Fussreise auf dem neuen Wege, nye Veien, beginnt, und der durch das schöne lange Thal Hildal, durch welches der Hildal Elv, ein Forellen-Fluss, strömt, nach Röldal führt, eine Entfernung von etwa 4 norwegischen oder ca. 7 deutschen Meilen. Der nye Veien ist eine excellente macadamisirte Landstrasse, erst kürzlich vollendet und führt durch eins der malerischsten Thäler Norwegens. Dies Thal ist ziemlich breit und an beiden Seiten von hohen theils senkrechten Felswänden eingeschlossen, von denen sich die Bergwasser in grösseren und kleineren Fällen herunterstürzen. Der krystallene Elv dehnt sich mitunter seeartig aus, und bildet grüne mit Wohnungen und Kultur geschmückte Inseln, dann zieht er sich wieder zusammen und stürzt sich schäumend und tosend durch Felsschluchten hindurch, während grössere und kleinere Kaskaden, die hohen Felswände herunterrollend, in seinen Fluthen verschwinden, bis man endlich den Haupt-Fall, den Lotefos, erreicht. Hier sind wiederum zwei Fälle neben einander, die erst unten ihre Wasser vereinen und zusammen in den Elv ergiessen; der linke davon ist der Lotefos, der rechts heist Skarsfos. Man ersteigt den Hügel neben dem Letzteren, auf welchem man besonders vom Lotefos eine prächtige Ansicht erlangt. Ich und der ältere von unsern jungen Begleitern kletterten noch die Felsen zu einer beträchtlichen Höhe hinan bis zu einer Stelle, wo man über eine Felswand in den Skarsfos hineinsehen konnte; die Felsen bildeten hier eine Art Mauer, die die Wasser eindämmte und nur einige Fuss Steine trennten uns hier vom Skarsfos. Wir hatten, da die Sonne schien, einen Regenbogen so nahe, dass man ihn greifen zu können glaubte. Gegenüber diesen Zweien, etwas weiter das Thal hinauf, befindet sich ein dritter Wasserfall, der Espelandsfos, der, obgleich eine geringere Wassermasse führend, auch seine eigenthümlichen Schönheiten besitzt. Nachdem wir alles bei der schönen Sonnen-Beleuchtung lange beschaut und uns aus unserer Cognacflasche mit krystallenem Hildal Elvfer vermischt, gestärkt hatten, kehrten wir auf demselben Wege nach Odde zurück, das wir nach einer etwa siebenstündigen Reise glücklich wieder erreichten und wo wir, nachdem wir das Innere der neuerbauten Kirche, zu der der Vater unseres Führers den Schlüssel hatte, noch besehen, uns unser *Middagsmad* gut schmecken liessen. Hiermit war nun das Sehenswertheste in dieser Nachbarschaft besichtigt, und die drei Tage in Odde wohl angewandt. Man kann noch den Folgefond von hieraus besteigen, um einen Ueberblick über dies ungeheure ewige Schneelager zu gewinnen, das im Frühjahr in Eis umgewandelt wird; man sieht indess dasselbe, nur in noch grösserer Ausdehnung, was wir beim Buerbraeen schon gesehen hatten, und ich konnte mich mit Allem, was ich in dieser interessanten Gegend gesehen, reichlich begnügen. Wer indess Zeit und Lust hat, auch diesen Riesen noch näher in Augenschein zu nehmen, der findet an Svend Tollevsen einen sicheren Führer. Am Montag den 21. August kehrte ich sehr zufrieden mit meinem Ausfluge per Dampfer nach Utne zurück. Bei der Station Lofthus, ebenfalls ein Lieblingspunkt zum Sommer-Aufenthalte, wurde unsere Gesellschaft durch zwei Damen von Bergen vermehrt, die jetzt nach Utne auf einige Wochen übersiedelten und wohin auch meine Begleiterinnen bis Ulvik inzwischen zurückgekehrt waren. In diesen Sommer-Hôtels, wo die wohlhabenden Familien von Bergen und der Umgegend verkehren, bildete sich bald unter den norweger Damen und Herren ein geselliger Kreis, in welchem ich stets aufs freundlichste aufgenommen wurde. Die Abende waren schon bedeutend länger geworden, zum Spazieren war es oft zu nass, und so vertrieb man sich die Abendstunden durch Unterhaltung, auch wohl durch ein Whist-Spielchen, durch Künste, Lesen u. s. w. Allerseits übt man hier viele Rücksicht und Zuvorkommenheit gegen Fremde, was ich wegen meiner Schwerhörigkeit um so dankbarer anzuerkennen hatte, denn auch selbst die jüngern Damen richteten sich nach mir mit aller Rücksicht auf diese

Schwäche. Es wurde englisch, deutsch und zuweilen französich gesprochen; gegen das Ende meines Aufenthalts in Utne gab ich zur Abwechslung wohl meine wenigen Brocken Norwegisch zum Besten, und las mitunter etwas vor, auch mal ein norwegisches Gedicht, worüber wir dann Alle recht herzlich lachen mussten. Aber die schönen Tage von Aranjuez neigten sich zum Ende! Mit dem Schaben im Hardanger Fjord war ich fertig und ich musste nun ernstlich an Aufpacken denken, eine Arbeit, die mich diesmal 3 Tage in Anspruch nahm. Ich beschloss, meine Rückreise nach Bergen nicht auf demselben Wege, als ich hergekommen, zu machen, sondern bei dieser Gelegenheit noch eine schöne Strecke des Inlands, sowie das grosse Sognefjord zu sehen. Doch bevor ich von Utne und dem prächtigen Hardanger Fjord Abschied nehme, bleibt noch Einiges zu berühren, das ein Interesse an Norwegen und besonders an diesen Theil desselben anknüpft.

Die Fjords sind nicht nur der Glanzpunkt Norwegens, da ohne sie die Naturschönheiten des Landes ihren halben Reiz verlieren würden, sie sind ausserdem von unschätzbarem Nutzen für dies gebirgige Land. Zunächst gewähren sie den Einwohnern leichte und sichere Verbindungswege und ermöglichen das Beschaffen schwerer Gegenstände ins Inland, welches wegen seines hochgebirgigen Charakters, ausser für die leichtesten Fuhrwerke, sehr schwierig zu passiren ist. Sie verzehnfachen, ja man kann mit Recht sagen, verhundertfachen, die werthvolle Küstenausdehnung des Landes; könnte ich mir dies schöne wasserreiche Land mit einer ziemlich abgerundeten Küste, wie England, denken, so sänke es grösstentheils, jedenfalls die wichtige Nordwest-Küste, zu einer armen, unwirthbaren, nahezu unbewohnbaren Wildniss herab, ähnlich dem südlicher gelegenen Labrador, welches ein Erdklumpen ohne Baien und Buchten ist.

An den sanfteren Abflachungen der Fels-Gebirge, die diese Fjords einschliessen, ist den Einwohnern Raum für die herrlichsten Ansiedelungen geboten, umringt von Naturschönheiten, wie die Fantasie sie sich nicht prächtiger ersinnen könnte, und in ihren krystallhellen frischen Fluthen können sie gesund sich baden.

Die Fjords liefern ihnen einen unerschöpflichen Reichthum an Seefischen, worunter der Salm in erster Linie zu nennen ist, und diese Fische stehen jedem für die Mühe des Fangens zu Gebote. Ich ging nur ein oder zwei mal auf ein Stündchen zum Fischfang aufs Fjord, um das Ding auch mal versucht zu haben, und wie ich meine Leine viermal aufgezogen, hatte ich vier verschiedene Fische gefangen. Die bedeutende Länge und Ausdehnung der grossen Fjords mit ihren Armen und Krümmungen erkennt man nicht gleich auf den ersten Blick.

Das Hardanger Fjord, obwohl es in seinen vielen Abschnitten verschiedene Namen führt, beginnt naturgemäss unter der Südspitze der grossen Insel Bömelö, zieht sich dann nordöstlich unter den Bömelö nächst liegenden Inseln Stordö und Tysnesö ins Inland bis hinter Utne, wo es sich in zwei Hauptarme theilt, von denen das Sörfjord sich südlich und das Eidfjord mit dem Ose- und Ulvikfjord sich östlich und nördlich wenden, ausserdem bildet es der Insel Stordö gegenüber ein grosses Becken, welches wiederum in eine Anzahl Arme und Fjords ausläuft. Die Länge vom Meere bis zur Bai von Onarheim auf Tysnesö beträgt über 5 norwegische, etwa 9 deutsche Post-Meilen; von Onarheim, wo es den Namen Hardanger erhält, bis zum Sörfjord, inclusive Krümmungen, die nicht bedeutend sind, etwa 9 norwegische, gleich etwa 16 deutschen Post-Meilen, wonach das Sörfjord noch gute $3\frac{1}{2}$ norwegische, also fast 6 deutsche Meilen misst. Die ganze Längenausdehnung beträgt also circa 30 deutsche Meilen, ausschliesslich aller andern Zweige und Ausläufer dieses mächtigen Meerarms. Denken wir uns jetzt eine für die grössten Schiffe fahrbare ähnliche, durchschnittlich eine Meile breite, Meeresstrasse von Hamburg oder Glückstadt in

Deutschland hinein, so würden wir die Weltproducte in den grössten Dreimastern fast bis Leipzig oder Frankfurt führen können. Die bedeutendsten Fjords sind das Christiania-Fjord, von der Hauptstadt direckt zum Meere führend, dann das Bukke-Fjord mit seinen vielen Aesten und Verzweigungen im Norden von Stavanger, ferner die nobeln Hardanger- und Sogne-Fjords südlich und nördlich von Bergen, und das grosse Trondhjem-Fjord bei der alten Hauptstadt Trondhjem oder Drontheim; von diesen habe ich auf meinen Reisen die vier ersten gesehen, und zwar die 3 wichtigsten hiervon von Anfang bis zum Ende. Ausser diesen gibt es eine zahllose Menge kleinerer Fjords der ganzen Küste, besonders der Westküste entlang, wovon mehrere, zumal die bei Molde und Christiansund, wichtig sind. Welche zoologische Schätze alle diese Fjords auf ihrem tiefem Grunde (das Hardanger ist bis zu 420 Faden, über 2500 Fuss tief) und in ihrer ganzen Ausdehnung noch bergen mögen, das mag noch grösstentheils in Dunkel gehüllt sein, es zu erforschen erfordert mehr Mittel und Zeit, als ein Privatmann darauf verwenden kann. Das Hardanger Fjord allein wäre ein hinreichend grosses Feld zur Bearbeitung während eines ganzen günstigen Sommers, und es ist nicht zu bezweifeln, dass bei einer gründlichen Bearbeitung desselben, (ich sowie meine Vorgänger haben vergleichsweise nur Punkte davon durchnehmen können) sich noch unerforschte Schätze aufthun würden. Wie sehr ist es nicht zu beklagen, dass die Völker ihre besten Kräfte und Mittel darauf verwenden, nicht zu sagen verschwenden, um sich aufs Höchste zu betähigen, einander morden zu können. Würde nur ein Tausendstel dieser Mittel alljährlich darauf verwendet, unsere Kenntnisse zu bereichern, welch unschätzbarer Gewinn wäre das für die Wissenschaften und für die Menschheit, und könnte die Hälfte oder mehr, ja das Ganze so verwendet werden, welche Entdeckungen, Erfindungen und Erforschungen würde der menschliche Geist nicht machen, wie würde das Leben an Reiz und Interesse gewinnen, und welche Veredelung des Menschengeschlechts würde es nicht zur Folge haben! Ist es nicht herzzerreissend, dass dieser Satan, die menschliche Leidenschaft, so vieles Gute und Schöne untergräbt?! Aber ich muss zu meinem Gegenstande zurückkehren und darf diesen Gedanken nicht weiter verfolgen, sonst mögte man vor Leid vergehen.

Das Hardanger Fjord ist voll von wilden Vögeln aller Art, sowie die umgebenden Gebirge schmackhaftes vierfüssiges Wild und Geflügel beherbergen. Die Skua-Möve, auf Norwegisch Tyv fugl (Diebvogel) genannt, bietet eine anziehende Naturerscheinung dar, indem sie die kleineren Möven, wenn eine solche ein Fischlein gefangen, mit einer Hartnäckigkeit verfolgt, die ans Unglaubliche gränzt, bis Letztere den Fisch aus ihrem Schnabel fallen lässt; sie schiesst alsdann wie der Blitz auf den Fisch und erhascht ihn im Fallen. Diese Möven-Art ernährt sich nur auf diese Räubermanier, und fischt nie für sich selbst.

Ein anderes höchst interessantes und für Norwegen sehr wichtiges Thier ist das Rennthier, welches besonders dem Einwohner des nördlichsten Landesdistrikts Finmarken von unschätzbarem Nutzen ist, indem es sein Zug- und Lastthier bildet, und ihn mit Milch, Kleidung und Nahrung versieht; aber auch im südlichern Norwegen ist es geschätzt wegen seines schmackhaften Fleisches, und ich muss gestehen, ich habe zumal als Abwechselung von dem ewigen *beef*, einen Rennthierbraten oder steak dem *roastbeef* und *beefsteak* vorgezogen, da es viel zärter ist als Letzteres. In der Nähe des Hardanger sollen Rennthiere in der Gegend von Kinservik und Ulvik, sowie von Graven und an andern Stellen sich aufhalten. Die Höhe des Rennthiers ist etwa 3½ bis 4 Fuss englisch, die gezähmten sind meistens kleiner als die wilden; ihre Farbe ist eine Art drapfarbiges Mausegrau und soll im Winter heller werden; sie sind alle, auch die weiblichen, mit Geweihen versehen, deren Form eine eigenthümliche Verschiedenheit darbietet. Ihre Nahrung besteht aus Kräutern und Gesträuch, das sie im Sommer im Ueberfluss finden, im Winter sind sie jedoch auf eine Flechte beschränkt, die auch deshalb Rennthier-Moos genannt wird, und welche sie durch Instinkt unter dem Schnee zu entdecken wissen, den sie alsdann mit ihren scharfen Vorderfüssen, sowie mit ihrer breiten Schnauze losschaufeln und fortschieben, bis die ersehnte Kost erlangt ist. Es gibt ebenfalls Bären in diesen Gegenden des Landes, die sich indess im Sommer fast nie sehen lassen, und eher den Menschen scheuen und vermeiden; nur im Winter treibt der Hunger sie zuweilen den menschlichen Wohnungen näher; will man sie deshalb im Sommer jagen, so muss man sie in ihren Schluchten und Verstecken aufsuchen, wie anderes Wild, nur ist diese Art Jagd mit manchen Gefahren verbunden.

Ich hatte auf meinen Ausflügen bereits die prachtvollsten Wasserfälle gesehen; Viele geben dem Skjeggedal vor dem Vöring-Fos den Vorzug. Den Ersteren sieht man von unten und ringsum in seiner ganzen Ausdehnung, während Letzterer nur von oben zu erreichen und zu sehen ist. Ich sollte ferner auf meiner bevorstehenden Tour noch vier andere Wasserfälle von ziemlicher Bedeutung, ausser den zahllosen kleinern, zu sehen bekommen, und da man doch am Ende auch in einem Lande gerade nicht Alles auf Einmal sehen kann, so verzichtete ich aus diesen Doppelgründen diesmal auf einen Besuch des Vöring Fos. Für Diejenigen aber, die ihn zu besuchen wünschen, füge ich Folgendes hinzu: Der

Vöring Fos

wird von Vik aus besucht, mit welcher Station, am Ende des Eid-Fjords gelegen, wir schon auf der Tour von Utne nach Odde bekannt geworden sind. Man geht früh Morgens, nicht später als 7 Uhr, in Begleitung eines Führers aus; hier habe ich Lars Oese, den Sohn des Wirths in Vik, als einen der Führer empfehlen hören. Man darf nicht versäumen, Proviant mitzunehmen, am besten kaltes Rennthierfleich oder dergleichen nebst Brod, Käse und Salz, auch 1 à 2 Flaschen Bier, Oel genannt, wenn man sich damit befassen kann, vor Allem aber eine Kleinigkeit Cognac, wenn er zu haben ist, sonst den norwegischen Klaren, eine Art Whiskey, auch Brändeviin oder Aqua vitæ genannt. Ein Gang von etwa $^1/_2$ Stunde in der Nähe eines Berg-Flusses, der die Wasser der Gletscher zum Fjord führt, bringt uns an den See Eidfjord Vand, der ähnlich dem Ringedals Vand, von ungeheueren starren und theils steilen Felswänden eingeschlossen ist. Ueber diesen See rudert uns der Führer in etwa einer Stunde. Von hier geht man durch das Oertchen Sedbö nach einem Bauernhause, wo man einen zweiten Führer nebst Pferden bekommt, wenn letztere vorher verlangt worden sind. Wenn sich Damen bei der Gesellschaft befinden, so sind Pferde von hier anzuempfehlen. Es geht nun über einen Hügel in ein wildes Thal, von einem Bergstrom tobend durchflossen. Der Weg wird hier sehr rauh, jedoch nicht so uneben, dass nicht noch Pferde Fuss fassen können. Das Ende dieses Thals ist von hohen Gebirgen umschlossen, und nachdem man über eine sehr primitive Brücke nach der andern Seite des Thals passirt ist, wird der Weg für eine Zeitlang ebener; aber bald hat man einen rauhen Bergrücken zu erklimmen, den nur die sichern norweger Pferde ersteigen können.

Nachdem man noch eine grüne Fläche passirt hat, erreicht man bald des Thales Ende, hier durch riesige Gebirge versperrt, woselbst die Pferde zurückgelassen werden, weil man nun eine Höhe zu erklettern hat, ähnlich wie wir beim Besuch des Skjeggedal bereits erfahren haben, und was eine starke zweistündige Anstrengung erfordert; auf der Höhe angekommen, hat man noch etwa eine viertel Stunde bis zu einem Bauernhause, woselbst man rastet und sich erst durch eine Mahlzeit stärkt, wozu die Bauersfrau Butter und frische Milch, auch wilde Früchte liefert. Von hier zum

Fos ist noch eine kleine Viertelstunde zu gehen, und
man ist in Sicht eines der berühmtesten Wasserfälle
Europas. Der diesen Fall bildende Bergstrom stürzt
seine Fluthen auf eine Strecke kaskadenartig durch die
Felsschlucht, bis er sich schliesslich in das etwa 900
Fuss tiefe Felsenbecken hinab stürzt. Man schaut über
den Abgrund den stürzenden Wassern nach, so weit es
möglich ist, und der Anblick erfüllt uns mit Staunen
und mit Graus! Der Schaum und Wasserstaub, den die
stürzenden Fluthen verursachen, steigt wieder zu einer beträchtlichen Höhe herauf, und in ihm bilden sich die
schönsten Regenbogen, wenn uns die Sonne begünstigt;
man schaut an verschiedenen Stellen über den Abgrund
hinunter, während der Führer uns mit starker Faust bei
der Hand hält, weil man sonst bei der schwindelnden
Höhe und dem Tumult der Natur selbst leicht vom
Schwindel erfasst werden könnte. Jeder, der diesen
Fos gesehen, ergiesst sich in den glühendsten Worten
über den Zauber seines Anblicks, und bestätigt, dass
das übrige Europa nichts ähnliches aufzuweisen hat.
Will man noch eine kleine Extra-Meile dran wenden,
so erlangt man eine andere prachtvolle Ansicht, von
vorne dem Fall mehr gegenüber; man hat auch hierbei die Begleitung des Führers nöthig. Nachdem man
Alles nach Herzenslust beschaut hat, kehrt man auf
demselben Wege nach Vik zurück.

Da ich mal bei dem Kapitel der Wasserfälle bin,
so will ich mit wenigen Worten noch eines der berühmtesten in Norwegen erwähnen, nämlich des

Rjukan Fos

in der Provinz Tellemarken. Da die Reise zu demselben
von Christiania hin und zurück 5 Tage, sowie eine Ausgabe von 20 Species erfordert, so wird er nur von den
Touristen besucht, die hinreichend Zeit dazu haben und
ihn unbedingt sehen wollen. Der Weg dahin führt über
die Städte Drammen und Kongsberg nach Hiterdal, von

da geht es über den schönen See Tindsö (Tinnsö) nach dem Orte Dal; hier bekommt man Führer und Pferd. Eine starke Meile hinter Dal verengt sich der Weg oder vielmehr der Pfad, der an der Seite des Maan Elv bergauf führt, und hier ist die Scenerie wieder von der wildesten Art, bis man bei klarem Wetter endlich eine Wolke, die Seite des Berges überhängend, erblickt, welche die Nähe des Rjukan Fos bekundet. Etwa eine viertel Meile vor demselben lässt man die Pferde zurück, und passirt nun zu Fusse durch das hier fast zu einer Fels-Spalte verengte Thal, wo man dem Felsen entlang vorwärts klettert und kriecht, zuweilen an einem Abgrunde vorüber, wo der Fuss nur eine schmale Steinbank zu betreten hat, zuweilen sich an Gebüsch und Baumwurzeln haltend, bis man zuletzt den Fall in Sicht bekommt. Die Wasser nähern sich in einer Entfernung, durch Felsen gebrochen, einen Abhang herunter schäumend, bis sie an einer offenen Stelle sich in die Tiefe hinabstürzen, wo der Fall brausend und schäumend eine Dampfwolke von Wasserstaub entsendet. Da seine Wassermasse beträchtlich ist, so empfindet man eine Art Erschütterung unter sich, und der Anblick des schneeweissen Falles neben den schwarzen Felswänden, die ihre Gipfel in die Wolken erstrecken, ist überwältigend grossartig. Die Höhe des ganzen Falles soll fast 900 Fuss betragen; man sieht aber nicht gänzlich das Ende, weil die Wasser sich zum Theil in Staub und Dampf auflösen, nur zuweilen sieht man durch dieselben weisse Raketen und Wassersäulen aufschiessen. Man hat nach Besichtigung dieses Falles leider denselben sehr langen Weg nach Christiania zurück zu machen, da er zu keiner der Verbindungs-Routen führt, welche die schönsten Strecken des Landes berühren. Man kann zweckmässig nur einen Ausflug nach Hönefos damit verbinden, indem man den Weg von Kongsberg nach Drammen bei der Station Eker verlässt. Ich komme hierauf noch später zurück. Die vier bis fünf nächsten sehenswerthen Wasserfälle passirte ich auf der Tour, die ich jetzt beschreiben werde.

Ich sandte 12 Stück' meines schwersten Gepäcks per Dampfer direckt von Utne nach Bergen zurück, und behielt nur so viel leichtes Handgepäck bei mir, als ich selbst tragen und in einer norwegischen Cariole, hier das Medium durch das Land und über die Gebirge zu reisen, mit mir führen konnte. Es gibt in Norwegen keine Fahrposten wie in Mittel-Europa, und nur kurze und noch sehr wenige Eisenbahnstrecken.

Die Cariole

ist hier die übliche Weise der Beförderung der Reisenden nebst ihrem Gepäck über Land. Die Cariole ist ein schlittenartiger, sehr leichter, zweirädriger offener Wagen, von einem Pferde gezogen, in dem nur eine Person Raum hat; das wenige Gepäck, welches man mitnehmen kann, legt man entweder zwischen die gerade ausgestreckten Beine und sitzt alsdann etwas unbequem, oder man befestigt es auf ein schmales Brett hinter dem Sitz, zu welchem Zwecke man am besten Riemen oder Taue mitnimmt, da dergleichen unterwegs schwer zu haben ist. Auf dieses Brett oder auf das darauf angebrachte Gepäck setzt, kniet oder stellt sich der Postknabe, Skydsgut genannt, der die Cariole zurückbringt, da man dieselben in der Regel nur von Station zu Station bekommt. Der Skydsgut fährt entweder, wenn man es verlangt und die Zügelleine lang genug ist, oder man fährt selbst, was in Norwegen nicht schwierig ist, da die kleinen Pferde sehr sicher gehen. Zuweilen ist die Cariole auch ein viereckiger hölzerner Kasten mit einem Sitz, auf dem zwei Personen Platz finden, alsdann kommt das Gepäck unter den Sitz und der Skydsgut, der in diesem Falle auch wohl ein junger Mensch oder Mann ist, setzt sich zum Fahren neben den Reisenden. Bekommt man einen solchen Kasten, so wäre das zweckmässigste Instrument, das man bei sich führen könnte, ein breiter Bohrer, um in den Boden des Kastens zwei grosse Löcher bohren zu können, weil er sonst bei starkem Regen das Wasser auffängt und, da Alles offen ist, dem Reisenden, wie ich bald erfahren sollte, höchst fatal sein kann. Bei schönem oder nur trockenem Wetter reist man in den Cariolen ganz angenehm, da die Wege in Norwegen, auf denen es Skyds-Stationen gibt, alle sehr vorzüglich sind. Hat Jemand viel Gepäck und will es auf seinen Inlandtouren durchaus mitnehmen, so muss er eine Extra-Cariole dafür miethen. Man thut aber bei einer Reise durchs Land, z. B. von Bergen nach Christiania, am besten, alles schwere Gepäck direct per Dampfer zu schicken und nur das Unentbehrlichste bei sich zu behalten.

Der Tag der Abreise rückte heran, das Wetter war äusserst veränderlich geworden; ich musste die Tour aufgeben, oder sie auf die Gefahr hin unternehmen, fernere Belege zu dem Character der Norweger Regen zu sammeln, worin ich leider schon hinreichende Erfahrungen gemacht hatte. Am Morgen des 25. August war ich zur Abreise bereit, es hatte in der Frühstunde stark geregnet und ich wartete von 8 Uhr an mit sehnsüchtigem Verlangen auf das Ende des Regens. Gegen 10 Uhr schien er sich dann auch endlich zu erbarmen und ich beorderte deshalb zur

Abreise von Utne

ein Boot mit zwei Ruderern, das mich nach Eide bringen sollte, welches am Ende des Gravensfjord, eines fernern nördlichen Arms des Hardangers, gelegen ist, und von wo aus meine Landreise beginnen musste, welche in der That ein Theil der Route von hier nach Christiania war. Nachdem ich mich von den freundlichen Bewohnern des Hôtels verabschiedet hatte, bestieg ich mein Boot, die zwei Norweger schwangen ihre Ruder und unser Schifflein schoss über die Fluthen vorwärts nach Norden. Es ist in Norwegen Sitte, dass bei Abfahrten von Verwandten und Freunden die Rückbleibenden, so wie die Abreisenden ihre Taschentücher schwenken. Auch mir wurde bei dieser Gelegenheit diese Ehre zu Theil, und ich verfehlte nicht, das meine im Winde flattern zu lassen, bis ein Vorsprung des gegenüberliegenden Felsengebirgs Oksen, wo wir in das Gravensfjord einbogen, Utne meinen Blicken (vielleicht auf immer) entzog. Es war in der grossen Entfernung schon kaum mehr zu erkennen, aber bevor wir um die Klippe lenkten, rief ich ihm im Herzen noch ein letztes „Lebewohl" zu!

Ich will hier noch erwähnen, dass der Oksen, ein Felsgebirge von 3500 Fuss Höhe, von den Besuchern Utne's zuweilen bestiegen wird, und dass man von dessen Gipfel aus eine so prachtvolle Aussicht auf das Hardanger Fjord mit seinen Armen, den schneebedeckten Folgefond und die umliegenden Landschaften haben soll, wie es wenige in Europa gibt; freilich muss man dazu einen hellen Tag wählen; während meines Aufenthalts ihm gegenüber trug er meistens seine Schlafmütze, wie man es in Utne nennt, wenn eine Wolke um seinen Scheitel hängt.

Das Gravensfjord bietet eine ähnliche Scenerie dar, wie die übrigen bereits beschriebenen Ausläufer des prächtigen Hardanger Fjords, von dem ich jetzt auch Abschied nehmen musste.

Wir erreichten Eide gegen 12 Uhr; es ist ähnlich gelegen wie Ulvik, obgleich nicht ganz so paradiesisch. Ich bestellte im Stations-Hôtel sogleich eine Cariole bis zur nächsten Station Vassenden, eine Entfernung von ca. 1 norwegischen, gleich 1¾ deutschen Postmeile. Alle Norweger Landstrassen, wo Chaussée ist, sind wegen des zu diesem Zwecke vorzüglichen Granitgesteins excellente Fahrwege, und der unserige führte durch eine herrliche Gegend an dem östlichen Ufer des Gravens-Vand (Gravens-See) herum, wo auch das alterthümliche Kirchlein des Ortes Graven, das gerade aufgeputzt wurde und deshalb offen war, sich präsentirte. Ich liess anhalten und ging hinein, um seine geheimnissvollen Wunder zu beschauen, und setzte dann meine Reise bis Vassenden fort. Hier bekam ich eine andere Cariole nebst einem etwa zehnjährigen Knaben zum Skydsgut, um unsern Hest (Pferd) die lange Strecke von 2 norwegischen oder 3½ deutschen Postmeilen bis Vossevangen zu treiben. Es begann schon zu regnen, ehe wir Vassenden verliessen, aber hier half kein Zaudern, hatte ich mal A gesagt, so musste das B und auch O W folgen. Der Regen gestaltete sich allmälig zu einem echten Norsker und begleitete uns auf der ganzen langen Strecke bis Vossevangen mit mehr oder weniger Heftigkeit. Unser Cariolekasten schwamm bald mit Wasser, das nicht abfliessen konnte, meine Stiefel standen einen halben Zoll tief darin, und da es leider nicht die wasserdichten Schabestiefel waren, so saugte das Wasser sich durch und stieg, von Strümpfen und Unterbeinkleid aufgefangen, bald bis zu meinen Knieen empor; das meiste Wasser saugte indess eins meiner Gepäckstücke auf, nämlich mein schottischer Plait, in den ich meinen Schabe-Rock und vieles andere gewickelt und mit einem Tragriemen versehen hatte: dies Stück operirte wie ein enormer Riesenschwamm, so dass dasselbe inclusive meiner Beine dem allzu hohen Steigen des Wassers in unserm Holzkasten das Gegengewicht hielt.

Bald hinter Vassenden fing der Weg stark an zu

steigen, in einem Zickzack führte er den steilen Felsenberg hinan über einen hübschen Wasserfall, den Skjervsfos hinüber; dieser Fall ist durch einen Felsenvorsprung in seinem Sturz gebrochen, über diesen ist eine Brücke erbaut, wo der Weg über den Strom führt, so dass man auf der Brücke rechts den Hauptfall vom Oberlande zu sich herunter hat, während links der tosende Strom sich über die Felsen weiter hinunter stürzt.

Dieser Wasserfall ist der einzige von den vielen, die ich gesehen, der sich durch seine gelben Tinten auszeichnet, was von dem Torf- und Moorboden des Oberlandes herrührte, und in Folge des vielen Regens führte er ohne Zweifel eine grössere Wassermasse, als bei anhaltender Dürre der Fall sein dürfte. Einen Vortheil also gewährte mir doch dieser, auch in Norwegen ungewöhnlich regnerische Sommer: ich sah dadurch alle Wasserfälle in ihrem höchsten Glanze. Mein Skydsgut, der sich aus der Nässe weniger zu machen schien, war ein schwächlicher Knabe und er pflegte, wo das Pferd beim Bergauf Schritt gehen musste, gern etwas einzuschlummern trotz Regen und Naturwunder, die meine Aufmerksamkeit beide stark in Anspruch nahmen. Unser Hest blieb bei solchen Gelegenheiten alsdann seiner eigenen Discretion überlassen; es fehlte ihm indess nicht an Geschick und Klugheit, unsere Cariole über die gefährlichen Stellen und Wendungen des Weges allein hinauf zu ziehen, und da ich mich über den Einen nicht weniger als über den Andern ergötzte, so liess ich dem Dinge seinen Lauf, nur wo die Stelle gefährlicher schien, stiess ich meinen Skydsgut an, oder gab seinem Hest eine positivere Richtung, um einer möglichen Eilfahrt den Abgrund hinunter vorzubeugen. Im Ganzen sind diese kleinen Norweger Pferde vortreffliche Thiere, sie scheinen ihre Schwierigkeiten genau zu kennen, sind sehr activ auf ebenem oder abschüssigem Wege, gehen sichern Fusses die steilen Stellen hinab, und man sieht an ihrer runden Gestalt, dass es ihnen an dem vorzüglichsten Grase nicht mangelt.

Fällt es aber dem Mosjö Hest mal ein, sich durch einen Trunk frischen Bergwassers zu erquicken, so dreht er sich ohne zu fragen nach dem Seitenbächlein und schlürft das klare Getränk behaglich ein, oder will er ein anderes Geschäft abmachen, so hält er mitten auf der Strasse ohne Ceremonien still, und erblickt er mal an der Seite ein schön grünes Gras, während man selbst zu einem kurzen Gange ausgestiegen ist, so nimmt er sich gern einige Maulvoll davon mit.

Gegen alle diese Einfälle hatte der Skydsgut nichts einzuwenden, dagegen darf er aber auch das Ende seiner Leine, eines Zweiges oder Stockes blos aufheben, oder einen Ton rufen, den ich durch Schriftzüge nicht wieder zu geben vermag, und sein Hest fliegt mit beflügelten Beinen weiter. Wir kamen gegen 5 Uhr p. m. gehörig durchnässt und beschmutzt in Vossevangen an. Hier nahm ich in dem excellenten Hôtel Fleischer, der deutsch und englisch spricht, ein vorzügliches *middagsmad* zu mir, das meine erstarrten Glieder auch bald wieder in Stand setzte; ich liess Alles möglichst wieder trocknen, um am nächsten Morgen meine Reise fortsetzen zu können.

Vossevangen ist ein bedeutendes Kirchdorf, der Hauptort des Districtes Voss, liegt anmuthig am Vangens Vand, einem schönen fischreichen Inland-See, und ist von Bergen mit sanften und breiten Thalsenkungen umgeben, die an jeder nutzbaren Stelle wenigstens schön grünes Grasland bilden, oder, wenn passend, zu Korn- und Kartoffelfeldern, auch zu Gartenzucht benutzt sind. Das meiste Land in Norwegen ist wegen der starren, hohen, oft mit Schnee bedeckten Felsen für menschliche Kultur verloren, obwohl immer noch mehr angebaut und benutzt werden kann, was mit der Zeit auch geschehen wird. Die gütige Natur in ihrem langsamen, aber ewigen Wirken arbeitet beständig an der Abflachung und Urbarmachung dieses Felsenreiches, sprengt und zerbröckelt die Gesteine und schafft allmälig Erde hin oder vermehrt die vorhandene, zwischen und über die unwirthbarsten Felsen, sie besäet und bepflanzt sie mit Moos, Gras, niederer Vegetation und schliesslich mit Bäumen, und kommt so dem Menschen zu Hülfe, unterstützt unaufhörlich seine Bemühungen und belohnt seinen Fleiss. Was vor Aeonen nur nackte starre Felsen waren, ist jetzt grösstentheils grün von Kräutern und Bäumen, und wo der menschliche Geist und Fleiss mithilft, da finden sich bereits die anmuthigsten Stellen. Es wäre zu wünschen, dass die Bevölkerung nicht weniger Sinn für Industrie und Bodenkultur, als für den Fischfang entwickelte, weil dann ihr schönes Land einen dauernden Gewinn von ihrer Thätigkeit empfangen würde. Der Fischfang ist freilich eine leichtere Weise, dem Elemente, das ihre Küsten tausendfältig umspült, oft schneller Schätze abzugewinnen, als eine Bodenkultur, die häufig erst später Früchte bringt, es vermag; aber das ergiebige Meer ist auch trügerisch und tückisch, es verschlingt alljährlich seine Opfer und reisst die Kräftigsten und Kühnsten in seinen Abgrund hinunter; und auch der Fischfang ist nicht immer erfolgreich; er ist oft für ein oder mehrere Jahre unergiebig, und diejenigen, welche sich dann auf ihn allein verlassen haben, müssen mit ihren Familien oft auf längere Zeit darben.

Die Landstrasse von Christiania nach Bergen führt über Vossevangen und geht von hier aus westlich über Evangen direct nach den Fjords, die mit Bergen in kürzester Verbindung stehen. Um 9 Uhr am folgenden Morgen verliess ich dieses wegen seiner Lage, seiner Jagden und Fischereien viel besuchte Oertchen, und mich und meine Bagage in meine Cariole hinein quetschend, gings vorerst wieder bergauf nach Tvinde, zur Linken stets von steilen hohen Felsen begleitet und zur Rechten schöne Landseen, durch den Rundals Elv verbunden, mit Waldung dahinter; die ganze Landschaft ist eine der prächtigsten in Norwegen. Tvinde sowie die folgende, Vinje, sind zwei der elendesten und ärmlichsten Stationen, hoffentlich die schlechtesten in Norwegen. In Tvinde, das aus einem halben Dutzend der elendesten Hütten besteht, bekam ich einen barfüssigen, etwa 9jährigen, sonst aber aufgeweckten Knaben als skydsgut mit; eine alte Frau war eine lange Zeit in Nässe und Schmutz mit dem Aufsatteln des Hests beschäftigt, und als endlich alles fertig wurde, musste ich selbst fahren, weil die Zügelleine nicht lang genug war, so dass der Knabe sie von hinten her hätte fassen können. Der Hest war übrigens gut und da ich von früher her mit Fahren vertraut war, so ging das Ding trefflich von statten. Es ist am besten, den norweger Pferden möglichst den Zügel zu lassen, und sie nur bei steilen bergab Strecken stramm anzuhalten; auf geraden Wegen und bei mässigen Undulationen laufen sie williger, wenn man ihnen Freiheit gewährt und sie durch Wort und leichte Berührungen aufmuntert.

Hinter Tvinde sieht man den schönen Tvinde Fos den Felsen herabschäumen, während man vorbei fährt. In Vinje bekam ich wieder eine der Holzkasten-Cariolen, die bei Nässe nicht nur Regen, sondern auch eine Menge Schmutz ansammeln; es regnete dann auch wieder fast bis ans Ende der Tagreise, aber glücklicher Weise mässiger als Tags zuvor, so dass man sich schützen konnte. In Vinje nahm ich meine Cariole gleich bis Gudvangen, um in Stalheim, das etwas vom Wege abliegt, nicht einkehren zu brauchen, was hier ausnahmsweise angeht. Die ganze Reise von Eide ab führte durch wildromantische, durch schön malerische und durch kultivirte Gegenden, meistens an Seen und Strömen entlang, und wiederum von Gebirgen und riesigen Felswänden mit ihren Wasserfällen begleitet. Aber verschwindend, unbedeutend und gewöhnlich erschienen diese Naturschönheiten gegen das, was sich jetzt den Blicken darbot, als wir bei Stalheimsberget eine Fernsicht in das wunderbare

Nærödal

gewannen. Jede Vorstellung, die man durch Worte der Fantasie zu geben sich bemüht, muss nothwendiger Weise unendlich hinter der Wirklichkeit zurückbleiben;

selbst Photographieen und Bilder vermögen nur den schwächsten Begriff von dieser wunderbaren Ansicht wieder zu geben; so fern die Wirklichkeit meiner Beschreibung deshalb auch immer bleiben muss, so will ich mich doch bemühen, dem Leser eine Idee von diesem Naturbilde zu geben und es seiner Fantasie überlassen, sich dessen Wunder aufs kühnste auszumalen. Man befindet sich, kurz nachdem man die Station Stalheim passirt hat, auf der Anhöhe Stalheimsberget, (eigentlich *bjerget*, der Stahlheims-Berg) genannt, welcher in das Nærödal eine gewaltige Schulter vorschiebend, dasselbe schroff schliesst, und links und rechts mit den Felswänden des Thals zusammentreffend, an beiden Seiten eine Schlucht bildet; in jeder dieser tiefen Schluchten stürzt sich ein prächtiger Wasserfall ins Thal hinunter, der Sivlefos und Stalheimsfos, deren Wasser sich unten zu einem Strome vereinen, der das ganze Thal durchfliesst und bei Gudvangen ins Næröfjord mündet. Dieser Strom bildet in der Tiefe abwechselnd kleine grüne Inseln, und sich wieder vereinigend braust er durch Felsblöcke und über Gestein dahin.

Rechts, so wie man sich dem Stalheims-Berg nähert, sieht man schon von weitem einen enormen Felsenkegel in die Wolken hineinragen, und weiterhin erscheinen nackte, schwarze, steile Felswände von schwindelnder Höhe; links gruppirt sich das Felsengebirge verschiedenartig, und ein zweiter Riesenkegel, der Jordalsnuten, erhebt hier von der Thalsole ab seinen Gipfel gen Himmel. Vom Stalheims-Berg führt nun die Strasse an dessen vorgeschobener schroffer Schulter in etwa 20 Windungen hinunter in das enge Thal hinein; diesen Zickzackweg, der sich wie eine Schlange am Berge hinunter windet, übersicht man von oben mit einem Blicke, und wie man hinuntersteigt, kommen die Wasserfälle näher zu Gesichte; so wie der Weg sich wendet, hat man den einen vor sich, und verliert man ihn durch die Biegung der Strasse aus den Augen, so kommt gleich der andere wieder in Sicht.

Ich wurde von dem Anblick des Ganzen in stummes Staunen versetzt, und konnte nur mir selbst gestehen, dass keine Anstrengung und Entbehrung zu gross wäre, diesen Anblick zu erlangen; dass derselbe eine Reise um die Welt werth sei!

Man muss indess zuerst von der Stalheim-Seite, von der Höhe her hineinkommen; es ist gerade der erste überwältigende Eindruck, den das ganze wunderbare Bild auf Einen macht, der demselben den unaussprechlichen Zauber verleiht.

Wer zuerst von Gudvangen ins Nærödal eintritt, und so das Thal zum Stalheimsberget hinauf reist, der verliert diesen ersten imposanten Moment, und obwohl er sich beim Austritt umschauen kann, so ist doch der überwältigende erste Anblick des Ganzen auf einmal, so wie von oben in die Tiefe hinunter, nicht mehr zu ersetzen. Alle meine Mühen und Entbehrungen auf der Fahrt, alle meine Leiden durch Nässe und Kälte waren in Vergessenheit begraben und überreichlich belohnt! Unten führt der Weg über eine Brücke, die über den Stalheimsfos-Strom, bevor er sich mit den Wassern des Sivleros vereinigt, erbaut ist, der Seite des Thals entlang, und auf dem ganzen Wege bis Gudvangen bewundert man das wilde Grossartige dieses tiefen Thals, das von riesigen Felswänden und Felsgebirgen eingeschlossen ist, deren Gipfel 3000 bis 4000 Fuss hinaufreichen.

Wir langten gegen halb 5 Uhr p. m. in Gudvangen, am Ende dieses wunderbaren Nærödals und am Anfange des Næröfjords gelegen, an. Das Næröfjord ist eine Gabel des Aurlandsfjords, und beide sind ein Arm und folglich ein Theil des grossen Sognefjords. Wir hielten im Stationshause ein vorzügliches *Middagsmad*, nach welchem die Reisegesellschaft, aus Engländern bestehend, sich bald zur Ruhe legte. Ich machte zunächst noch einen längern Spaziergang das Ufer des Næröfjords hinunter, um mir noch am Tage dieses wunderbare Fjord zu besehen, welches eine Fortsetzung des Nærödals ist,

mit dem einzigen Unterschiede, dass hier das Meer die
Stelle des Elv's einnimmt und an den Seiten weniger
Raum lässt; das Fjord trägt ganz denselben Character,
wie das Thal, nur tobt kein Elv durch dasselbe, es führt
keine Landstrasse hindurch, sondern nur ein schmaler
Pfad, auch theils noch aus den Felsen gesprengt, führt
der Klippe entlang; das Fjord verengt sich stellenweis
und seine Riesenwände nähern ihre Seiten. Kein Laut
dringt hier ein, kein Wind hebt die Wogen, kaum ein
Sonnenstrahl berührt den Grund; die Natur erscheint
hier wie verstummt! Ich kehrte gegen Abend zum Hôtel
zurück und setzte mich, um den Eindruck dieser Tagreise, während er noch frisch im Geiste vor mir lag,
niederzuschreiben; es wurde darüber nach 12 Uhr, als
ich mich endlich in meinen Kleidern niederlegte, um
gegen 1 Uhr schon wieder aufzuspringen und mich reisefertig zu machen zur Fahrt durch das magnifike und
grosse

Sogne Fjord.

Nach einem kurzen Gange durch das rabenschwarze
Fjord bei Handlaternen, um 2 Uhr Nachts, stiegen wir
in ein Ruderboot, das uns zum Dampfer brachte, der
kurz zuvor angekommen, in einiger Entfernung vor
Anker lag und uns erwartete; glücklicher Weise regnete
es bei dieser Gelegenheit nicht, sonst hätte diese Parthie
bei pechfinsterer Nacht sehr unangenehm sein können.
Der Dampfer Framnæs, von Bergen kommend, ein gutes
und bequem eingerichtetes Schiff, fuhr Punkt halb drei
Uhr ab, durch das tiefe schwarze Nærofjord seinen Rückweg suchend. Alles in der Kajüte hatte sich niederge-
legt, nur ich Schlafloser konnte nicht Ruhe finden. Die
Wunder der Natur trieben mich wieder auf Deck. Die
Sterne funkelten theilweis in unsere Felsspalte herunter;
der Ursus major stand gerade vor uns hoch am Himmels-
zelt, der Polaris war fast senkrecht über unserm Scheitel;
Cassiopeia stand an der andern Seite hoch über unsern
Köpfen, Perseus und Andromeda glänzten in ihrem

hellsten Schimmer, und Capella, Wega, die Plejaden nebst Andern zeigten sich, sowie die schroffen Felsen eine Lücke darboten. Wie hätte ich da an Schlaf denken können! Es herrschte unten im Fjord tiefe Stille und schwarzes Dunkel, welches das beengte Fjord noch enger erscheinen liess; man glaubte, es müsse unser Dampfer stets an eine Klippe laufen, die ein Felsenvorsprung ihm tückisch entgegen streckte, aber er wand geschickt seinen Weg durch alle Gefahren aus diesem dunkeln Labyrinth heraus. Man sah wegen des klaren Sternen-Himmels deutlich die Umrisse der enormen Berg- und Felsmassen, von denen ein Gipfel sich an Höhe hervorthat, und über die andern Berge, 5000 Fuss hoch, himmelan zu streben schien. Auch passirt man hier den Keel Fos, der, obgleich nur eine geringe Wassermasse führend, wie ein Silberband erscheint und sich 2000 Fuss von den Felsen herunter wälzen soll; ich konnte im Dunkel der Nacht nur den Silberschein seiner schäumenden Wasser erkennen. Der Morgen ergraute bald, wir bogen aus dem Nærøfjord in das Aurlands Fjord ein, an dessen Ende die Station Aurland (auch Urland, Urlandsvangen geschrieben) liegt, die wir gegen halb 5 Uhr erreichten, und die wegen ihrer malerischen Lage ein hübsches Bild darstellt. Das Sogne- wie das Hardanger Fjord führt in seinen verschiedenen Abtheilungen verschiedene Namen; wir steuerten nun aus dem Aurlands Fjord in den Hauptarm desselben hinein, uns gen Osten wendend, und erreichten um halb 8 Uhr Amble, am nördlichen Ufer des Sogne gelegen, das mit dem gegenüberliegenden Kirchdorfe und den zerstreut herumliegenden Wohnungen eine prächtige Bucht umgiebt, Amble Bugt genannt, welche vom Fjord hier gebildet wird. Um halb neun Uhr erreichten wir

Lærdalsören,

oft auch Lærdal genannt, den Endpunkt der Reise unseres Dampfers und dieses Arms des Sognefjords.

Dies ist der Knotenpunkt, den alle Touristen berühren, die nach und von Christiania, Bergen, dem Hardanger u. s. w. kommen und gehen. Unser Dampfer verblieb hier bis 2 Uhr p. m., was mir Zeit gab, das Thal Lærdal 1 bis 2 Meilen hinauf zu gehen, durch welches die Strasse nach Christiania führt. Man kann auch eine Cariole nehmen und bequem zur ersten Station Blaaflaten und zurück oder noch weiter fahren, und man hat die Gebirge des grossen Fille Fjeld vor sich. Wer Zeit hat, sich etliche Tage, bis zur Rückkunft des Dampfers, in dieser Gegend aufzuhalten und die folgenden Stationen hinter Blaaflaten zu bereisen, nämlich Husum, Hœg, Maristeun und Nysteun, der würde die Fahrt sehr lohnend finden, da man durch prachtvoll wilde Pässe das Plateau des Fille Fjeld erreicht, welches hier seinen Anfang nimmt, und von wo aus die Wasser sich südöstlich wenden. Zu Nysteun gibt es ein gutes Hôtel, wo man die Nacht verweilen und am nächsten Tage nach Lærdal zurückkehren kann. Die Entfernung bis Nysteun ist nicht ganz 6 norwegische oder circa 10 deutsche Meilen. Ich mache diese Anmerkung für Diejenigen, die überhaupt nicht die ganze Landreise bis Christiania machen, und doch einen Theil davon, jedenfalls einen der schönsten, zu sehen wünschen. Da ich mit dem Dampfer heute noch weiter wollte, so begnügte ich mich mit einem langen Spaziergange das Lærdal hinauf. Ein breiter Elv wälzt seine blassgrünen krystallenen Wellen rasch dem Fjord zu, man kann fast jeden Rollstein auf seinem Grunde erkennen, und bei starken Fluthen führt dieser Strom viel Ablagerung von Steinen, Sand und Schlamm in das Fjord, wodurch jetzt schon ein langes Delta in dasselbe vorgeschoben ist, woselbst sich einst die schönsten Wiesen befinden werden, und nach dieser Ablagerung (œr genannt), heisst der Ort Lærdalsören. Bei weiterem Vordringen zeigt das Thal, welches sich stellenweis ziemlich stark erweitert, mehr Spuren von Bodenkultur. Ich spazierte bis in die Nähe von Blaaflaten, doch musste ich jetzt rasch umkehren, da unser Dampfer pünktlich abfahren wollte. Er trat denn auch um 2 Uhr seine Rückreise nach Bergen an. Wir passirten abermals das reizend gelegene Amble, und bekamen gegen halb 5 noch einen Blick ins düstere Aurlands-Fjord mit seinen Riesen-Felsen als schützendem Einfahrtsthor, das wir in der frühen Morgenstunde verlassen hatten. Unsere Fahrt blieb nun bis Abend von der holden Sonne Strahlen begünstigt, was uns die Ansichten des noblen und grossartigen Sognefjords sehr verschönerte.

Um 6 Uhr hielten wir bei der Station Sognedal an, am Ende des Norefjords, einem Ausläufer des Hardangers, höchst malerisch gelegen, und in das sich die Wasser des Sognedals Vand durch einen Elv ergiessen, welche wiederum von den Gletschern und enormen Schneelagern der nahe gelegenen Jostedals Breden gespeisst werden; dieser Elv fliesst durch ein schönes, langes, bebautes und bewohntes Thal, in das man hinein sieht; ein geschmackvoll neu erbautes Kirchlein steht auf einer Anhöhe auf der andern Seite des Sognedals Elvs, und die ganze Landschaft gewährt ein reizendes Bild; dies war der nördlichste Punkt unserer Reise. Die Abende wurden jetzt schon bedeutend kälter, der August ging zu Ende, wir waren hier weit über dem 61. Grad nördlicher Breite, und da auch ein kalter Abendwind ins Fjord herein blies, so hüllte sich Alles in warme Ueberkleider ein.

Aus dem Norefjord ins Sognefjord zurückgekehrt, passirten wir die Stationen Lekanger um 7½ Uhr, Baholm 9 Uhr, Vik und Klævold 10 Uhr und Vadheim nach Mitternacht. Das Sognefjord bewährt auf dieser ganzen Strecke seinen Character des Wilden und Grossartigen, und ich beklagte einzig, dass die jetzt schon früher eintretende Dunkelheit mir nicht gestattete, das Ganze beim Sonnenlichte zu beschauen. In der Nacht und am frühen Morgen kamen wir an den Stationen Ladvik, Brække und Sognefest vorbei, und hatten hier das Ende oder vielmehr den Anfang des grossen Sognefjords, hier schon

Sogne Söen (das Sogne Meer genannt) erreicht. Es hatte in der Nacht wieder stark geregnet, der Morgen heiterte sich indess auf und wir wandten uns nun gen Süden zwischen Gruppen von zahllosen Inseln hindurch, wovon die meisten, besonders die kleineren, aus starren unwirthbaren nackten Felsmassen bestehen, die sich in allen erdenklichen Formen und Grössen hoch und niedriger aus dem Meere empor heben.

Fast die einzige Vegetation auf denselben ist Moos, Heidekraut mit röthlicher Blüthe, hie und da mit Farn nebst andern Kräutern und etwas Strauchwerk untermischt. An günstigen Stellen, wo das Erdreich sich ansammeln konnte, erscheinen lebhaft grüne Grasflächen, auch Bäume, Felder und Wohnungen, und wo immer eine hinreichende Dicke von vegetabilischer und Damm-Erde sich im Laufe der Zeit gebildet, da säen sich Bäume und Gesträuch bald von selbst durch der Natur geheimnissvolle Wege. Es ist höchst interessant, durch dieses Meer von Tausenden von Inseln, die alle erdenkliche Arten von Vorgebirgen, Baien, Buchten, Sunden und Becken bilden, hindurch zu fahren; man möchte auf jeder aussteigen und ihre geologische Beschaffenheit untersuchen. Das Meer dazwischen scheint überall von bedeutender Tiefe zu sein. Der Dampfer steuert unbesorgt durch jede Oeffnung und windet seinen Weg oft ganz nahe an den Klippen vorüber. Während ich bei dieser Durchfahrt in meinen Betrachtungen versunken da sass, erfasste mich, wie einem das wohl begegnet, ein Traumgedanke, der den unausgesprochenen Wunsch hervorrief, das Meer möge hier mal auf einige Stunden ganz zurücktreten und unsern Dampfer sanft an die niedriegste Stelle hinunter setzen! Meine Fantasie malte in dunklen Umrissen sich den Wunderanblick, den das gewähren müsste. Die Tausende von Felsen-Inseln würden nun plötzlich zu einer riesigen Höhe aufsteigen; sie würden uns ihre untermeerische Beschaffenheit enthüllen, uns ihre Wurzeln und Verbindung zeigen. Welch neue Wunder kämen da zum Vorschein! Welches noch unerforschte Thierreich würden wir an den Klippen unter Abhängen und zwischen Spalten erblicken, wo Brachiopoden und Bivalven ihre Ankerfäden befestigen, wo Meerspinnen und Crustaceen ihre dürren Beine ausstrecken, wo sich Echini, Seesterne und Gewürm herumbewegen, und ein endlos verschiedenes, gewiss zum Theil noch unerforschtes, Leben sich befindet! Was würde der Naturforscher nicht für solchen Anblick geben! Es war zwar nur der flüchtige Gedanke eines anziehenden Traums, von dem ich sofort wieder erwachte, erzeugt durch die Wunderwirkung der diese aufregende Reise begleitenden Eindrücke. In den Kinderjahren hat man zuweilen ähnliche goldene Träume, und sonderbar, man vergisst sie fast nie wieder!

Um halb sieben Uhr waren wir bei der Station Endvik, in einer hübschen Bucht recht anmuthig und malerisch gelegen, und mit einem schmucken weissen Kirchlein geziert. Hier luden wir mehrere Kühe ein, die in einem grossen Ruderbote an den Dampfer gebracht, auf eine sehr praktische Art über Bord aufgehisst und mit eins in den untern Schiffsraum hintergelassen wurden; sie erhielten eine starke Segeltuch-Trage unter den Bauch, die an beiden Seiten an starke Holzbarren befestigt war, welche wieder mit Tauen und Ringen versehen waren, die über dem Rücken zusammen trafen, wo dann einfach der eiserne Haken am Ende der Winde-Kette durchgesteckt und nun aufgewunden wurde. Die Thiere machten merkwürdig grosse Augen, wie sie so in der Luft schwebten, sie waren aber machtlos und mussten sich ohne weiteres geduldig fügen.

Unsere nächste Station war Skjergehavn, wo wir gegen halb neun Uhr a. m. ankamen, uns also ziemlich verspätet hatten, da wir der Liste nach schon halb 7 Uhr hätten dort sein sollen. Mir war das schon recht, denn ich liebe das grosse meerische Element, zumal da der Dampfer nun auch etwas zu rollen anfing und es merken liess, dass wir hier der offnen See näher waren. Ich bedaure immer, wenn die Seereise zu Ende ist, und man die reine frische Meeresluft mit der dunstigen Land-, Stadt- und Stubenluft wieder vertauschen muss. Vielfach zwischen den Inseln sah man kleine Fischerboote, deren Insassen bemüht waren, dem Meere seine Schätze im Kleinen abzugewinnen. Etwa halb elf Uhr kamen wir zur letzten Station Alverstömmen. Schon für eine längere Strecke war die Inselgruppe, statt starre Moosbekleidete Felsen, grünes Hügelland geworden, auf denen Schafe und Pferde weideten und menschliche Wohnungen sichtbar wurden. Gegen 1 Uhr kam ich im Hôtel Scandinavie zu Bergen glücklich wieder an, nach einer Dampfschifffahrt von 35 Stunden, aller Aufenthalt eingeschlossen, wovon der in Lærdalsören 6 Stunden betrug, an den übrigen Stationen jedoch nicht länger dauerte als durchaus nöthig war, das Aus- und Einladen zu besorgen, was vielleicht $1/4$ bis $1/2$ Stunde erforderte.

Bergen und Abreise von Norwegen.

Da wir bei unserm ersten Besuche schon mit Bergen bekannt geworden sind, so bleibt nur noch zu erwähnen, dass die äusserst ungünstige Witterung mir leider nicht erlaubte, mehr als einmal zum Schaben auf See zu gehen, obschon ich in sofern ziemlich erfolgreich war, dass ich unter andern einige Arten (obwohl nur in einzelnen Exemplaren) erhielt, die zu den seltneren in Bergens Nähe gehören, und worunter besonders *Neaera lamellosa*, eine *Lyonsia norvegica* und etliche *Pleurotoma* zu erwähnen sind.

Lima, Bruguière.

Die eigenthümliche Vertretung dieses interessanten Genus in den norwegischen Seen und Fjords lässt mich hoffen, dass ein kurzer Bericht über dasselbe den Malakologen Deutschlands nicht ganz unwillkommen sein möge, insbesondere von den mir unter Händen gekommenen Arten:

1. *Lima excavata*, J. O. Fabricius. Hardanger Fjord.

Diese unstreitig interessanteste Art scheint nicht allein auf Norwegen beschränkt zu sein, sondern sie kommt in Norwegen hauptsächlich nur im Hardanger Fjord, und in diesem besonders in einer gewissen Localität vor. Dies prachtvolle Fjord erstreckt sich zwischen Bergen und Stavanger auf etwa 23 deutsche Meilen in nordöstlicher Richtung vom Meere ins Land hinein, wendet sich dann auf etwa 2 Meilen in östlicher Richtung weiter und nimmt zuletzt in seinem Haupt-Ausläufer, dem Sör Fjord, auf fernere 5 Meilen eine südliche Wendung an. Kurz vor seiner Biegung von Nord-Ost nach Ost, also etwa 22 Meilen vom Meere und von hier etwas weiter ins Fjord hinauf, ist der Haupt-Wohnsitz unserer interessanten Molluske. Das nordwestliche Ufer hierselbst wird von hohen schroffen Felswänden gebildet, wo kaum ein Fleckchen zum Fussen zu finden ist; die südöstlichen Ufer sind ebenfalls starre Felsgebirge, indess weniger schroff und mit grünen Abflachungen abwechselnd. An dieser Stelle erreicht das Fjord die enorme Tiefe von circa 420 Faden, also gleich etwa 2500 Fuss, bei einer Breite von kaum $\frac{1}{2}$ deutschen Meile. Wie abschüssig unter solchen Verhältnissen der Grund sein muss, lässt sich leicht ermessen; diese Abschüssigkeit ist indess nicht gleichmässig noch allmälich, sondern zieht sich bald terrassenartig, bald in steilen untermeerischen Felswänden, in Vorsprüngen und unebenen Absätzen aller Formen bis zur untersten Tiefe hinab; das ganze Bett ist hier eine Felsenschlucht, und in dieser befindet sich der Haupt-Wohnsitz unserer *Lima excavata*. Die Felswände scheint sie besonders zu lieben, und an diesen untermeerischen Felsbildungen in Tiefen von 100 bis 200 Faden sucht man sie mit der Schabe auf. Dass dies eine nicht ganz leichte Arbeit ist, mit grosser Vorsicht geschehen muss, dass sie bei windiger Witterung höchst schwierig und unsicher werden kann, dass man, wie es auch mir erging, seine Schabe mal an den tiefen scharfen Felsblöcken verlieren kann, alles dies ist leicht erklärlich. Nach dem Verlust meiner kleinen englischen Schabe bediente ich mich einer leichtern norwegischen mit besonderem Erfolge auf der Jagd unserer Molluske. Beide Schaben sind zu Anfang dieses Buchs beschrieben.

Das Thier der *Lima excavata* hat eine lebhafte ins Orange spielende röthliche Farbe, die durch die Schalen stark durchscheint, wenn man sie aus dem Wasser zieht, besonders schön erglänzen die jüngern Thiere durch ihre semitransparenten weissen Schalen.

Das Thier füllt die Schalen etwa zu zwei Dritteln aus, mehr oder weniger, je nachdem der Bau der Schalen mit dem Wachsthum der Thiere gleichmässig vorgeschritten ist. Der Fuss ist äusserst zart, hat nebst dem Körper etwas mehr rosa Schein als die Farbe des Mantels, die stärker ins Orange spielt. Das Thier ist lebhaft, öffnet seine Schalen und klappt sie ärgerlich zu, bringt man den Finger oder sonst etwas dazwischen. Ich pflegte die Gefangenen in ein Netz zu thun und über Bord zu hängen, so dass ich sie lebend mit nach Hause brachte; doch aus ihrem Elemente entfernt, leben sie nicht lange. Da die nähere Beschreibung des Thiers und seiner Schalen von Andern geliefert worden, so ist es überflüssig, hier weiter darauf einzugehen. Ich bemerke noch, dass sie auch, nach *Asbjörnsen*, an den Ufern der Bergener Buchten und benachbarten Meeresbecken gefunden worden ist, in Tiefen von 120 bis 300 Faden; dass eine todte (*semifossile*) halbe Schale in Dröbaks Tiefen und desgleichen in Haahausdybet im Christiania-Fjord gefunden wurden, und dass auch Jeffreys sie als fossil aus letzterm Fjord anführt.

Durch ausdauernde Anstrengungen gelang es mir, eine ziemlich starke Anzahl davon im Hardanger Fjord zu erlangen, und unter denselben befinden sich Exemplare von ausserordentlicher Grösse, wie ich sie weder in Norwegen, England, noch anderswo gesehen habe. Das grösste habe ich im Senckenbergischen Museum deponirt, dasselbe misst: Länge vom Apex zur Basis =

128 mm., Breite = 99 mm., Dicke = 66 mm., grösste Circumferenz = 250 mm.

2. *Lima hians*, Gml. Bergen.

Diese Art ist seltener im Christiania- und Hardanger Fjord, als in den Baien und Meeresbecken in der Nähe und besonders nördlich von Bergen, wo sie sich in Tiefen von 10 bis 40 Faden auf steinigem Grunde zwischen todten Schalen- und Muschel-Bruch gern aufhält. Sie hat das Eigenthümliche, sich ein Nest zu bauen von kleinen Steinchen, zerbrochenen Muschel-Schalen, grobem Sande und dergleichen, und fast Alle, die ich in letztgenannter Localität erhielt, hatten ihr Nest in den halben grossen *Mytilus modiolus*-Schalen gemacht, die in der Gegend in so ausserordentlicher Grösse vorkommen; sowie einzeln auch in den grössten *Cyprina islandica*-Schalen. Erlangt man diese todten halben Schalen unter anderm Stein- und Sand-Gruss nebst Muschelbruch, so vermuthet man, dass sie mit Schmutz und Abfall gefüllt sind, bis man anfängt, den vermeintlichen Gruss loszukratzen; man findet alsdann bald, dass er zusammengeleimt ist, und entdeckt beim Aufbrechen ein förmliches hübsches länglichrundes Nest, im Innern ähnlich wie eine sich verpuppende Raupe es bereitet, mit Byssusfäden durchwoben und befestigt; auch findet man solche Nester zwischen den Wurzeln von Seegewächsen. Ich fand jedoch kein Nest, das mehr als eine einzige *Lima hians* enthielt, unter 24 Stück, die ich an einem Nachmittage in zwei Zügen an einer gewissen Stelle nordwestlich von Bergen erhielt, und kann desshalb auch nicht behaupten, ob es in jenen Localitäten Nester giebt, die mehr als einen Einwohner enthalten. Leider kam ich in Bergen während meines Aufenthalts daselbst wegen der sehr ungünstigen Witterungsverhältnisse nur einmal zum Schaben, sonst hätte ich ohne Zweifel eine grössere Anzahl davon erlangt. Das Thier ist eins der interessantesten und schönsten Mollusken, die es gibt. Aehulich der *Lima excavata* ist seine Farbe orangeroth, indess noch lebhafter als jene, der Leib des Thiers ist mehr carminroth, während Mantel und Fühlarme *(tentacula)* mehr ins Orangeroth spielen. Im Gegensatz zur *excavata* ist das Thier von *hians* für seine Schalen viel zu gross, was es auch veranlassen mag, sich ein Nest zu bauen, indem es sich so mit seinen zahllosen zarten Fühlern oder Fangarmen behaglicher fühlt, und gegen Crustaceen und Fische geschützter ist, als im freien Meere. Das Nest erscheint gross genug für das Thier, um sich bequem darin ausdehnen zu können, und ohne Zweifel ist es so construirt, dass es einen freien Durchzug des Meerwassers gestattet. — Wie ich sie aus ihren Nestern hervorzog und in ein Glas mit Seewasser legte, erschienen sie äusserst unruhig und unbehaglich, ihre Hunderte von feurig orangerothen Fangarmen waren in beständiger Bewegung, und von Zeit zu Zeit schlugen sie sich gewaltsam zusammen, als wollten sie einen entfernten Flug machen, so dass das Wasser in meinem kleinen Glase aufwallte; sie ermüdeten indess bald und schienen sich in ihr Schicksal zu ergeben. Sie haben einen eigenthümlichen, etwas scharfen Geruch, dem der Lohe einigermassen ähnlich, den ich indess nicht so erschrecklich unangenehm fand, als es in andern Büchern wohl beschrieben ist; ich kann sagen, dass er mich kaum unangenehm berührte, obschon der Geruch einer meiner schärfsten Sinne ist, doch auch hierin richtet sich wohl Alles nach Geschmack und Idee. Die Schalen sind stets weiss, bräunen sich indess mit dem Alter und klaffen ziemlich bedeutend an beiden Seiten. Die von mir bei Bergen gefangenen Exemplare sind durchschnittlich etwas kleiner, als die mir bekannten englischen oder vielmehr schottischen und irischen Formen.

3. *Lima Loscombii*, G. B. Sowerby. Christianiafjord.

Ist in vieler Beziehung der letzterwähnten sehr ähnlich, sowohl das Thier wie auch die Schalen, nur sind letztere kleiner und klaffen nicht an beiden Seiten, wie die der *Lima hians*, ein untrügliches Unterscheidungsmerkmal auch bei jüngeren Exemplaren. Das Thier ist wieder ähnlich von Farbe, wie *Lima hians*, nur sind die Fühler unregelmässiger in Länge und Einreihung, sowie verhältnissmässig etwas dicker. Die wenigen, die ich hiervon im Christianiafjord erlangte, waren frei, ohne Behausung oder Nest, obgleich sie nach Einigen auch wohl in Nestern gefunden worden sind; dieses mag vom Grunde abhängen, auf dem sie leben; auf Schlammgrund können sie sich eingraben und sich auf diese Art gegen ihre Feinde schützen; auf felsigem Grunde haben sie sich den nöthigen Schutz selbst zu suchen und zu schaffen. In den Fjords kommt sie häufiger vor, je näher man dem offenen Meere ist; an den Stellen, wo ich schabte, erlangte ich nur ganz einzelne Exemplare davon.

4. *Lima subauriculata*, Montagu. Christianiafjord.

Das Thier dieser kleinen *Bivalve* ist weisslich-gelblich oder blass citronenfarbig, so wie es auch etwa drei Dutzend weisse Fühler *(tentacula)* von verschiedener Länge hat. Die Schalen sind subaequilateral, sehr convex, dünn und stark semitransparent; sie unterscheidet sich von der folgenden durch eine verhältnissmässig stärkere Rundung und durchgängig mehr convexe Gestalt, ausser dass sie viel kleiner ist als die *elliptica* und kürzere Ohren hat. Sie kommt in mässigen Tiefen mehr im untern Fjord vor, als an den von mir durchsuchten Stellen, hauptsächlich auf Sand und kieseligem Grunde. Ich erhielt keine von dieser Art.

5. *Lima elliptica*, Jeffreys.

Die Farbe des Thiers ist sehr blass aprikosen-gelblich, mit sehr blassen, gegen die Spitze hin aprikosenfarbigen Fühlern. Die Schalen, wie ihre Benennung besagt, sind elliptisch oder oval, convex und subaequilateral. Die Muschel ist grösser, als die vorerwähnte, und unterscheidet sich von derselben durch ihre breiter elliptische, aber verhältnissmässig minder convexe Gestalt. Sie ist von Sars, Malm und Andern an Norwegens Küsten südlich von Bergen gefangen worden. Es ist nicht bekannt, dass die zwei letzten Arten Nestbauer sind, und an den Stellen, wo ich schabte, kam diese letzte Art selten vor, wenigstens war ich nicht so glücklich, viele davon zu fangen. Asbjörnsen führt in seinem Register *Lima sulculus*, Leach auf, ohne der Synonyme zu gedenken; es fehlt mir an der nöthigen Literatur, um nachsehen zu können, ob dieselbe mit unserer *Lima elliptica*, Jeffreys identisch ist; Absjörnsen sagt von seiner *Lima sulculus*, dass sie im Christianiafjord selten vorkommt.

6. *Lima Sarsii*, Lovén.

Das Thier dieser seltenen Molluske ist milchweiss und hat eine mässige Anzahl etwas dicker Fühler; es ist die kleinste der Norweger *Lima's*; die Schalen sind jedoch verhältnissmässig stärker und fester, als die der zwei letzten Arten, denen sie in Gestalt am nächsten kommt, nur ist sie kürzer und breiter, also mehr ovalrund als dieselben. Ich habe diese Art nicht gefangen, und obschon sie nach Sars in der Nähe von Bergen vorkommt, so scheint sie doch mehr eine nordische Form zu sein, indem sie nach Jeffreys von Lilljeborg bei Christiansund, und von Dr. Danielssen bei Vadsö gefangen worden ist.

Die drei erstangeführten sind die schrägen und die drei letzten die elliptischen Formen dieses Genus, soweit dasselbe als in Norwegen vorkommend bekannt ist.

Da bei windigem Wetter die Arbeit in einem kleinen Boote unmöglich wird, und es bei der vorgerückten Jahreszeit unzweckmässig erschien, auf gut Wetter noch länger zu warten, so entschloss ich mich mit dem am 6. September abfahrenden Dampfer Jupiter nach Hamburg und von da nach Frankfurt a. M. zu gehen, um meine marinen Schätze dem Geschäftsführer der deutschen malacozoologischen Gesellschaft vorzulegen. Bevor ich mich von Bergen trenne, kann ich dem Herzensdrange nicht widerstehen, allen Familien, die mich so gastfrei und liebreich aufgenommen, hiermit auch öffentlich meinen Dank auszusprechen, und Allen nochmal ein herzliches Lebewohl, begleitet von meinen besten Wünschen für sie und ihr schönes Vaterland, zuzurufen, wobei ich die Hoffnung nicht unterdrücken kann, dass ich Norwegen und besonders Bergen noch einmal wiedersehen möge.

Mein Gepäck war zu 19 Stück angewachsen. Ich musste den grössten Theil schon am Abend vor der Abreise an Bord schaffen, und am folgenden Morgen halb sieben Uhr folgte ich mit dem Reste nach. Die Abfahrtstunde sollte um 7. a. m. stattfinden, es wurde jedoch 7³/₄ bevor wir die Anker gelichtet hatten. Vom herrlichsten Sonnenschein begleitet, verliessen wir den Hafen. Wir steuerten zuerst gen Westen, bogen aber bald südlich um das Vorgebirge *Koarven* herum, und verloren so das liebe alte Bergen aus dem Gesichte.

Unser Dampfer war eins der Schiffe der neuen Bergener (oder Drontheim-Bergener) Dampfschifffahrt-Gesellschaft, die allwöchentlich ein Dampfboot nach Hamburg expedirt, sowie von da zurück bis nach Hammerfest und Vadsö, und zwar bei Christiansand und an allen Hauptstationen der ganzen Westküste vorsprechend. Diese Dampfschiffe kann ich Allen, die Norwegen von Deutschland aus zu besuchen gedenken, sehr anempfehlen; es ist die kürzeste und billigste Route, und insbesondere Denen zu empfehlen, die die Westküste und den hohen Norden zu besuchen wünschen. Wie ich höre, kann man in Hamburg ein Sommer-Retourbillet bekommen, wonach man die Wahl hat, an jeder zwischenliegenden Station auszusteigen, sich so lange als man es wünscht aufzuhalten, und irgend eins der Dampfschiffe der Gesellschaft zur spätern Weiterfahrt und Rückkehr zu benutzen; selbst diejenigen, die zuerst Christiania zu besuchen wünschen, können zweckmässigst diese Schiffe benutzen, indem sie in Christiansand aussteigen und von hier einen der norwegischen Küsten-Dampfer oder der englischen, wenn es passt, nach Christiania besteigen, und sie können diese Drontheim-Bergner

Dampfer alsdann an irgend einem Hafenplatze zwischen Christiansand und der ganzen West- und Nordküste wieder antreffen. Man kann auch von Lübeck und Stettin per Dampfer nach Copenhagen gehen und von da nach Christiania, was Diejenigen, die Copenhagen zu sehen wünschen, thun würden; wodurch aber die Reise etwas verlängert und vertheuert wird. Unser Dampfer Jupiter hatte eine sehr angenehme und bequeme Einrichtung, indem der Haupt-Salon nicht durch Kojen und Schlafstellen an den Seiten desselben beengt war, sondern die ganze hintere Breite des Schiffs einnahm, auch hat er ein separates Rauchzimmer, und wie selbstverständlich Damen-Kajüte. Dabei hat er eine bedeutende Decklänge, die allein den Passagieren der ersten Kajüte einen ununterbrochenen Spaziergang von 48 Schritten auf gerader Flur gestattet.

Die Schlafstelllen sind unter dem Haupt-Salon angebracht, was freilich den Aufenthalt daselbst nicht ganz so angenehm macht, wegen der minder vollständigen Ventilation, dagegen ist die Schwankung im untern Raume geringer als oben. Ich bettete mich meistens auf eins der Sofas im obern Salon. Wir steuerten jetzt wieder zwischen den malerischen Inselgruppen hindurch, sahen um halb elf Uhr zum letzten Mal die Gebirge des Hardanger mit dem Schneescheitel des Folgefond im Hintergrunde, und verfolgten dann bis Christiansand so ziemlich dieselbe Route, die wir mit dem Stavanger auf der Reise nach Bergen gekommen waren, jedoch mit dem Unterschiede, dass wir die Stellen, an denen wir auf der Herreise zur Nachtzeit vorbei kamen, nun am Tage passirten, und vice-versa, was dieser Reise ein neues Interesse verlieh.

Um 1 Uhr sprachen wir bei Lervik, unserer ersten Station, auf der grossen und schönen Insel Stordö vor, ein Kirchdorf in einer geschützten anmuthigen Bai malerisch gelegen. Gegen 4 Uhr p. m. langten wir in dem bedeutendern Orte Haugesund an, wo vieles ausgeladen wurde, und mehrere Passagiere an Bord kamen.

Um halb 8 Uhr erreichten wir Stavanger nach einer nahezu 12stündigen Fahrt von Bergen, und hatten daselbst einen 4stündigen Aufenthalt; darauf gings etwas nach Mitternacht wieder in See; der Mond, im letzten Viertel, war aufgegangen und die Sterne funkelten im Diamantenglanz. Es war ziemlich windig und zwar leider wieder südlicher conträrer Wind. Wir passirten jetzt die lange, nicht besonders interessante Strecke Flachland Jederen, und sahen gegen 6 Uhr a. m. den Leuchtthurm Ekerö Fyr. Wir liefen bald darauf in den Ekersund ein, zum Oertchen gleichen Namens, dessen wir auf der Herreise ausführlicher gedacht haben; unser Dampfer war indess nicht durch den Sund hinter der Insel hereingekommen, wo der Stavanger hindurchlief, sondern hatte die Insel von Aussen an der Seeseite umschifft; wir kehrten also nach abgemachten Geschäften denselben Weg aus dem Sunde zurück, und waren alsbald wieder in See, um nun den starren nackten Felsgebirgen entlang zu steuern, die wir auf der Herreise, vom Süden kommend, in so prächtiger Beleuchtung von grösserer Entfernung aus zuerst gesehen hatten: auch diesmal interessirten mich ihre wilden Umrisse und ihr unwirthbarer Anblick in der unendlichen Verschiedenheit ihrer wunderbaren Formen, obschon ihre Beleuchtung jetzt nichts Ungewöhnliches hatte; von dieser hängt vieles ab bei schönen Naturscenen. Was wir bei einer hellen Atmosphäre bewundern, was uns bei einer prachtvollen nordischen Abend- oder Morgenbeleuchtung in Staunen versetzt, das beachten wir wenig bei trüber oder regnerischer Witterung.

Um halb 11 Uhr erreichten wir Flekkefjord, diesen paradiesisch gelegenen, belebten Fischerort von ziemlicher Bedeutung am Ende des Fjords gleichen Namens. Von hier ab bekamen wir einen unerwünschten Witterungswechsel; der Wind hatte, seit wir von Lervik ab die offene See erreicht, ununterbrochen in einer strammen Brise geweht, jetzt fing er an, aus vollen Backen zu blasen; es wurde schwarz am südlichen Horizont und die Wolken brachen sich über uns in Strömen; es war ein kleiner Sturm, so dass wir unser Mittagsmahl in der Kajüte nicht einnehmen konnten, sondern damit warten mussten, bis wir gegen 3 Uhr Farsund, einen Hafenplatz von ca. 2000 Einwohnern, erreicht hatten. Hier veranlasste das arge Wetter einen Landsmann, der bis Christiansand mitzufahren gedachte, uns zu verlassen; ich konnte ihn nicht überreden, zu bleiben, und es verdross mich, dass er als Deutscher irgend eine kleinliche Furcht hegen sollte.

Nachdem wir Farsund verlassen und die offene See wieder erreicht hatten, fing das starke Rollen und Schaukeln unsers Dampfers von Neuem an; wir näherten uns der südlichsten Spitze des Festlandes von Norwegen, Lindesnes genannt, und steuerten nun wieder östlich. An diesem äussersten Vorgebirge (auch Lindnæs, Lindesnæs geschrieben), stürmt es, wenn überhaupt Wind existirt, in der Regel am heftigsten; ein Leuchtthurm, Lindnæs Fyr, bezeichnet die südlichste Spitze.

Unsere nächste Station war Mandal, oder vielmehr dessen Hafen Kleven, wo wir gegen 5 Uhr ankamen, um ihn nach kurzem Aufenthalte wieder zu verlassen. Das Wetter blieb ungünstig, und da wir vorm Dunkelwerden Christiansand nicht erreichen konnten, so legten wir uns um 7 Uhr in einem kleinen natürlichen Hafen, Tregde benannt, deren es ähnliche um Norwegen herum viele gibt, vor Anker, um Tagesanbruch abzuwarten, und alsdann unsere Fahrt fortzusetzen; eine sehr weise Maassregel des Capitäns, die nur zu loben war. Beim ersten Ergrauen des Tags verliessen wir unsern Ankerplatz und kamen um 6 Uhr schon im Hafen von Christiansand an.

Hier gesellte sich kurz nachher auch der alte Albion zu uns, mit dem ich vor 11 Wochen von London hergesegelt war; er kam jetzt von Christiania, auf seiner Rückkehr nach England begriffen, und wohin er, nach Einnahme einiger Passagiere, Pferde u. s. w., auch alsbald weiter steuerte. Kurz nach ihm langte auch der

Postdampfer Moss, auf den unser Capitän wartete, von Christiania hier an, und nachdem das Postgepäck für Hamburg übergeladen war, steuerte auch unser Jupiter gegen 9 Uhr a. m. aus dem Hafen von Christiansand gen Süden, womit ich dem lieben Norwegen, wo ich über zehn höchst interessante Wochen verlebt hatte, nun mein letztes Lebewohl sagen musste. Um 10 Uhr verloren wir den hohen Oxö Fyr, den auf der Felseninsel Oxö vor der Einfahrt zum Christiansander Hafen gelegenen wichtigen Leuchtthurm, ausser Augen; auf dieser kleinen Insel befindet sich gleichfalls ein Telegraph, der durch untermeerisches Kabel mit Christiansand correspondirt, so dass Alles, was von dem hohen Thurme aus auf dem Meere bemerkt wird, sofort nach Christiansand, nach Christiania u. s. w. berichtet werden kann.

Ich hatte jetzt vom schönen, grossartigen, mit Naturwundern so reich ausgestatteten Norwegen, wo ich so interessante und angenehme Tage verlebt hatte, jedenfalls auf längere Zeit, vielleicht auf immer Abschied genommen; aber unverlöschlich bleiben die Eindrücke, die dies wunderbare Land mit seinem biedern, herzlichen und gastfreien Volke auf mich gemacht hat, und die den lebhaften Wunsch stets in mir rege erhalten werden, dies interessante Land noch einmal wieder sehen zu können.

Unsere Weiterreise nach Hamburg ging ohne specielle Vorfälle von Statten. Der Morgen war etwas nebelig angebrochen, das Wetter heiterte sich indess bei unserem Abschiede von Skandinaviens Gestaden auf, der Nebel verzog sich, die Wolken zertheilten sich, und gegen Abend war der Himmel klar und heiter; in der Nacht aber wurde es wiederum stürmisch, und der Wind blies den ganzen folgenden Tag stark aus Südost, also uns wieder ganz entgegen, wodurch unsere Fahrt sehr verzögert wurde; auch konnte man nicht auf Deck sein, ohne beständig mit Salzwasser überschüttet zu werden, denn die sich gegen unser Schiff brechenden Wogen stürzten sich beständig in dichten Regenschauern über Deck.

Gegen Abend passirten wir Helgoland, alsdann die verschiedenen Leuchtschiffe der Aussen-Elbe, wo wir unsern ersten Lootsen bekamen, und legten uns nach 10 Uhr etwas hinter Cuxhaven vor Anker, um mit der nächsten Fluth (die Elbe ist bei Ebbe für grössere Schiffe nicht fahrbar) unsere Reise fortzusetzen. Am frühen Morgen wurden die Anker gelichtet, und wir legten nun die interessante letzte Strecke auf der Elbe bis Hamburg zurück, wo wir nach 11 Uhr eintrafen, und hatte folglich die ganze Reise von Bergen bis Hamburg $4\frac{1}{2}$ Tage und 4 Nächte gedauert. Ich traf am Bord des Jupiter sehr interessante Norweger Gesellschaft, meistens Herren von Bergen, wir unterhielten uns aufs Beste, und kürzten die Abendstunden durch eine Partie Whist u. s. w.; auch war der Capitän, ein Norweger, ein sehr loyaler und freundlicher Mann, der seinen Passagieren alle möglichen Freiheiten gestattete; Kost und Bewirthung, wie auf allen Norweger Dampfern, waren nicht minder vorzüglich.

Meine Taue, Schaben u. s. w. in Hamburg zurücklassend, setzte ich meine Reise nach Frankfurt a. M. den 12. Septbr. Abends 7 Uhr fort, kam daselbst am folgenden Morgen gegen 10 Uhr an, hatte nun das vorläufige Ziel meiner Reise erreicht und schliesse hiermit den Bericht über meine erste norweger Unternehmung mit der Hoffnung, dass es nicht auch die letzte sein möge; denn dieses Land mit seinen Fels-Gestaden, seinen tiefen Fjords und ausgedehnten Meeres-Küsten birgt unendliche marine Schätze. Ich konnte von demselben nur die südliche Hälfte einigermassen, ja nur sehr schwach durchnehmen. Die Kräfte eines Einzelnen reichen bei solchen Unternehmungen nicht weit, und wenn ich dennoch in mancher Beziehung Wichtiges erzielt habe, was muss nicht zu erlangen sein, wenn die Expedition von zwei Personen, und zwar mit hinreichenden Mitteln versehen, oder von der Regierung durch einen Dampfer oder sonst wie unterstützt, ausgeführt werden kann. Meine Operationen erstreckten sich kaum bis zum 61. Grad n. Br. und darüber hinaus liegen, noch 10 Grade der wichtigsten Meeresküste, ein unendliches Feld für die marine Zoologie. Dieses einigermassen durchzuarbeiten, wäre ein Unternehmen von Anfang à Mitte Mai bis Ende August, welches ich mit meinen soweit gemachten Erfahrungen gern unterstützte, wenn es von einflussreicher Seite angeregt würde. Leider war es mir nicht vergönnt, in allen Zweigen der marinen Zoologie mehr leisten zu können, und ich musste mich hauptsächlich auf Mollusken beschränken. Meine Kräfte, Mittel und Zeit reichten nicht hin, meine Wünsche in jeder Beziehung befriedigen zu können; auch waren mir die Witterungsverhältnisse diesmal sehr entgegen. Im Mai und Juni hatte in Norwegen das schönste Sommer-Wetter geherrscht, ja es war bei klarem und ruhigem Himmel so trocken gewesen, dass die Vegetation zu verdörren anfing und man sich nach Regen sehnte. Die zwei Haupt-Monate meiner Operationen, der Juli und August, waren das Gegentheil vom obigen gewesen, ich habe gegen Sturm und Nässe kämpfen müssen, und konnte auch desshalb nicht das ausrichten, was zu beschaffen mir bei ruhigem Wetter wohl möglich gewesen wäre. Dennoch darf ich hoffen, dass der Ausfall unter Berücksichtigung aller Umstände einigermassen glänzend genannt werden kann, so dass auch Diejenigen, die sich an dem Erfolge betheiligt haben, mit demselben zufrieden gestellt sind, und sollte eine zweite Unternehmung nach demselben Lande ins Werk gesetzt werden, so zweifle ich nicht, dass das Resultat noch ausgedehnter werden wird. Ich würde dazu anrathen, schon im Mai damit zu beginnen, und sich der günstigen Witterung, von der so vieles abhängt, zu versichern, die in Norwegen meistens auf mehrere Monate, früher oder später, zwischem April und October, eintritt. Dieses Jahr hat, wie mir dort versichert wurde, eine Ausnahme gemacht, indem es von Anfang Juli bis Mitte September viel regnerischer und stürmischer war, als gewöhnlich der Fall ist. In den Fjords halten sich ebenfalls *Echini, Seesterne, Spatangi* und Andere auf, ja es finden sich in denselben einige recht seltene; aber die Haupt-Auswahl davon scheint mir näher dem Meere zu und besonders zwischen den Inseln sich vorzufinden. In Bergen kam ich jedoch leider nur einmal zum Schaben, denn aus den vier Tagen meines letzten Besuchs daselbst waren drei regnerisch oder stürmisch. Gern machte ich desshalb dieselben Stellen und andere in diesem, an mariner Zoologie so reichen Lande bei ruhiger Witterung nochmal durch, um zu sehen, was sich unter günstigen Umständen ausrichten liesse.

Touren durch Norwegen.

Für Diejenigen, die sich noch anderweitig in Norwegen umzusehen beabsichtigen, sowie auch für die speciellern Freunde von Landreisen vorzugsweise, lasse ich jetzt in den nachstehenden Zeilen die Haupt- und interessantesten Touren im Inlande folgen. Dieselben sind hauptsächlich Landreisen oder mit kurzen Seefahrten verbunden. Ich habe bereits erwähnt, dass die Cariole die übliche Beförderungsweise der Reisenden über Land ist; ausserdem werden alle Inland-Seen zum Reisen mit Dampfschiffen benutzt, und wo der Verkehr für Dampfer zu geringe ist, da reist man auf den kleinern Seen, sowie auf den innern Fjords auch per Ruderboot. Für die Cariolen- sowie Boot-Reisen sind in Norwegen Post-Stationen zu festen Taxen eingerichtet, und gibt man dem *Skydsgut* (dem Postknaben) oder den Ruderern ausserdem ein mässiges Trinkgeld, je nach Umständen von 4, 6, 12 bis 18 *skilling*, bei langen Touren und mehreren Reisenden auch wohl 24 sk. oder 1 Mark. Man trägt seinen Namen und Bestimmungsort in das *Skydsbog* oder *Dagbog* ein, wonach man frägt, wenn es einem nicht vorgelegt wird, und bestellt alsdann die Anzahl Cariolen und Heste, die man wünscht.

Das norweger Geld ist bequem und einfach, die Einheit ist der Spezies-Thaler *(Daler)*, der einen ungefähren Werth von nicht ganz 1½ Thaler Pr.-Ct. hat; dieser Specie-Daler theilt sich in 5 Mark, zu 24 Skilling jede, also die Mark ist gleich ungefähr 8½ bis 9 Groschen preussisch, und der Skilling wäre demnach gleich etwa 4 à 4½ Pfennig preussisch. Es kursiren hauptsächlich 10, 5 und 1 Specie-Daler-Banknoten. Es gibt auch Silber-Daler-Stücke, doch sieht man sie selten. Hiernach ist die Mark und halbe Mark das häufigste Silberstück und als Scheidemünze gibt es in Silber hauptsächlich 4, 3 und 2 Skilling-Stücke, und in Kupfer 1 und ½ Skilling. Man versieht sich am Besten mit etlichen 10 und 5 Daler-Noten, dann einem guten Vorrath von 1 Specie-Daler-Noten, und einem entsprechenden Vorrath von Mark und Scheidemünze; diese zwei letztern Sorten darf man sich nicht ausgehen lassen, da man auf den ärmeren Stationen nicht immer starken Vorrath davon findet, man bezahle deshalb nicht seine letzten Marken und Schillinge fort, sondern gebe 1 Species und lasse sich herausgeben; auch ist darauf zu achten, dass man die 5 und besonders die 10 Species-Noten immer in den grössern Städten wechselt, bevor der Vorrath von 1 Species-Noten zu Ende geht.

Die sehr respectabeln Norweger Banken in Christiania und Bergen bedienten mich im Punkte des Geldwechselns auf ehrenhafte Weise, und kann man sich daselbst einen Vorrath von allen Sorten Norweger Geldes einlegen.

Ich habe bereits bemerkt, dass die norwegische Meile gleich etwa 7 englischen und folglich gleich ungefähr 1¾ deutschen Postmeilen ist; der Satz für Pferd und Cariole ist 1 Mark 19 skilling für eine Norweger Meile im Inlande, und zwar auf allen prompt eingerichteten Skyds-Stationen; desgleichen für ein 4ruderiges Boot und Segel mit 2 Ruderern 2 Mark 8 sk. Für ein 6ruderiges ditto und 3 Ruderern 3 Mark 12 sk., und für ein 8ruderiges ditto mit 4 Leuten 4 Mark 16 sk. per Norweger Seemeile, gleich ungefähr einer deutschen Postmeile.

Da bei Bootreisen nach Grösse des Boots und Anzahl der Ruderer und nicht nach Anzahl der Reisenden gezahlt wird, so kosten diese Touren ein kaum Nennenswerthes, wenn sich 2, 3 oder 4 Reisegesellschafter zusammenfinden.

Auf allen Routen, wo sich feste Skyds-Stationen vorfinden, und dies ist überall auf den frequentirten Landstrassen der Fall, werden vom Stationsmeister laut Vorschrift gewöhnlich 8 Pferde gehalten; aber auf den wenig frequentirten Routen sind die Bauern in der Nähe der Stationen angewiesen, abwechselnd die Pferde zu stellen, wenn sie von Reisenden verlangt werden; hierdurch wird häufig viel Aufenthalt verursacht, indem die Pferde zuweilen von ziemlicher Entfernung herbeigeholt werden müssen, wo sie sich gerade in Arbeit befinden mögen. Man kann, um diesen Aufenthalt zu vermeiden, einen Vorreiter oder Vorboten *(Forbud)* schicken, dass der Stationsmeister die Pferde zu einer gewissen Zeit in Bereitschaft zu halten hat; dies geschieht indess jetzt sehr selten, und wohl nur einzeln noch zu sehr abgelegenen Stationen, wenn es darauf ankommt, einen gewissen Platz vor Nachtzeit zu erreichen; auf unseren Touren sind die Stationen alle fest eingerichtet. Die Stationshäuser sind zuweilen recht gute Hôtels, oft aber auch nur die ärmsten hölzernen Bauernhütten, wo ein Unterkommen höchst jämmerlicher Natur ist, so dass man auf der Reise stets diejenigen grössern Ortschaften oder Stellen, wo sich die besten Wirthshäuser vorfinden, vor Nachtzeit zu erreichen sucht. In den Hauptstationen bekommt man gutes Quartier und reichliche Mahlzeiten fast überall. In den ärmeren sind die Vorräthe oft knapp, so dass man froh ist, Milch, Butter, Zucker und Thee oder Kaffee zu erlangen; auch sind sie, wenn gerade vorher viele Reisende passirten, wohl mal ausgeleert.

Ein Mittagsessen ist nicht immer zu haben, und hat man auf einigen Strecken darauf zu verzichten; der Genügsame findet jedoch überall genug, ist mit guter

Milch, Käse, Brod, auch gutem norwegischem Bier zufriedengestellt, bis er am Abend eine warme Mahlzeit bekommt; der Engländer empfiehlt, für solche Fälle ein Proviantkästchen oder Körbchen bei sich zu führen, und wer das liebt, kann ein solches Vorrathskämmerchen mit sich führen; mir wäre das zu lästig, da man auf der Reise meistens genug zu schleppen hat. Macht man eine anstrengende Fusspartie zur Besichtigung eines Wasserfalls u. s. w., so ist das etwas anders, und empfehle ich bei solchen Gelegenheiten, etwas zur Stärkung ja nicht zu vergessen.

Die Unkosten in den Stationen sind meistens sehr mässig und können nur durch theure Getränke erhöht werden, wenn oder wo solche zu haben sind.

Ich habe nun das Hauptsächlichste erwähnt, was einem Reisenden in Norwegen zu wissen erwünscht ist: ich werde noch Einzelnes im Laufe unserer Touren berühren, und das Uebrige erfährt sich leicht, wenn man auf der Reise begriffen ist; ich schreite deshalb jetzt zur Bezeichnung der schönsten Touren durch das Land.

Von Bergen nach Christiania.

Man kann diese Tour auf verschiedene Weise abmachen, doch da es meine Absicht ist, hier nur die schönsten und interessantesten zu bezeichnen, so werde ich die übrigen entweder ganz übergehen, oder sie blos nennen. Die Reise durch die Provinz **Thelemarken** (auch Tellemarken geschrieben) umfasst eine Strecke von nahezu 100 deutschen Postmeilen und ist von Röldal bis Gugaarden über die Gebirge des Houglifjeld für Wagen nicht passirbar, und hier folglich nur zu Pferde und zu Fuss abzumachen; dabei ist kaum ein passables Unterkommen und nur die ärmlichste Bewirthung zu finden; die Wege verlieren sich stellenweise in blosse Pfade der rauhesten Art über öde und unwirthbare Gebirgsmassen, und die Naturschönheiten, die man sieht, bieten kaum Ersatz für die Entbehrungen und Anstrengungen der Reise; Damen könnten dieselbe nicht unternehmen.

Man kann freilich bei Sandland den Abstecher zum **Tindsö** und **Rjukan Fos** damit verbinden, die Beschwerlichkeiten dieser Reise sind indess so ausser Verhältniss zum Ersatz der ganzen langen Tour, dass ich denjenigen, die den Rjukan Fos sehen wollen, anrathe, denselben vorzugsweise von Christiania aus zu besuchen.

Eine andere Route über Nes und Haemsedal bietet am wenigsten Interessantes für den Touristen, weshalb ich dieselbe gänzlich übergehe, und nun zur Angabe der schönsten Route schreite:

Man kann, im Falle man das Hardanger Fjord bereits gesehen hat, per Dampfer von Bergen durch das Sogne Fjord nach Lærdalsören fahren; hat man aber das Hardanger noch nicht gesehen, so würde ich anrathen, zuerst per Dampfer von Bergen direct nach Odde zu fahren, dort die bereits beschriebenen Gletscher und Wasserfälle etc. zu besuchen; darauf per Dampfer nach Vik zum Besuche des Vöring Fos zu gehen, und nachdem man alles Uebrige, was man im Hardanger noch zu sehen wünscht, mitgenommen, geht man schliesslich per Dampfer oder Ruderboot nach Eide und macht die hübsche, bereits beschriebene Tour über Vossevangen durch das Nærödal nach Gudvangen und von hier per Dampfer nach Lærdalsören.

Ich setzte also voraus, dass der Tourist auf die eine oder andere der genannten Weisen von Bergen in **Lærdalsören** angelangt ist, von wo aus unsere Inland-Reise nun beginnt. Wir beordern uns im Stations-Hôtel also eine Cariole auf **nicht später** als 6 Uhr a. m. für jeden der Reisegesellschaft, die aus nicht mehr als 4 Personen bestehen sollte, weil das Unterkommen für eine grössere Anzahl auf einmal Schwierigkeiten haben könnte, bis zur folgenden Station

Blaaflaten, eine Entfernung von etwa 1 norwegischen Meile, die man in $1^{1}/_{4}$ bis $1^{1}/_{2}$ Stunden fährt; die

Tour geht durch das schöne Lærdal an den Ufern des forellenreichen Lærdal Elv entlang. — In Blaaflaten beordern wir uns eine andere Cariole und fahren zu dem 1⅜ norwegische Meilen entfernten

Husum; hier führt uns der Weg durch einen engen Pass über schmale Felsbänke, wo der Wagen nur eben Raum genug hat zu passiren, an Abgründen von 1 bis 200 Fuss vorüber, in deren Grunde der Bergstrom vorübertobt, und wer hier im Fahren etwas nervös sein sollte, der übergibt am besten die Zügel dem Skydsgut; die Norweger Pferde gehen indess so sicher, dass ein Unglücksfall nicht gekannt ist; auch kann derjenige, der es vorzieht, aussteigen und die Strecke zu Fuss abmachen; diese Tour ist äusserst romantisch, und so grossartig und wunderbar erscheinen hier die Natur-Scenen, dass man es mit Recht als eine der schönsten Strecken der Erde bezeichnet.

Von Husum fahren wir in einer neuen Cariole zur Station Hegg oder

Hœg, etwa ⅞ norwegische Meilen entfernt, wofür indess eine Meile angerechnet wird. Der Weg führt meistens bergauf durch die wildesten und wunderbarsten Natur-Scenen. In Hoeg kann man je nach Appetit füglich ein Mittagsmahl halten, wenn die Vorrathskammer des Wirthes nicht erschöpft ist, sonst besser in der folgenden sehr guten Station

Maristuen, wohin uns die in Hœg neuerdings bestiegene Cariole in etwa zwei Stunden bringt. Es ist unmöglich, die Grossartigkeit der Scenerie, die wir passiren, zu beschreiben. Es gibt nicht Worte, alles Wunderbare zu bezeichnen, das in ununterbrochener Abwechselung auf der ganzen Tour unsern Blicken vorgeführt wird, während zu unseren Seiten der Lærdal Elv kochend und brausend durch zerbrochene Felsblöcke seinen Weg bahnt und tausendfältige Cascaden bildet. Die ganze Tour von Blaaflaten bis zu dieser Station bietet ein Bild grossartig wilder Natur-Scenen dar, die weder in der Schweiz noch in irgend einem andern Lande Europas zu finden sind.

Von Maristuen nehmen wir uns einen neuen Wagen nach dem 1½ norweger Meile entfernt gelegenen **Nystuen**, und kommen jetzt auf einen Theil des Plateau's des **Fille Fjeld**, dessen Höhe verschiedenartig angegeben wird; die höchste Stelle unsers Weges mag zwischen 3000 und 3500 Fuss über der Meeresfläche liegen, während die höchsten Punkte der umgebenden Gebirge sich bis zu 5000 Fuss erheben sollen. Der Schnee liegt an vielen Stellen unserer Strasse in den Schluchten, Spalten und Vertiefungen des Gebirges und die Scenerie ist überaus wunderbar und ungewöhnlich. Wir haben jetzt eine Tagreise von über 10 deutschen Meilen, meist bergauf gemacht und nehmen unser Nachtquartier in dem sehr guten Stations-Hôtel von Nystuen, und wenn wir Lust verspüren, so machen wir eine kurze Fusstour in die interessante wilde Umgebung. Es ist nöthig, am Abend unsere Cariolen und Heste zu 5, spätestens 6 Uhr für den nächsten Morgen zu bestellen, sowie Frühstück ein halb Stündchen früher. Wir sind jetzt auf der Wasserscheide oder höchsten Stelle unsers Weges angelangt und steigen von hier an bergab. Der See **Utza Vand** liegt in der Nähe der Station und ist die Quelle des Beina (Begna) Elv, der seinen Lauf südöstlich nimmt und seine Wasser bereits dem Christiania Fjord zuführt. Wir verlassen also Nystuen früh Morgens und fahren zur nächsten Station

Skogstad, etwa 1 starke norweger Meile Entfernung, die jedoch als 1½ Meile bezahlt wird, wegen der steilen beschwerlichen Rückfahrt. Diese Tour geht schroff bergab, und wer es liebt, kann sie stellenweis zu Fuss abmachen. Da diese Station nichts Interessantes darbietet, so halten wir uns hier nicht länger auf als nöthig, um Cariole und Heste zu wechseln und nach dem 1¾ norweger Meile weiter gelegenen

Tune zu fahren. Ein prachtvoller Weg führt uns an den Ufern des herrlichen Sees **Vangs Mjösen** entlang durch Landschaften, deren grossartiger Zauber nicht mit Worten zu beschreiben ist. Man sagt, dass der

See in der Mitte bodenlos ist, was natürlich so verstanden werden muss, dass die vorgenommenen Sondirungen den Grund noch nicht erreicht haben; seine krystallenen Fluthen sind vom reinsten Wasser und man bezeichnet ihn als den schönsten See Norwegens.

Von Tune fahren wir in einem Stündchen zur ³/₄ norwegische Meile entfernt gelegenen Station

Öylo (auch Öilo oder Öile geschrieben), durch prächtige Landschaften an den Ufern des Sees entlang, der von Gebirgen eingeschlossen ist, deren Gipfel mit Schnee bedeckt sind. Wölfe und Bären, vom Fillefjeld bis hier und weiter sind nichts Ungewöhnliches, und werden im Winter den Bewohnern oft lästig, doch sieht man sie selten im Sommer. Dies ist eine arme Station, und sobald wir Cariole und Heste gewechselt haben, setzen wir unsere Reise nach dem 1 Norweger Meile weiter gelegenen

Stede, auch Stee geschrieben, fort. Wir steigen nun stets tiefer hinunter, kommen an fruchtbaren, schön bewaldeten Strecken vorüber und die Vegetation wird üppiger. Nicht weit vom Wege ab bildet der Strom einen hübschen Wasserfall, und da derselbe keine 100 Schritte entfernt liegt, so steigt man aus und nimmt ihn in Augenschein. Von Stede setzen wir auf übliche Weise unsere Reise fort zur nächsten Station

Reien, die von der letztern etwa 1⅛ Norweger Meile entfernt liegt. Der Weg führt durch das Kirchdorf Slidre, den Ufern des schönen Lille Mjösen, des kleinen Mjösen, Sees entlang. Nachdem wir unsere Wagen und Pferde wieder gewechselt haben, setzen wir unsere Reise nach dem 1⅝ Norweger Meile weiter liegenden

Fagernæs fort, und erfreuen uns unterwegs der herrlichsten Ansichten auf und über den stillen prächtigen See, dessen Ufer ein abwechselndes, belebtes liebliches Panorama bilden.

Da wir auf dieser Tagreise in den ärmlichen Stationshäusern kein mitteleuropäisches Diner bekommen, so müssen wir uns mit Brod und Butter, Käse und Milch auf frugale Norweger Art begnügen, oder wir müssen, à la John Bull, unser Proviantkörbchen vorher reichlicher spicken. Ich bin mit Landeskost gern zufrieden und habe um so bessern Appetit in dem guten Stations-Wirthshaus zu Fagernæs, wo wir, nachdem wir hier eine Tagreise von fast 12 ¾ deutschen Meilen abgemacht haben, unser Nachtquartier nehmen. Der prachtvolle See ist wegen seiner Forellen berühmt und ein unbeschreiblicher Zauber schwebt über seinen Wassern und landschaftlichen Umgebungen. Da unsere nächste Tagreise nicht so stark ist, als die vorhergehenden, so ist es zeitig genug, Fagernæs am folgenden Morgen etwa 8 à 9 Uhr zu verlassen, und wir können vorher einen Spaziergang in die schöne Umgebung oder eine Bootfahrt auf den See machen, wenn wir früh aufstehen. Nachdem wir wieder reisefertig sind, geht die Fahrt vorwärts nach

Frydenlund, eine Entfernung von 1⅛ Norweger Meilen, durch ein schönes Thal den Ufern des blanken Sees entlang, und da der Weg ziemlich eben ist, so dauert die Fahrt nur etwa 1½ Stunden. Wir fragen sofort nach dem *Skydsbogen* (dem Postbuche), verzeichnen unsere Namen und Reise in dasselbe, wie üblich, und besteigen unsere neue Cariole zur Weiterreise nach der 1⅜ Norweger Meilen entfernt gelegenen Station Gravdal oder

Gravedalen, auf welcher Strecke wir prachtvolle Aussichten auf das vor uns sich ausbreitende Niederland gewinnen. Die Tour bietet ein stets abwechselndes Interesse von anziehenden Naturscenen dar. Nachdem wir wiederum das Skyds-bog, auch dag-bog genannt, gezeichnet haben, setzen wir unsere Reise fort bis zur nächsten Station

Thumlevolden, oder Tomlevolden, eine Entfernung von 1⅝ norweger Meilen. Der Begna- (Beina) Fluss wendet sich auf dieser Tour südlich von unserm Wege ab, und wir gelangen bald an das Flussthal des prächtigen Bergstroms Etna Elv, über den wir passiren und der unser Auge mit etlichen prächtigen Fällen erfreuet. Die Scenerie ist immer noch magnifik, und man kann die ganze Reise von Bergen bis hier, besonders von der Landreise von Eide ab, als eine einzige in ihrer Art bezeichnen, von einer Abwechslung grossartiger, wunderbarer wilder Naturscenen begleitet, wie sie sich vielleicht nirgendswo wieder finden dürfte. Nachdem wir das Erforderliche zur Weiterreise besorgt, setzen wir dieselbe fort bis zur Station

Sköjen, welches von der Letztern 1⅜ norweger Meilen entfernt ist, wo es eins der besten Stations-Hôtels gibt, und woselbst wir deshalb unser Quartier für die Nacht aufschlagen. Hier erkundigen wir uns nach der Abfahrt der Dampfer auf dem Mjösen-See von Gjövik nach Eidsvold, und reisen demgemäss frühzeitig von Sköjen ab, eine Reise von noch 4 Stunden per Cariole bis Gjövik. Noch besser ist es, uns bereits in Bergen hiernach zu erkundigen und unsere Reise darnach einzurichten, da die Dampfschiff-Abfahrten zuweilen geändert werden. Die Abfahrten und Ankunft der Dampfschiffe und Eisenbahnen werden im *Norges Kommunikations-Blad* alle 14 Tage angezeigt; die bisherige Abfahrtzeit des Dampfers von Gjövik nach Eidsvold war 11 Uhr a. m. und wenn sie bei des Reisenden Ankunft in Sköjen noch so sein sollten, dann ist übergrosse Eile nicht erforderlich. Wenn desshalb nöthig, so können wir auch Fagernæs in aller Frühe verlassen, und noch 1 à 2 Stationen weiter, unter sehr günstigen Umständen vielleicht bis Gjövik, gelangen. Wir verlassen also Sköjen je nach Erforderniss und fahren zur folgenden Station

Lien, etwa 1⅜ norweger Meilen, die wir unter günstigen Umständen, bei trockenen Wegen, in 1½ Stunde abmachen können. Wir bekommen auf dieser Tour eine Ansicht vom schönen See Rands Fjord. Wir halten uns in Lien nicht auf, sondern fahren prompt weiter zur Station

Mustad, von letzterer etwa ⅞ norweger Meilen entfernt, die wir unter günstigen Verhältnissen in fast einer

Stunde abmachen können, da der Weg ziemlich eben ist. Die Gebirge, obwohl hier weniger grossartig, bieten dennoch manche interessante Ansichten dar. Wir rüsten uns hier zu unserer letzten Cariolefahrt, um die Station **Gjövik**, am Mjösen See gelegen, in 1¼ bis 1½ Stunde zu erreichen, und können also die Tour von Sköjen bis hier bei trockenen Wegen und prompter Beförderung in fast 3½ bis höchstens 4 Stunden abmachen, so dass, wenn wir Sköjen prompt um 5 Uhr a. m. verlassen, wir um 9 Uhr schon in Gjövik eintreffen können; doch wie gesagt, wir richten uns nach der Abfahrt des Dampfers und eilen im Nothfall etwas mehr, wo es practicabel ist, oder nehmen es bequemer, wenn Eile unnöthig scheint. Die ganze Tour von Gjövik bis Eidsvold per Dampfboot und von Eidsvold bis Christiania per Eisenbahn dauert ungefähr 8 Stunden. Der Mjösen See ist der grösste und einer der schönsten Seen Norwegens, seine Länge von Minde bis Faaberg beträgt ca. 22 deutsche Postmeilen bei einer Breite von 2 bis 3 deutschen Meilen an seiner breitesten Stelle, durchschnittlich jedoch ½ bis 1 Meile, seine Tiefe soll nach von der Regierung veranstalteten Sondirungen stellenweise 250 Faden oder 1500 Fuss betragen. Der von den Seen und Gletschern des Dovre-Fjeld herkommende Fluss **Logen** tritt nördlich von Faaberg in den Mjösensee ein, verlässt denselben bei Minne (Minde) unter dem Namen Vormen, vereinigt sich bei Ness mit dem auch vom Norden kommenden wichtigen Fluss **Glommen** zu einem bedeutenden Strome, der nun, Seen bildend oder durchströmend, sich bei Fredrikstad in das südöstlichste Becken des Christianiafjords ergiesst; dies sind die bedeutendsten Ströme Norwegens. An seiner breitesten Stelle bildet der Mjösensee die schöne Insel **Helgö**, auf welcher sich die Ruine eines Schlosses befindet, das von Hako IV. erbaut sein soll. Bei der Station **Hamar** befindet sich die Hamar-Ruine, die Reste einer Stadt, welche vor einigen Jahrhunderten durch Sturm zerstört wurde; Hamar ist ein lebhaftes Städtchen von etwa 1500 Einwohnern. Die Wasser dieses See's sollen bei dem grossen Erdbeben von Lissabon 20 Fuss gestiegen und eben so rasch wieder gefallen sein; sowie die Fluth von 1860, wo die Wasser des See's ebenfalls bedeutend stiegen, viel Schaden anrichtete; ein Merkmal am Hôtel zu Eidsvold bezeichnet die Höhe, zu der die Wasser gestiegen waren.

Da dieser See für einen der reizendsten des Landes gilt, so ist es unnöthig, dass ich über seine schöne gebirgige Umgebung und malerischen Ufer mehr hinzufüge, sondern will nur noch bemerken, dass dieselben mehr das Liebliche der italienischen und schweizer Seen entfalten, als das starre Grossartige und wunderbar Wilde der Seen und Thäler des Westens von Norwegen; ich wünsche dem freundlichen Leser einen baldigen Besuch dieses lieblichen Wassers und begleite ihn jetzt auf der letzten Fahrt des heutigen Tags.

Wir sind also in Eidsvold angelangt, und nachdem wir uns in seinem Hôtel ein wenig restaurirt haben, nehmen wir unsern Platz im Eisenbahnwagen zur Fahrt nach Christiania, eine Entfernung von etwa 10 deutschen Postmeilen, durch fruchtbare Landesstrecken führend, von denen die Gebirge sich mehr oder weniger zurückziehen. Bei Strömen schliesst sich die Bahn nach Schweden an, und nach Beendigung der letzten Strecke kommen wir, wenn die Abfahrt von Gjövik noch, wie oben angegeben, war, etwa 7 à 8 Uhr in Christiania an.

Unsere Reise von Lærdalsören bis Christiania hat also 4 Tage in Anspruch genommen, und unvergesslich werden uns die Eindrücke der Naturwunder bleiben, die wir während dieser Tour in Augenschein genommen haben.

———

Nachdem ich jetzt verschiedene Land- und Seereisen in und um Norwegen ausführlicher beschrieben habe und sämmtliche Touren sich auf ähnliche Weise vollziehen, so wird es genügen, wenn ich die folgenden blos namhaft mache, und der geneigte Leser wird voraussetzen, dass es nur solche sein werden, von denen der Tourist sich viel Interessantes versprechen darf.

Für Denjenigen, der das ganze Land in seinen anziehendsten Theilen zu sehen wünscht, bemerke ich, dass er **Hammerfest**, die nördlichste Stadt der Erde, nebst dem Nordcap zu besuchen nicht unterlassen wird. Dies kann der Reisende von Hamburg aus entweder direct mit den wöchentlich von dort abfahrenden Norweger Dampfern thun, mit denselben Dampfern von Hammerfest nach **Trondhjem** zurückkehren, und alsdann die bezeichneten Landtouren von hier aus daran knüpfen, oder er kann die Inlandtouren erst ganz oder zum Theil abmachen und den Besuch des Nordcap als einen Abstecher von Drontheim aus unternehmen, indem er sich daselbst ein Retourbillet per Dampfer nach Vadsö nimmt. Die Dampfer besuchen nämlich diesen letzten Ort Norwegens unweit der russischen Grenze, indem sie das Nordcap passiren, die Küste von Finmarken und Vardöhuus ganz umschiffen und in die Bai von Vadsö einlenken. Wer es vorzieht, kann in Hammerfest die Rückkunft des Dampfers abwarten, falls sich daselbst eine andere prompte Gelegenheit zum Besuch des Nordcap vorfinden sollte; auch kann eine Gesellschaft, wenn mit Zelt und Proviant versehen, auf Magerö campiren, bis der Dampfer zurückkehrt, falls dies wegen Wind und Wetter und anderer Umstände practicabel sein sollte.

Die beste Zeit am Nordcap zu sein ist zwischen dem 20. Juni und 1. Juli, weil dann die Sonne um Mitternacht am höchsten über dem Horizont steht; doch auch 8 bis 14 Tage früher oder später gewähren noch fast denselben Anblick. Das Nordcap erhebt sich 900 bis 1000 Fuss schroff aus dem Meere empor an der Nordseite der Insel Magerö, deren öde Flächen es nach Süden hin überschaut; es liegt zwischen dem 72. und 73. Grad nördlicher Breite, und wir sind hier also schon starke 6 Grad über dem Polarzirkel hinaus innerhalb der arctischen kalten Zone, und nur noch etwa 18 Grad vom Nordpol entfernt.

Die nächste schönste Landreise, die von Vielen der zwischen Christiania und Bergen vorgezogen oder doch gleichgestellt wird, ist der Besuch von

Molde.

Wir können denselben an unsere beschriebene Reise von Bergen nach Christiania anknüpfen, oder die Tour von Christiania aus unternehmen. In letzterem Falle machen wir dieselbe Fahrt per Eisenbahn nach Eidsvold und von da über den Mjösen-See per Dampfer bis Gjövik, wie bereits auf der Herreise von Bergen beschrieben, oder wir gehen, wenn wir die zwei Touren verbinden wollen, in Gjövik, anstatt südlich nach Eidsvold, alsdann nördlich mit dem Dampfer nach Lillehamer. Von hier aus erfordert die Reise bis Molde, je nach Umständen, etwa 4 Tage, mehr oder weniger.

Von Lillehamer bis Veblungsnæs bei Gryten, an einem Arm des Molde-Fjord gelegen, macht man die Reise auf bereits bekannte Weise per Cariole. Wir passiren auf derselben zunächst das wunderbar romantische, herrliche Thal G u d b r a n s d a l e n hinauf bis zum Fusse des Dovre Fjeld; dieses Thal wird in seiner ganzen Länge vom L o g e n durchströmt, der unzählige Kaskaden in schäumenden und tosenden Windungen durch Felsklüfte, kleinere und grössere Wasserfälle bildet; das Thal erweitert sich stellenweis auf kurze Strecken, in seinen Abflachungen finden sich die fruchtbarsten Stellen des Landes, und unstreitig ist dies eins der schönsten Thäler Norwegens. Man passirt die folgenden Ortschaften und Stationen, als: Öyer, Holmen, Bakkejordet, Skaeggestad, Lidstad, Storklevstad, Breiden, Moen mit Sel, Romungaard, Brendhaugen, Dovre mit Toftemöen, Dombas; hier sind wir am Fusse des Dovre Fjeld angekommen, und hier theilt sich die Landstrasse; unser Weg führt in der nordwestlichen Richtung fort, während der nach Drontheim bei Dombas nordöstlich abschweift. Von Dombas geht unsere Route über Holaker und Lesje die Ufer des Sees ent-

lang nach Hoolset, durch Lesjekogen, und hier wieder
den Lesjekogs Vand entlang nach Mölmen. Aus letzterem
See entspringt der Fluss Logen, wir sind hier an der
Wasserscheide angelangt, der Bergstrom hinter Mölmen
fliesst schon gen Nordwesten, und wir betreten jetzt das
berühmte Thal Romsdal, durch welches der Rest unserer
Reise führt, deren Fortsetzung über Stuflaten, Ormeim,
Flatmark, Horgheim und Gryten mit Veblungsnæs er-
folgt. Es würde zu weit führen, wollte ich versuchen,
die besondern Schönheiten aller dieser Thäler eingehen-
der zu beschreiben; meine Worte würden nicht ausreichen, das wunderbar Grossartige dieser Kronen der
Natur auszumalen, und ich muss mich damit begnügen,
den Freund der schönen Natur dringend aufzufordern,
sich den Genuss der Tour durch dies wundervolle Romsdal wo möglich nicht zu versagen; bei Horgeim befinden wir uns am Fusse des Romsdalshorn, der seinen
wilden Scheitel in die Wolken erhebt.

In Veblungénæs fahren wir mit dem Dampfboot nach
der alterthümlichen berühmten kleinen Stadt Molde, an
dem nördlichen Ufer des Molde Fjord anmuthig und
geschützt gelegen, welche mit ihrem wunderlichen alten
Domkirchlein einen interessanten Punkt für den Besucher
bildet. Das Molde Fjord ist ein vom Festlande und
Inseln umgebenes Meeresbecken, und gegen Stürme durch
die dasselbe ringsum einschliessenden Gebirge geschützt.

Die schnellste und einfachste Weise, um von Molde
aus die Hafenstadt Christiansund und die alte Hauptstadt Trondhjem mit ihrem grossen Fjord, dem breitesten
in Norwegen, zu erreichen, ist per Dampfboot; wer aber
die längere Reise nicht scheut und die interessante Land-
Tour am Fusse des Dovre Fjeld entlang zu machen
wünscht, der muss von Molde die beschriebene Reise
bis Dombas zurück machen und führt über die folgenden Stationen per Cariole bis Stören, nämlich: Fogsuen,
Hjerdkinn, Kongsvold, Drivstuen, Kiise, Opdal & Audne,
Stuen, Austbjerg, Bjerkaker, Gradlid, Bræsthuus und Sokne-
dal. Von Stören nach Trondhjem wird eine Eisenbahn

gebaut, die beim Besuch des Lesers hoffentlich eröffnet sein wird, sonst haben wir auch diese letzte Strecke per Cariole abzumachen. Im Fall wir uns einige Zeit in Norwegens alter Hauptstadt aufhalten, so dürfte eine Dampfschifffahrt über das Trondhjem Fjord bis Beitstad und zurück von Interesse sein; dieser Ort liegt bereits über dem 64. Grad n. Br.

Von Trondhjem machen wir die höchst interessante Küstenfahrt per Dampfschiff nach Bergen und sprechen, ausser bei mehreren minder wichtigen Stationen, insbesondere bei Christiansund vor, dieser auf 3 kleinen Inseln erbauten, ziemlich wichtigen Hafenstadt am Aussen-Meere gelegen. Von hier berühren wir abermals Molde, dann das ähnlich wie Christiansund gelegene Aalesund, und schliesslich, dem Sogne-Fjord vorbei durch die Sogne-Söen, vollenden wir die Fahrt von hier mit der schon beschriebenen Tour bis Bergen. Diese Reise geht abermals an der wunderbar wilden Westküste Norwegens entlang, durch seine Myriaden von Inseln, Buchten und Meeresarme hindurch, und ist der Tourist vom Wetter begünstigt, so darf er sich Ansichten von Natur-Scenen versprechen, die auf der Erde ihres Gleichen nicht finden dürften.

Hiermit haben wir nun alle grösseren und Haupt-Touren des Landes beendet, ausser der Reisende verspürte Lust, sich noch in der Nähe der Lofoden-Inseln aufzuhalten und den berühmten Malström zu besichtigen. Derselbe soll indess nicht mehr das gefahrvolle Ungeheuer sein, welches Land- und Seethiere, Menschen und Schiffe verschlingt; vielleicht hat der Wasserwirbel durch allmälige Versandungen und geologische Umgestaltungen des Grundes und der Küsten sich abgeschwächt, oder die Fantasie, sowie die alten norweger Traditionen haben aus der Mücke ein Kameel gemacht, wie dies zur Zeit Homers mit der Scylla und Charybdis zwischen Sicilien und Italien der Fall war.

Der reiselustige Leser kann sich jetzt seine Touren eben ganz nach Belieben, sowie den Umständen gemäss, zusammensetzen und je nach dem Orte seiner Ankunft in Norwegen einrichten. Reisegesellschaft ist sehr erwünscht und angenehm; hat man indess von Hause aus keine, so lasse man sich deshalb nicht abhalten, diese Reise, eine der interessantesten in Europa, zu machen, denn man trifft im Sommer in diesem Wunderlande jetzt immer Vergnügungsreisende an und es fehlt unter denselben nicht an Damen.

Vor 25 bis 30 Jahren wurde Norwegen noch wenig besucht; sobald es erst regelmässige und prompte Dampfschiffverbindungen mit England erhielt, reisten die Engländer jeden Sommer zunehmend hinüber, und da nun auch ähnliche, ja noch vorzüglichere Verbindungen zwischen Hamburg und der ganzen Haupt-Küste Norwegens in regulärer Thätigkeit sind, so wird auch von Deutschland aus der Besuch ins Zunehmen kommen, und ich möchte meinen lieben Norwegern prophezeien, dass, so wie früher alle Herzen sich nach der Schweiz und Italien drängten, man künftig einen grossen Theil dieser Aufmerksamkeit dem so höchst interessanten Norden zuwenden wird, zumal, wenn sie in politischen Dingen sich der Liebe und Freundschaft ihrer deutschen Brüder etwas würdiger zeigen, als sie es während der letzten Periode gethan haben, so dass wir diesen Irrthum mit dem Mantel des Vergessens bedecken können.

Es bleibt mir jetzt nur noch übrig, einige der kleinern interessanten Abstecher von Christiania aus anzuführen, die der Besucher dieser neuen Hauptstadt, wenn auch vielleicht nicht alle, aber doch zum Theil, unternehmen sollte. Ich werde dieselben in möglichster Kürze anführen, und kann der geneigte reiselustige Leser sich daraus diejenigen wählen, die ihn am meisten ansprechen scheinen. Ich habe nur noch zu bemerken, dass einige davon nothwendig stellenweise Theile der beschriebenen grössern Reisen sind, und wer desshalb die grössern ganz unterlassen sollte, der sieht wenigstens sehr interessante Strecken von denselben.

Ehe ich diese Ausflüge specificire, möchte ich

einer Tour gedenken, die zwar weniger Norwegen betrifft, als das benachbarte Schweden, die man aber von Christiania aus jetzt leicht machen kann, und das ist ein Besuch per Eisenbahn nach Stockholm; wer dafür eine extra Woche verwenden will, der nehme sich ein Retour-Billet und er wird ohne Zweifel höchst zufrieden mit diesem Ausfluge zurückkehren.

Das Seebad Sandefjord,

der modernste Badeort Norwegens, ist im Sommer mit Gästen aus allen Theilen des Landes und auch der Nachbarländer gefüllt; das Kopenhagener königliche Theater-Orchester spielt daselbst jeden Morgen und Abend während der Saison; man sieht hier die fashionable Welt, nimmt täglich ein prächtiges Seebad und ist im Hotel Gabrielsen oder Heidemark gut aufgehoben. Im Kurhaus findet man excellente Restauration und Table d'hôte, während welcher Musik stattfindet. Die directeste Reise dahin ist per Dampfer von Christiania; der Björn Farmand fährt Morgens um 9 Uhr ab und kommt 4 à 5 Uhr p. m. in Sandefjord an; man kehrt mit demselben Dampfer zurück, oder hält sich 1 Tag in Horten auf, um die Norweger Marine-Arsenale, Schiffswerften u. s. w. zu besehen, wozu man vom Commandeur einer Erlaubniss bedarf, die dem respectablen Gaste indess gern ertheilt wird. Der Dampfer spricht vor an den Stationen Dröbak, Horten, Aasgardstrand, Vallö und Tönsberg. Man kann von Sandefjord das nahe und hübsch gelegene Larvik besuchen, eine Cariole-Fahrt von 1½ Stunde, wo es eine wichtige Gusseisen-Fabrik gibt, wer sich dafür interessirt. Will man mit dieser Tour eine Rundreise verbinden, so setzt man die Reise von Larvik (auch Laurvig geschrieben) per Dampfer nach Skien fort; von hier über die Seen Norsö und Hiterdals Vand nach Lysthuus, von hier nach Tinöset über den Tinsö bis Oernes, wo man sich Pferde hin und zurück zum Rjukan Fos bestellt. In Dal, eine Meile von Oernes am Fusse des Berges Gausta, findet man gutes Unterkommen. Nach Tinöset zurückgekehrt, nimmt man sich Pferde nach Kopsland und weiter über Baalksö (Bolksö, Bolksjö), Möen und Jondal nach Kongsberg; da an diesen Plätzen nicht überall Pferde zu haben sind, so erkundigt man sich in Tinöset und Kopsland nach dem Vorwärtskommen, und nimmt die Pferde bis Kongsberg, wenn nöthig. In Kongsberg findet man im Hôtel des Mines oder in Hansens Hôtel gutes Unterkommen; hier besucht man die Minen, Schmelzhütten, die Münze und Staats-Waffen-Fabrik. Von Kongsberg per Cariole nach Haugsund, von hier per Eisenbahn nach Drammen, wo man über die ganze Strecke von 4 norweger (gleich 7 deutschen) Meilen bis Christiania mit einem Fuhrmann übereinkommen kann. Wer den Rjukan Fos nicht einschliessen will, geht von Lysthuus direct nach Kongsberg und, wie oben, nach Christiania.

Ringerike,

auch Ringerige geschrieben, ist eine Landschaft oder Amt, nordwestlich vom Amte Romerike, in welchem letztern Christiania liegt. Wir können, wenn wir die letztbeschriebene Tour nicht bis zum Rjukan und zurück über Kongsberg und Drammen ausgedehnt haben, nun entweder von Christiania nach Drammen und Kongsberg reisen, von da zurück nach Haugsund und von hier per Eisenbahn nach Hönefos, oder wir fahren von Christiania über Sandviken, Humledal, Sundvold, Vik und Klækken nach Hönefos. In Sundvold machen wir zunächst den Abstecher nach Krokkleven zum Besuch der Königs- und der Königin-Aussicht, und nehmen also unser Fuhrwerk in Humledal nicht bis Vik, sondern nur bis Sundvold, wo gleichfalls ein gutes Unterkommen zu finden ist. In Sundvold können wir Gefähr bis Klækken und von hier nach Hönefos erhalten; auf der Tour von Sundevold bis Klækken passiren wir Norderhov's Kirche, die man besucht, um das Grab von Anna Kolbjörnsen nebst ihren Arbeiten zu besichtigen.

In Hönefos finden wir bei Madame Glatvedts ein gutes Logis. Hier besehen wir die Katarakten und Wasserfälle, reisen per Bahn nach Haldelands, woselbst man eine bedeutende Glashütte besehen kann, und fahren jetzt per Dampfer bis zu Ende des 7 norweger Meilen langen schönen Sees Randsfjord, alsdann über Lien und Mustad nach Gjövik, dieselbe Tour, die wir auf der Reise von Bergen beschrieben haben, und so per Dampfer nach Eidsvold, und von hier per Eisenbahn nach Christiania zurück.

Unser nächster Ausflug geht abermals zum Mjösen-See, nach

Lillehamer,

indem wir dieses Mal von Eidsvold, welches wir, wie vorher, von Christiania per Eisenbahn erreicht haben, per Dampfer die ganze Länge des prächtigen Mjösen-Sees bis Lillehamer entlang fahren, woselbst wir, wenn wir den 8 Uhr Zug von Christiania benutzt haben, etwa um 6 Uhr p. m. ankommen werden, eine Reise von ungefähr 16 norwegischen oder 28 deutschen Postmeilen. Lillehamer (auch Lillehammer) liegt auf einer Anhöhe, von wo aus wir herrliche Aussichten auf den Mjösen geniessen; der Ort selbst ist ein sehr alterthümliches Dörfchen; wir finden nichtsdestoweniger in dem Hôtel der Madame Hamars ein Unterkommen erster Klasse, so wie es auch recht gut ist bei Ormruds, nur nicht so fein und auch minder kostspielig. Frühzeitig am folgenden Morgen nehmen wir uns eine Cariole nach Olstad in Gausdal, eine Entfernung von etwa 1½ norweger Meile; von hier fahren oder gehen wir zur Senner-Kolonie Thorsdalen, eine fernere Tour von 2 norweger Meilen, von wo aus wir noch einen nicht beschwerlichen Weg von ½ Stunde bis zum Gipfel des Gebirges Prœstekampen zurückzulegen haben, um uns einer der schönsten Aussichten zu erfreuen, die man haben kann. Wir quartieren uns für die Nacht in Olstad ein, kehren am nächsten Morgen nach Lillehamer zeitig für den Dampfer zurück, nach dessen Abfahrt wir uns vorher erkundigt haben, machen die Rücktour über den Mjösen bis Eidsvold und von hier per Bahn nach Christiania, woselbst wir um 7—8 Uhr p. m. ankommen werden. — Die Nachbarschaft von Lillehamer bietet manches Interessante dar, und es lohnt sich, mit Hülfe eines Führers die umliegenden Aussichten, Wasserfälle und die schöne Natur zu besuchen.

Den folgenden Ausflug kann man mit dem vorigen füglich verbinden, wenn man es vorzieht, einen verschiedenen Rückweg zu nehmen, oder man kann aus demselben auch einen speciellen Abstecher machen.

Auf die uns aus den vorigen Touren bekannte Weise fahren wir von Christiania über den Mjösen See bis zur Station

Hamar,

oder wir erreichen dieselbe auf dem Rückwege von Lillehamer auf der letzten Reise, falls wir diese Tour der vorigen anschliessen.

Wir besehen uns Schloss und Ruinen von Hamar, sowie die Umgebung, falls wir nicht schon am selben Tage die Reise fortzusetzen beabsichtigen. Im Hamar-Hôtel finden wir gutes Unterkommen. Von hier setzen wir unsere Fahrt per Eisenbahn nach Elverum fort, wo ebenfalls gutes Logis zu haben ist. Von Hamar bis Elverum ist eine zweistündige Reise. Jetzt haben wir 8 norweger Meilen durch das schöne Thal des Glommen-Stromes bis Kongsvinger zurück zu legen, von wo aus wir per Eisenbahn nach Christiania zurückkehren. In Strömen (auch Lille-Strömen) wechseln wir die Wagen; hier ist die nach Schweden führende Bahn und in Kongvinger sind wir nahe der schwedischen Grenze.

Als eine sehr interessante Tour ist die folgende zu bezeichnen, besonders für diejenigen, die gut zu Fusse sind und zur Abwechslung mal eine kleine Fusstour zu machen wünschen; sie lässt sich indess auch per Wagen ausführen.

Der See Tyri Fjord.

Zur Veränderung fahren wir mal mit einem der kleinen Dampfer auf dem Christiania Fjord zur Station Sandvigen (Sandviken), von hier fahren oder spazieren wir mit Stock und Tornister auf dem Rücken zur circa 1⅝ norweger Meile weiter gelegenen Station Humledal, von wo aus wir uns südlich wenden und an den Ufern des Holsfjords entlang nach dem ⅜ Meile entfernt gelegenen Næs spazieren oder fahren, je nachdem wir disponirt sind; wir können nämlich, wenn wir uns stark genug fühlen, die Tour zu Fuss fortsetzen, oder auch ganz oder abwechselnd per Cariole fahren. In Næs ist gutes Unterkommen und Nachtquartier zu haben, auch ist hier eine vorzügliche Aussicht *(Udsigt)* zu geniessen, welche der Königs-Aussicht bei Krokkleven zur Seite gestellt wird. Von Næs fahren wir per Dampfer durch das Holsfjord, ein Arm des Sees Tyrifjord, sowie durch Letztern nach Sundvold, von hier machen wir den Abstecher nach Krokkleven zur Königs- und Königin-Aussicht, *(Kongens Udsigt* und *'Dronningens Udsigt)* und setzen unsere Rückreise über den alten Weg nach Christiania fort, auf welcher Tour wir in Jonsrud ein gutes Unterkommen finden können, oder wir machen folgende etwas ungewöhnlichere, aber besonders empfohlene Rückreise von Krokkleven; von hier also oder von Sundvold gehen wir nach dem romantisch gelegenen Stubdal, wo man die herrlichsten Aussichten auf die prachtvollen Landschaften von Ringerige mit seinen Wäldern, Seen, Flüssen und Wasserfällen geniesst.

Von Stubdal geht die Reise durch das schöne Thal Sörkedalen zur Station Bogstad (Bokstad) und von dieser zurück nach Christiania. Bei Stubdal befindet sich ein altes Jagdschloss, welches nebst dem Grundeigenthum von Stubdal dem Herrn, früher Baron, Wedel Jarlsberg gehört, der, wie man sagt, dasselbe abbrechen lassen will.

Der Besuch Stubdals kann auch auf die eben angeführte Weise von Christiania aus hin und zurück für sich als ein kleinerer Ausflug unternommen werden, und ist dies eine leichtere und kürzere Tour, vielleicht die schönste in der unmittelbaren Nähe von Christiania; sie kann von Damen und Herren sehr leicht ganz oder theilweis zu Fuss abgemacht werden, auch kann man sich eine Cariole oder ein Pferd nebst etwas Extra-Proviant und guten Wein mitnehmen, und die müden Seelen können abwechselnd von dieser Fahr- oder Reitgelegenheit Gebrauch machen. Es ist eine kleine hübsche Tour für eine Art Piknik.

Zum Beschluss der Christiania Ausflüge, und um dieselben zu vervollständigen, erwähne ich noch eines Ausflugs dem östlichen Ufer des Christiania Fjords entlang, das wir bis jetzt noch nicht besucht haben, welches indess für Einige von Interesse sein dürfte; dies ist ein Besuch der alten norweger Festung

Frederikstad,

wohin wir direckt per Dampfer von Christiania fahren. Diese Fahrt ist an und für sich bereits sehr anziehend, da wir auf derselben das östliche Ufer des Christiania Fjord näher zu Gesichte bekommen, während die frühern Reisen sich mehr der West-Küste desselben entlang zogen. Von Frederikstad können wir einen Abstecher nach Frederikshald, sowie nach der ersten schwedischen Stadt Stromstad machen, und unsere Rückreise nun von Frederikstad oder Frederikshald über Land antreten. Wir haben jetzt die Wahl verschiedener Rückwege, mehr oder weniger zu Land oder zu Wasser, was uns eben am meisten anspricht; wir können von Frederikstad zu Lande nach Moss und von hier per Dampfer nach Christiania returniren, oder auch von Moss den direckten

Landweg nach Norden bis Christiania verfolgen, der durch schöne und fruchtbare Landstrecken führt. Wir können ferner von Frederikshald über die Stationen Kjölödegaarden und Eng nach Fladestad, oder von Frederikstad über Jsetorp nach Flatestad gehen, von hier über Böhler zum Oeyeren-See, über denselben zur Eisenbahn und per Bahn zurück nach Christiania, oder auch von Böhler den Landweg über Bilet, Skog, Rus und Ljan bis Christiania verfolgen; dass wir schliesslich die Rückreise von Frederikstad per Dampfer, wie wir hergekommen, antreten können, ist selbstverständlich, sowie es am einfachsten und am kürzesten ist.

Ich habe hiermit sämmliche Haupt- und interessanten Ausflüge von Christiania aus angeführt und bemerke noch, dass man sich dieselben auf alle mögliche Weisen zusammen setzen kann. Wünscht man z. B. mit der Reise von Bergen einen oder den anderen der genannten Ausflüge zu verbinden, so kann man zweckmässig von Gjövik am Mjösen-See nach Lillehamer fahren, von da aus die Tour nach Olstad in Gausdal abmachen, und so zurück von Lillehamer via Eidsvold nach Christiania. Man erspart hierdurch einmal die Reise über den Mjösen-See, auch lässt sich dies mit der Reise nach Molde verbinden; kurz, der Tourist muss selbst nach Geschmack und Vorhaben aus dem Angegebenen seine Reisen und Ausflüge zusammensetzen. Ich beziehe mich noch auf die grosse Landkarte von Professor Munch, über den Haupttheil Norwegens und ersuche die freundlichen Leser, auf derselben alle in diesem Buche angegebenen Touren zu verfolgen, sowie man sie überliest, und wird man hierdurch eine gut und fest eingeprägte Idee und Uebersicht von diesem wunderbaren Berg und See bedeckten Lande erlangen.

Was die Schreibart der geographischen Namen der Städte, Flüsse, Seen u. s. w. betrifft, so scheint man hierin in Norwegen noch nicht zu einer feststehenden Weise gekommen zu sein; wenigtens habe ich in Büchern und auf verschiedenen Landkarten oft verschiedene

Schreibart bemerkt; welches davon jedesmal die richtige ist, habe ich nicht Zeit noch Gelegenheit gehabt, heraus zu finden; so z. B. finde ich die folgende Provinz auf drei verschiedene Weisen aufgeführt, als Telemarken, Tellemarken und Thelemarken. Ich habe deshalb in mehreren Fällen die verschiedene Schreibart angegeben und möchte nur darauf hindeuten, dass wenn auf andern Karten und Büchern die Namen anders als von mir angegeben, gedruckt sein sollten, man deshalb nicht den Schluss ziehen darf, dass es verschiedene Oerter u. w. bezeichnet; wo die geographische Lage stimmt, da darf man sich an eine verschiedene Schreibart nicht kehren. Eins wünsche ich ferner noch besonders hervorzuheben, nämlich dass man sich stets vorher nach Ankunft und Abfahrten der Dampfschiffe und Eisenbahnen erkundige, weil hierin Aenderungen vorkommen können; auch ist auf den abgelegenern Land-Stationen die Vorsicht nicht unangewandt, sich umzuhören, ob und wie man weiter kommen kann, da auch hierin einige Ungewissheit möglicher Weise vorkommen könnte.

Im Uebrigen darf der Reisende nicht zu ängstlich sein; es reist sich in Norwegen sicherer als in irgend einem andern mir bekannten Lande, die Einwohner sind gefällig und bieder, und ausser in Christiania, wo mir für Fuhrlohn einigemale mehr abgefordert wurde, als Taxe war, ist's mir nicht vorgekommen, dass ich auf der Reise übertheuert worden bin. Allerdings steigen die Preise in Norwegen in mancher Hinsicht, und ganz besonders in den mehr frequentirten Hôtels; wer desshalb die Sache möglichst ökonomisch einrichten will, der thut am besten, eins der minder theuern, auch recht guten Hôtels zu wählen. Ich schliesse meinen Bericht mit dem Wunsche, dass der geneigte Leser sich zum Besuch dieser nordischen Schweiz recht bald entschliessen möge, und wünsche ihm somit eine recht glückliche und angenehme Reise.

Sprache.

Um dem Touristen, der der norwegischen Sprache nicht mächtig ist, und auch nicht Zeit oder Lust verspüren sollte, dieselbe zu erlernen, mit dem Nöthigsten an die Hand zu gehen, lasse ich hier einige der gewöhnlichen Redensarten, so wie Fragen und Antworten, die ihm interessiren, folgen. Die Aussprache ist für den Deutschen ohne alle Schwierigkeit, es ist hauptsächlich nur zu bemerken, dass das aa wie o, und das y fast wie ü ausgesprochen wird; einige andere kleinere Feinheiten der Aussprache sind vorläufig unwichtiger, man erlernt diese durch Uebung von selbst, wenn man sich der Sprache ernsthafter befleissigt; da ich keine Grammatik schreiben will, weil dies mich hier zu weit führen würde, so muss ich es dem Leser überlassen, das Weitere selbst herauszufinden, oder sich eine kleine Grammatik, jedenfalls ein Taschen-Wörterbuch, zu kaufen. Als besondere Eigenthümlichkeit der Sprache möchte ich nur noch anführen, dass der definitive Artikel, wenn zwischen ihm und dem Substantiv kein Adjectiv steht, dem Substantiv hinten angehängt wird, als z. B. *Mand* Mann, *Manden* der Mann; *Hest* Pferd, *Hesten* das Pferd; *Kone* Frau, *Konen* die Frau; *Skib* Schiff, *Skibet* das Schiff; *Huus* Haus, *Huset* das Haus.

Man ersieht hieraus, dass der definitive Artikel, wenn er dem Hauptworte folgt, für Mascul. und Femin. *en* und für Neutrum *et* ist. Der Plural ist für beide Fälle *ne*, als: *Mændne* die Männer, *Konerne* die Frauen, *Hestene* die Pferde, u. s. w.

Mit Adjectiven steht der definitive Artikel stets vorne und ist alsdann *den* für Mascul. und Femin., *det* für Neutr., und im Plural für beide Fälle *de*, als: *den store Mand* der grosse Mann, *det store Huus* das grosse Haus, *de store Mænd*, *de store Huse*, die grossen Männer, die grossen Häuser.

Sprache.

Der indefinitive Artikel steht immer vorne und ist für Mascul. und Femin. *en*, und *et* für Neutr., als: *en Mand* ein Mann, *en store Mand* ein grosser Mann; *et Huus* ein Haus, *et stort Huus*, ein grosses Haus.

Nach dieser kurzen Introduction gehe ich jetzt gleich zur Sache selbst über.

God (auch godt) Morgen.	Guten Morgen.
God Dag.	Guten Tag.
God Aften.	Guten Abend.
Got Nat.	Gute Nacht.
Hvorledes gaaer det? } *Hvor staaer det sig?*	Wie geht es?
Hvordan leve De?	Wie befinden Sie sich?
Fortræffeligt.	Vortrefflich.
Tak, meget godt.	Ich danke, sehr gut.
Hvorledes (auch hvordan) har De sovet?	Wie haben Sie geschlafen?
Hvor mange er Klokken?	Wie viel Uhr ist es?
Klokken er fem; halv syv etc.	Es ist fünf Uhr, halb sieben etc.
Hvad kalder De dette?	Wie nennen Sie dies?
Hvad koster dette?	Was kostet dies?
Hvormeget?	Wieviel?
Bring mig et Glas Vand.	Bringen Sie mir ein Glas Wasser.
Jeg önsker en Potte (Jugge) kogt Vand.	Ich wünsche einen Topf heisses Wasser.
Jeg önsker noget hedt Vand.	Ich wünsche etwas heisses Wasser.
Lad mig faae en Flaske Öl.	Lass mich eine Flasche Bier haben.
Jeg önsker en Flaske Rödviin.	Ich wünsche eine Flasche Rothwein.
Bring mig et Glas Brændeviin.	Bringen Sie mir ein Glas Branntwein.
Hvormeget skal jeg betale?	Wie viel habe ich zu bezahlen?
Hvad skulle betale?	Was haben wir zu bezahlen?

Een Daler (Specie, Speciesdaler) tre Mark og tolv skillinger.	Ein Thaler (Species-Thaler) drei Mark und zwölf Schillinge.
Kan vi faae to, tre Senge her?	Können wir hier zwei, drei Betten haben?
Kan vi faae Frokost Klokken halv sex imorgen?	Können wir morgen halb sechs Frühstück haben?
Vi ønske nogle blød kogte Æg.	Wir wünschen einige weich gekochte Eier.
Hvor snart kan vi faae Middagsmad?	Wie bald können wir Mittagsessen bekommen?
Kan vi faae Middagsmad punktlig Klokken halv fire.	Können wir pünktlich halb vier Mittagsessen bekommen?
Have De Fiske?	Haben Sie Fische?
Have De Hvedebrød?	Haben Sie Weissbrod? (Weizenbrod.)
Vi ønske Rensdyr steg.	Wir wünschen Rennthierbraten.
Kan vi faae Thee strax?	Können wir gleich Thee haben?
Jeg ønsker Aftensmad strax; Klokken halv otte, etc.	Ich wünsche Abendessen sogleich; halb acht Uhr, u. w.
Vi maae have Frokost bestemt Klokken fem om Morgenen.	Wir müssen pünktlich um fünf morgen früh Frühstück haben.
Væk os Klokken fire imorgen.	Wecken Sie uns um viere morgen früh.
Lad dem vække imorgen punktlig Klokken tre.	Lassen Sie uns morgen pünktlich um drei wecken.
Jeg ønsker een Carriole strax til —	Ich wünsche sogleich eine Cariole bis —
Vi ønske to, tre Carrioler strax til —	Wir wünschen sofort zwei, drei Cariolen nach —
Hvor længe skulle vente før de komme?	Wie lange werden wir darauf zu warten haben?
Hvor er Skydsbogen? Dagbogen?	Wo ist das Postbuch? das Tagebuch?
Lad mig faae Skydsbogen.	Gebet mir das Postbuch.
Hvor Skydsguten?	Wo ist der Postknabe?

Hvor langt er det til —?
Farvel!
Mange Tak.
Jeg önsker at tale med —

Hvor boer han? Herr —?
Jeg beder om Vandet.
Jeg vil gjöre det.
Jeg kan ikke komme.
Jeg kan ikke tale Norsk.

Jeg vil lære det.
Jeg vil skrive et Brev.
Jeg önsker en Baad med to, tre Mænd imorgen, dersom Veiret tillader det.
N. N. giver sig den Aere at indbyde Herr N. N. til Aften Löverdag 2den Sept. Klokken 7 præcis.
N. N. takke for den venlige Indbydelse, og skal have den Fornöielse at komme.

Wie weit ist es bis —?
Lebe wohl! Lebet wohl!
Vielen Dank.
Ich wünsche (so und so, Herrn) zu sprechen.
Wo wohnt er? Herr —?
Ich bitte um das Wasser.
Ich werde das thun.
Ich kann nicht kommen.
Ich kann nicht norwegisch sprechen.
Ich will es lernen.
Ich will einen Brief schreiben.
Ich wünsche auf morgen ein Boot mit zwei, drei Mann, wenn das Wetter es erlaubt.
N. N. macht sich die Ehre, Herrn N. N. zu Samstag Abend den 2. Sept. pünktlich 7 Uhr einzuladen.
N. N. dankt für die freundliche Einladung und wird sich das Vergnügen machen, zu kommen.

Folgende Wörter, die oft vorkommen, kann man sich besonders merken, als:

Ö auch Oe, Insel: *Öen*, die Insel; *Öer*, Inseln; *Öerne*, die Inseln; *Fjord*, Meeresarm, auch zuweilen Inland-See; *Hav*, Meer; *Sö*, auch Meer, oft aber Inland-See; *Vand*, Wasser, auf der Karte meistens kleinere Seen; *Elv*, Fluss, Bergstrom; *Dal*, Thal; *Dalen*, das Thal; *Romsdalen*, das Roms-Thal; *Fjeld*, Fels. Berg, Gebirge, in letzter Beziehung meistens die hohen, schneebedeckten; *Fos*, Wasserfall; *Fosen*, der Wasserfall.

Schabe-Notizen.

NB. E steht für Einige und bedeutet 2 bis 4 Stück; M für Mehrere = 5 bis 9 Stück; V für Viele = 10 bis 20 Stück; SV für Sehr Viele über 20 Stück.

Schabe-Notiz A. 30. Juni 1871.
Christiania Fjord, Dröbak gegenüber; 50—100 Faden Tiefe. Grund schlammig.

	lebende	todte
Terebratula cranium, Müll.	1	
„ caput serpentis, L.[1]	1	
Crania anomala, Müll.[2]	M	
Anomia ephippium, L.	E	
Pecten tigrinus, Müll.	E	
„ striatus „	E	
Lima elliptica, Jeffr.[3]	1	5
„ Loscombii, G. B. Sow.[4]	2	
Mytilus modiolus, L.	E	
Nucula sulcata, Bronn.	M	
„ tenuis, Mntg.	E	
„ pumila, Lov. (tumidula, Malm)	E	
Yoldia (Leda) lucida, Lov.	V	
„ pygmæa, Münst.	E	
Arca pectunculoides, Scacchi.	E	
Kelliella abyssicola, Sars.	M	
Axinus flexuosus, Mntg.	M	
„ ferruginosus, Forbes.	M	
Cardium minimum, Phil.	E	
Astarte sulcata, Da Cost.	M	
„ „ v. elliptica.	E	
„ compressa, Mntg.	E	
„ „ v. globosa (?)	1	
Syndosmya (Scrobicularia) nitida, Müll.	M	
Neæra abbreviata, Forb.	E	
„ obesa, Desh.	M	
„ rostrata, Spengl.	E	

	lebende	todte
Saxicava rugosa v. arctica, L.	M	
Siphonodentalium quinquangulare, Forb.	M	
Dentalium entalis, L.	V	
„ abyssorum, Sars.	M	
Chiton cinereus, L.	M	
„ marmoreus, Forb.	1	
„ albus, L.	E	
Helcion pellucidum, L.	1	
Lepeta cæca, Müll.	1	
Tectura virginea, Müll.	M	
„ fulva	E	
Scissurella crispata, Flem.[3]	—	E
Trochus millegranus, Phil.	1	6
Natica affinis, Gml. (clausa, Sow.)	1	3
Cylichna alba, Brown.	E	E
Philine scabra, Müll.	—	E
Scaphander librarius, Lov.	—	E

[1] jung, [2] meist an Steinen, [3] halbe Schalen todter Thiere, [4] und diverse Halbe, [5] semifossil.

Schabe-Notiz B. 1. Juli 1871.
Christiania-Fjord, südlich u. nordöstlich von Kaaholmen, nördlich von Dröbak; 20—60 Faden. Grund meist steinig, Muschelbruch etc., wenig Abwechslung mit Schlamm.

	lebende	todte
Pecten tigrinus, Müll.	V	
„ septemradiatus, Müll.[1]	1	E
„ striatus, Müll.	1	
„ vitreus, Chemn.	E	

Schabe-Notizen.

	lebende	todte
Pecten similis, Laskey.	2	
Leda pernula, Möll.[2]	E	E
Cardium minimum, Phil.		
(suecicum, Reeve.)	M	E
„ fasciatum, Mntg.	M	
Astarte sulcata, Da Cost.	M	E
„ compressa, Mntg.	E	
„ — v. globosa?	E	
Xylophaga dorsalis, Turt.[3]	—	E
Thracia papyracea, Poli.	1	
Saxicava rugosa, L.	E	
„ v. arctica, L.	M	
Dentalium entalis, L.	V	
„ abyssorum, Sars.	V	
Chiton albus, L.	E	
„ cinereus, L.	M	
Tectura virginea, Müll.	M	E
„ fulva, Müll.	E	E
Puncturella noachina, L.	M	M
Emarginula fissura, L.[4]	E	E
Trochus tumidus, Montg.	M	E
„ cinerarius, L.	E	
„ millegranus, Phil.	E	M
Litorina litorea, L.[5]	M	
„ obtusata, L.	M	
Aporrhais (Chenopus) pes pelicani, L.	E	
Buccinum undatum, L.[6]	E	

[1] die todten nur halbe Schalen,
[2] die todten nur halbe Schalen, [3] todte Schalen aus kleinen Holzstücken.
[4] meist todte, [5] am Ufer von Steinen abgelesen, [6] junge Exemplare.

Schabe-Notiz C. 3. Juli 1871.
Skippellemedet, südlich von Drøbak; 30—70 Faden.
Grund schlammig und steinig.

	lebende	todte
Crania anomala, Müll.	E	V
Anomia ephippium var. squamula, L.[1]		V
Anomia patelliformis, L.	—	E
Pecten varius, L.	1	1
„ tigrinus, Müll.	E	
„ septemradiatus, Müll.[2]	1	M
„ striatus, Müll.	1	
„ vitreus, Chem.	M	
„ similis, Laskey.	E	
Mytilus edulis, L.[3]	V	
„ modiolus, L.	1	
Nucula sulcata, Brown.	M	
„ tenuis, Mntg.	M	
Nucula tumidula, Malm.	M	
Lucina borealis, L.[4]	M	
Yoldia lucida, Lov.	M	
„ pygmaea, Münst.	E	
Cardium echinatum, L.	—	1
„ fasciatum, Mntg.	E	
„ minimum, Phil.	M	M
Cyprina islandica, L.	—	E
Astarte sulcata, Da Cost.	M	E
„ compressa, Mntg.	E	
Venus ovata, Penn.	E	
Tellina calcarea, Chemn.	1	1
Syndosmya nitida, Müll. (intermedia, Thomps.)	M	
Corbula gibba, Olivi.	E	
Mya truncata, L.[5]	—	1
Saxicava rugosa, L.	E	
Xylophaga dorsalis, Turt.[6]	SV	
Siphonodentalium quinquangulare, Forb.	M	
Dentalium entalis, L.	V	
„ abyssorum, Sars.	M	
Tectura virginea, Müll.	M	E
„ fulva, Müll.	E	E
Puncturella noachina, L.	1	M
Emarginula fissura, L.	E	E
Trochus tumidus, Montg.	M	E
„ cinerarius, L.	M	
Lacuna divaricata, Fabr.	E	
Philine quadrata, Müll.	—	E

Species	lebende	todte
Pleurotoma turricula, Mntg.	E	E
Admete viridula, Fabr.	E	E

¹) vom Eichenstamm abgelesen, ²) halbe Schalen, ³) Jung, ⁴) jung, ⁵) und 1 halbe todte Schale, ⁶) leider zerbrachen die meisten durch's Loshacken des Eichenstammes.

Schabe-Notiz D. 11. Juli 1871.
Dröbak bis Corallenriff nach Kaaholmen hin; 30—80 Faden.
Grund erst schlammig 60—80 Faden, nachher Corallen und gemischt steinig; 30—40 Faden.

Species	lebende	todte
Terebratula cranium, Müll.	E	E
„ caput serpentis, L. ¹)	M	
Crania anomala, Müll.	M	
Pecten tigrinus, „	M	
„ „ var. costatus.	E	
„ vitreus, Chemn.		
v. abyssorum, Lov.	M	
„ similis, Laskey.	E	
Mytilus (Modiola) modiolus. L.	E	
„ phaseolinus, Phil.	E	
Nucula sulcata, Bronn.	E	
„ tenuis, Mntg.	M	
„ tumidula, Malm.	M	
Leda pernula, Möll. ²)	M	M
Yoldia lucida, Lov.	SV	M
„ pygmæa, Münst.	M	
Arca pectunculoides, Scacchi.	M	
Axinus flexuosus, Mntg.	V	E
„ ferruginosus, Forb.	M	
„ Croulinensis Jeffr.	M	
Cardium minimum, Philip.	M	E
„ fasciatum, Montg.	M	E
Kelliella abyssicola, Sars.	V	
Venus fasciata, Da Cost.	E	
„ (Artemis) exoleta, L.	1	
Mactra subtruncata, Da Cost. ³)	1	
„ solida, v. elliptica, Bro.	E	E
Neæra abbreviata, Forbs.	M	E
„ obesa, Lov.	V	E
Neæra rostrata, Spengl.	V	M
„ costellata, Desh.	E	
Syndosmya intermedia, Thps.		
(Scrobicularia nitida, Müll.)	V	M
„ prismatica, Müll.	E	
Solen pellucidus, Penn.	1	
Thracia prætenuis, Pult.	1	
„ papyracea, Poli v. villosiuscula.	—	1
Corbula gibba, Olivi.	E	
Panopæa plicata, Mntg.	1	
Saxicava rugosa, v. arctica, L.	V	
Siphonodentalium quinquangulare, Frbs.	E	
Dentalium entalis, L.	V	
„ abyssorum, Sars.	V	
Chiton cinereus, L.	V	
„ alveolus, Sow.	E	
„ albus, L.	E	
„ marmoreus, Fabr.	E	
Tectura virginea, Müll.	E	
„ fulva, Müll.	E	E
Lepeta cæca, „	E	
Puncturella noachina, L.	M	M
Emarginula fissura, L.	E	E
Scissurella crispata, Flem. ⁴)	E	E
Trochus tumidus, Mntg.	M	E
„ cinerarius, L.	E	
„ millegranus, Phil.	M	M
Litorina rudis, Maton. ⁵)	V	
Rissoa parva, Adams.	—	2
nebst andern meist todten Species.		
Odostomia conoidea, Brocchi.	1	1
„ unidentata, Mntg.	1	1
„ scalaris, v. rufescens, Ph.	—	1
Eulima intermedia, Cant.	1	2
„ distorta, Desh.	—	1
Natica affinis, Gmel.		
(clausa, Sow.)	E	M
„ Montagui, Forbs.	E	E
Velutina lævigata, Penn. ⁶)	2	
Aporrhais pes pelicani, L.	M	E
Buccinum undatum, L. ⁷)	E	

	lebende	todte
Cerithium reticulatum, Da C.[8]	1	M
„ metula, Lov. [9]	1	2
Trophon Mörchii, Malm.		
(Taranis Mörchii, Jeffr.)	1	
„ clathratum, L.	E	
„ truncatus, Ström. [10]	—	2
„ Gunneri, Lov.	1	1
Cancellaria (Admete) viridula Fabr.	1	E
Pleurotoma nivalis, Lov. [11]	1	1
„ turricula, Mntg.	—	2
„ bicarinata, Bivona	—	1
„ attenuata, Mntg.	—	1
Defrancia Leufroyi, Mich.	—	1
Cylichna cylindracea, Penn.	E	E
„ alba, Brown.	E	M
„ nitidula, Lov.	1	2
Utriculus globosus, Lov.	1	
Bulla utriculus, Brocchi.	—	1
Scaphander librarius, Lov.	—	E

[1] sehr kleine zwischen den Korallen, [2] mehrere halbe Schalen, [3] und 2 halbe todte, [4] und 1 halbe Schale, [5] meist todt, [6] vom Felsen abgelesen, [7] jung, [8] jung, [9] meist zerbrochen, [10] semifossil, [11] subfossil, [12] und 1 semifossil.

Schabe-Notiz E. 13. Juli 1871.

Vallö, südwestlich, nahe bei, zuerst nahe den Inseln, voll von Seetange, nachher auf dem Heimwege schlammig; 10—15 Faden.

	lebende	todte
Crenella marmorata, Forbs.	1	
„ discors, L.	1	
Modiola (Mytilus) modiolus, L.	2	
Mytilus edulis, L. [1]	M	
Nucula nitida, Sow.	E	M
Venus ovata, Penn.	E	E
Astarte compressa, Mntg.	E	
„ sulcata, Da Costa.	E	E
Cardium minimum, Phil.	E	M
Corbula gibba, Olivi.	E	

	lebende	todte
Yoldia lucida, Lov.	M	
„ pygmæa, Münst.	E	
Lima Loscombii, Sow. [2]	1	E
Saxicava arctica, L.	E	E
Dentalium entalis, L.	M	
„ abyssorum, Sars.	M	
Puncturella noachina, L.	E	M
Lacuna divaricata, Fabr.	V	
„ quadrifasciata, Mntg.	V	
Trochus tumidus, Mntg.	M	
„ cinerarius, L.	M	
Eulima intermedia, Cantr.	—	1
Turritella terebra, L.	M	M
Litorina litorea, L. [3]	V	
„ rudis, Maton. [4]	M	
„ obtusata, L.	M	M
Buccinum undatum, L.	E	
Nassa incrassata, Ström.	—	E
Cerithium reticulatum, Da C.	—	E

[1] jung, [2] die todten halbe Schalen, [3] von Felsen abgelesen, [4] ditto.

Schabe-Notiz F. 16/17. Juli 1871.

Vallö. — Hauptsächlich zwischen Bollærne und Ranö, 60—90 Faden; nachdem südöstlich von Vallö, 60 bis 100 Faden. — Grund schlammig und steinig; bei stürmischem Wetter.

	lebende	todte
Terebratula cranium, Müll.	2	
„ caput serpentis, L.	M	
Crania anomala, Müll.	E	E
Nucula sulcata, Bronn.	V	
„ nucleus, L.	M	
Axinus flexuosus, Mntg.	V	
„ ferruginosus, Forb.	M	
Astarte sulcata, Da Costa.	E	
„ compressa, Mntg.	E	
Cardium minimum, Phil.	M	M
Tellina balthica, L.	—	2
Syndosmya intermedia, Thmps.	M	E
Neæra obesa, Lov.	E	
Corbula gibba, Olivi.	E	

	lebende	todte
Mya truncata, L. [1])	E	
Dentalium entalis, L.	V	
„ abyssorum, Sars.	M	E
Patella vulgata, L. [2])	1	
Puncturella noachina, L.	M	M
Emarginula fissura, L.	E	E
Trochus millegranus, Phil.	E	M
„ cinerarius, L.	M	
Natica clausa, Sow.	—	M
„ Montagui, Forbs.	1	E
Cylichna cylindracea, Penn.	1	E
„ alba, Brown.	1	E
Philine scabra, Müll.	—	E
„ quadrata, Wood.	—	E
Scaphander librarius, Lov.	—	E
Akera bullata, Müll.	1	

[1]) Junge kleine Schalen, [2]) vom Færder, mir vom Schiffer geschenkt.

Schabe-Notiz G. 17. Juli 1871.
Südöstlich von Vallö, östlich von Bollærne; 50—80 Faden. Grund dicker Schlamm. Wetter sehr stürmisch.

	lebende	todte
Nucula decussata, Sow. (sulcata Bronn). [1])	V	
„ nucleus, L.	E	
Cardium minimum, Phil.	E	E
Isocardia cor., L. [2])	1	
Astarte sulcata, Da Cos.	M	
„ „ v. elliptica.	E	
„ „ v. paucicostata.	E	
„ compressa, Mntg.	E	
Axinus flexuosus, Mntg.	M	
Syndosmya nitida, Müll.	E	E
Neæra abbreviata, Forb.	E	
„ costellata Desh.	2	
Venus striatula, Da Costa.	—	1
Lucina borealis, L.	E	E
Nassa reticulata, L.	—	2

[1]) stark abgenutzt, [2]) ausgewachsen.

Schabe-Notiz H. 23. Juli 1871.
Dröbak gegenüber bis nördlich zum Corallenriff; 50—70 Faden. Schlammgrund, nachher Corallen mit Steinen und Muscheltrümmern.

	lebende	todte
Terebratula cranium, Müll.[1])	E	E
Crania anomala, Müll.	M	M
Pecten tigrinus, Müll.	M	
„ striatus, Müll.	E	
„ aratus, Gmel.[2])	E	E
„ septemradiatus, Müll.[3])	E	M
„ opercularis, L. [4])	1	E
„ similis, Laskey.	E	
„ vitreus, Chemn.		
„ v. abyssorum, Lov.	E	
Lima elliptica, Jeffr. [5])	E	E
Nucula sulcata, Brown.		M
„ tennis, Mntg.		M
„ tumidula, Malm.		M
Yoldia lucida, Lov.	V	
„ pygmæa, Münst.	E	E
Montacuta ferruginosa, Mntg.	E	
Arca pectunculoides, Scacchi.	E	
Axinus flexuosus, Mont.	M	
„ ferruginosus, Forbs.	E	
„ Croulinensis Jeff.	M	
Kelliella abyssicola, Sars.	V	
Cardium minimum, Phil.	E	M
Astarte sulcata, Da Costa.	M	E
„ compressa, Mntg.		
Syndosmya nitida, Müll.	M	
„ prismatica, Müll.	E	
Neæra rostrata, Spengl.	E	E
„ obesa, Lov.	M	E
„ abbreviata, Forb.	E	E
„ costellata, Desh.	1	
Venus ovata, Penn.[6])	E	E
Saxicava rugosa, L.	E	
„ arctica, L.	M	
Siphonodentalium quinquangulare, Forb.	E	M
Dentalium entalis, L.	V	
„ abyssorum, Sars.	M	M

	lebende	todte
Chiton cinereus, L.	V	
„ cancellatus, Sow.	E	
„ albus, L.	E	
„ marmoreus, Fabr.	1	
Tectura virginea, Müll.	M	M
„ fulva, Müll.	—	E
Puncturella noachina, L.	M	M
Emarginula fissura, L.	E	M
Trochus tumidus, Mntg.	E	E
„ millegranus, Phil.	E	M
Natica Montagui, Forbes.	E	M
„ affinis, Gmel.	1	E
Odostomia acicula, Phil.	1	2
Admete viridula, Fabr.	1	E
Cerithiopsis costulata, Möll.	—	1
Cylichna alba, Brown.	1	E
Scaphander librarius, Lov.	—	2

1) kleine Exemplare, 2) diverse halbe Schalen, 3) meist halbe Schalen, 4) ditto, 5) ditto, 6) meist kleine.

Schabe-Notiz I. 27. Juli 1871.

Oestlich von Kaaholmen, nördlich von Dröbak: 40—60 Faden. Grund Schlamm und steinig mit Muschelbruch.

	lebende	todte
Terebratula cranium, Müll.	—	1
„ caput serpentis, L.[1])	2	
Crania anomala, Müll.	E	M
Anomia ephippium, L.	E	
Pecten tigrinus, Müll.	E	
Nucula sulcata, Brown.	M	
„ pumila, Lov.	M	E
Yoldia lucida, Lov.	M	
„ pygmæa, Miinst.	E	E
Leda pernula, Müll.[2])	1	E
Axinus flexuosus, Mntg.	M	
Cardium minimum, Phil.	E	M
„ fasciatum, Mntg.	E	
Kelliella abyssicola, Sars.	M	
Cyprina islandica, L.	E	E
Arca pectunculoides, Scacchi.	E	

	lebende	todte
Axinus flexuosus, Mntg.	M	
Lucinopsis undata, Penn.	—	1
Saxicava arctica, L.	E	
Siphonodentalium quinquangulare, Forb.	E	E
Dentalium entalis, L.	M	
Natica affinis, Gmel.	—	E
„ Montagui, Forbs.	—	E
Eulima intermedia, Cantr.	—	1
Cancellaria (Admete) viridula Fabr.	—	E
Trochus millegranus, Phil.	E	E
„ tumidus, Mntg.	E	

1) kleine Exemplare, 2) verschiedene halbe Schalen.

Schabe-Notiz K. 5. bis 14. Aug. 1871.

Utne, Hardanger Fjord, in der Biegung westlich, näher und entfernter; 100—200 Faden. Grund meist starre Felsen; nur an einer Stelle Sand mit etwas Schlamm, auch einmal östlich etwas Schlammgrund.

	lebende	todte
Anomia patelliformis, L.	E	
„ eph. v. squamula, L.[1])	V	
Mytilus modiolus, L.[2])	V	E
„ edulis, v. socialis, L.[3])	V	
Yoldia lucida, Lov.	E	
Cyprina islandica, L.	M	M
Venus ovata, Penn.	M	E
Astarte sulcata, Da Costa.	E	
Lima excavata, Fabr.[4])	SV	
Lucina borealis, L.	M	M
„ spinifera, Mntg.	M	M
Saxicava rugosa, L.	E	E
„ arctica, L.	E · E
Chiton cinereus, L.	M	
„ albus v., L.	E	M
Tectura virginea, Müll.	M	E
„ fulva, Müll.	E	E

*

	lebende	todte
Lepeta caeca, Müll.	—	2
Puncturella noachina, L.	E	M
Emarginula fissura, L.	E	M
„ crassa, Sow. [5])	2	
Trochus millegranus, Phil.	M	E
„ tumidus, Mntg.	M	
Dentalium entalis, L.	M	
Siphonodentalium quinquan-gulare, Forbs.	E	
Turitella terebra, L.	—	E
Natica Montagui, Forb.	—	E
Cylichna alba, Brown.	—	E

[1]) meist an Lima excavata. [2]) das Thier dient als Köder beim Fischen, [3]) Milliarden hiervon an den Felsen, [4]) alles lebende Exempl., [5]) und 1 junges.

Schabe-Notiz L. 31. Aug. 1871.
Bergen, am nördlichen Ende der Bergener Bucht; 20—50 Faden. Grund meist steinig und felsig, mit Seetang untermischt, und Muscheltrümmer.

	lebende	todte
Terebratula caput serpentis L.	E	
Crania anomala, Müll.	M	
Pecten tigrinus, Müll.	E	
Anomia aculeata, Müll.	2	
Lima hians, Gmel.	V	
„ elliptica, Jeffr.[1])	1	
Mytilus modiolus, L.	M	
Nucula nucleus, L.	V	
„ pumila, Lov.	M	
Yoldia pygmaea, Münst.	E	
Cardium minimum, Phil.	E	M
„ fasciatum, Mntg.	M	E
Kelliella abyssicola, Sars.	M	
Cyprina islandica, L.	—	E
Astarte sulcata, Da Cos.	M	
„ compressa, Mntg.	E	E

	lebende	todte
Lyonsia norvegica, Chm. [2])	1	
Thracia distorta, Mntg. [3])	1	
Neaera lamellosa, Sars.	1	
„ abbreviata, Forb.	1	
„ obesa, Lov.	1	
Saxicava rugosa, L.	E	
„ arctica, L.	E	
Siphonodentalium quinquan-gulare, Forbes.	E	E
Dentalium entalis, L.	M	E
„ abyssorum, Sars.	E	M
Chiton alveolus, Sars. (cancellatus, Sow.)	E	
„ cinereus, L.	M	
„ albus, L.	E	
„ marmoreus, Fabr.	E	
Tectura virginea, Müll.	M	
Puncturella noachina, L.	2	E
Scissurella crispata, Fl.	M	
Natica Montagui, Forb.	1	E
„ Alderi, Forbs.	—	E
Trochus tumidus, Mntg.	E	
„ millegranus, Phil.	E	E
„ grönlandicus, Chem.	E	
(Margarita undulata, Sow.)		
Eulima intermedia, Cantr.	E	
Turritella terebra, L.	—	E
Admete viridula, Fabr.	1	E
Defrancia linearis, Mntg.	—	2
„ teres, Forbes.	1	
Cerithiopsis costulata, Müll.	—	2
Pleurotoma turricula, Mntg.	1	2
„ „ v. rosea.	1	1
„ Trevelyana, Turt.	1	1
Trophon clathratum, L.	1	1
Nassa ? incrassata, Ström.	1	
Trichotropis borealis, Br. u. Sow.	1	1

[1]) und verschiedene halbe Schalen, [2]) und 2 junge zerbrochen. [3]) und 1 sehr junges.

Ausser den angeführten wurden noch einzelne Rissoen, Odostomien etc. gefangen, die wegen ihres theils subfossilen Characters etc. noch nicht bestimmt worden sind.

Die marine Mollusken-Fauna Norwegens,

mit Berücksichtigung West-Schwedens und der in den Britischen Meeren davon vorkommenden Arten.

Zur gefälligen Beachtung.

Indem ich nachstehende Liste der marinen Mollusken-Fauna Norwegens den geehrten Conchologen hiermit überreiche, hoffe ich um so mehr auf eine nachsichtsvolle Beurtheilung, da mir nicht die sämmtliche darauf Bezug habende Literatur zu Gebote stand, und die Frist, in der sie zum Druck fertig sein musste, keine Verlängerung gestattete. — Ich habe sie dreimal von Neuem durchgearbeitet, und man sieht ihr wohl die Mühe nicht an, die ich darauf verwendet habe. Trotzdem kann ein Werk dieser Art nur ein unvollkommenes und wahrscheinlich auch fehlerhaftes sein: deshalb ersuche ich Jeden, der einen Mangel darin entdeckt, mir solchen nebst der Autorität gütigst angeben zu wollen, damit es bei einer künftigen Ausgabe verbessert werden kann und wir somit schliesslich das Vollkommenere erreichen. Es ist dies vorläufig ein Anfang, der als Grundlage zur nordischen Fauna dienen kann; und da ich keine derartige Zusammenstellung vorfand, so unternahm ich die Arbeit in der Hoffnung, dadurch etwas der Wissenschaft Nützliches zu liefern, zugleich auch nicht zweifelnd, dass mir dabei die Nachsicht zu Theil werden würde, um die ich nochmals bitte. Ich habe einige der hauptsächlichen Synonyme beigefügt.

Anmerkung. Es ist selbstverständlich, dass die Abtheilungen nicht strenge gezogen werden können, dass einige Arten sich auch da wohl vorfinden mögen, wo sie nicht angemerkt sind, und dass unter den Localitäten die Nachbarschaften einbegriffen sind, als: Gothenburg mit Bohuslän; das Varangerfjord ist bis Vadsö zu verstehen, etc.

		Nord-Norwegen			Mittel-Norweg.		Süd & Ost Norweg.		West-Schwed.		England etc.
		Varangerfjord — Nordcap	Nordcap — Tromsoe	Nordland, Lofoden	Drontheim Aalesund	Amt Bergen Stavanger	Stavanger Christiansand	Christiania Fjord	Gothenburg	Kullen	Britische Meere
Cephalopoda.											
Ommatostrephes											
todarus,	Delle Chiaje.	*		*			*		*		*
Loligo											
vulgaris,	Lam.					*			*		*
media,	L.						*?		*		*
Rossia											
macrosoma,	Delle Ch.						*		*		*
(*R. Owenii*, Ball)											
glaucopis,	Lov.	*	*	*		*					
Sepiola											
Rondeleti,	Leach.					*			*		*
Sepia											
officinalis,	L.						?		*		*
Eledone											
cirrosa,	Lam.					*					*

		Nord-Norwegen			Mittel-Norweg.		Süd & Ost Norweg.		West-Schwed.		England etc.
		Varangerfjord–Nordcap	Nordcap–Tromsø	Nordland, Lofoten	Drontheim–Aalesund	Amt Bergen–Stavanger	Stavanger–Christiansand	Christiania Fjord	Gothenburg	Kullen	Britische Meere

Pteropoda.

Species	Auth.										
Spirialis retroversus,	Flem.		*	*		*		*			*
(*S. Flemingii*, F. & H.)											
balea,	Möll.	*	*								
Clio pyramidata,	Brown.				*						*
borealis,	Lm.		*								
Limacina arctica,	Fabr.		*								

Brachiopoda.

Terebratula cranium,	Müll.	*	*	*	*	*	*	*	*		*
caput serpentis,	L.	*	*	*	*	*	*	*	*		*
septigera,	Lov.			*		*					
(*septata*, Phil.)											
Rhynchonella psittacea,	Gml.	*	*	*	*						?
Crania anomala,	Müll.	*	*	*	*	*	*	*	*		*

Conchifera.

Anomia ephippium,	L.	*	*	*	*	*		*		*	*
„ v. squamula,	L.	*	*	*	*	*		*			*
aculeata,	Müll.	*	*	*	*	*		*		*	*
patelliformis,	L.			*				*	*		*
striata,	Lov.			*	*	*					*
Ostrea edulis,	L.			*		*		*	*		*
Pecten pusio,	L.				*	*					*
varius,	L.				*	*	*				*
opercularis,	L.			*	*	*	*	*		*	*
septemradiatus,	Müll.		*	*	*	*	*	*	*		*
(*danicus*, Chm.)											
tigrinus,	Müll.	*	*	*	*	*	*	*	*	*	*
Testæ,	Bivona.					*		*	*		
(*furtivus*, Lov.)											
striatus,	Müll.	*	*	*	*	*	*	*	*	*	*
similis,	Laskey.	*	*	*	*	*	?	*	*		*
maximus,	L.				*			*			*
aratus,	Gml.		*		*			*			*
(*sulcatus*, Müll.)											
vitreus,	Chem.										
v. abyssorum,	Lov.		*	*	*	*	*	*			

Die marine Mollusken-Fauna Norwegens. 173

			Nord-Norwegen			Mittel-Norweg.		Süd & Ost Norweg.		West-Schwed.		England etc.
			Varangerfjord—Nordcap	Nordcap—Tromsö	Nordland, Lofoten	Drontheim	Amt Bergen—Aalesund	Stavanger—Christiansund	Christiania Fjord	Gothenburg	Kullen	Britische Meere
islandicus,	Müll.		*	*	*	*	*			*?		
grönlandicus,	Sow.		*	*	*							
imbrifer,	Lov.		*	*			*					
pygmaeus,	Münst.		*	*	*							
abyssicola,	Sars.				*							
tumidus,	Turt.											
Mc. Greg., Sars, vide Asbjörn. p. 47.						*		*				
mammilata,	Sars				*		*					
Lima												
Sarsii,	Lov.		*	*			*					*
elliptica,	Jeffr.		*	*	*		*					*
(sulculus, Leach.)												
subauriculata,	Mntg.		*		*	*	*		*	*		*
Loscombii,	Sow.				*	*	*	*	*			*
hians,	Gml.				*	*	*	*	*	*		
excavata,	Fabr.				*	*	*	*?				
Mytilus												
edulis,	L.		*	*	*	*	*	*	*	*	*	*
modiolus,	L.		*	*	*	*	*	*	*	*	*	*
(Modiola m.)												
adriaticus,	Lm.								*			*
(Modiola adr., Lm.)												
(„ tulipa, F. & H.)												
phaseolinus,	Phil.		*	*	*	*	*	*	*			*
(Modiola phas.)												
Modiolaria												
(Crenella)												
marmorata,	Forb.			*	*	*	*	*	*	*		*
nigra,	Gray.		*	*	*	*	*		*	*	*	*
discors,	L.		*	*	*	*	*	*	*	*		*
laevigata,	Gray.		*	*	*							
Crenella												
decussata,	Mntg.		*	*	*	*	*		*	*		
Nucula												
sulcata,	Broun.								*	*		*
(decussata, F. & H.)												
nucleus,	L			*	*	*	*		*	*	*	*
nitida,	Sow.								*	*		*
tenuis,	Mntg.		*	*	*	*	*		*	*		*
tumidula,	Malm.				*				*	*		?
(pumila, Asbjö.)												
corticata,	Möll.			*	*							
inflata,	Hancock.		*	*					*			
(delphinodonta, Mi. & Ad.)												
Leda												
minuta,	Müll.		*	*	*	*	*		*	*		
(caudata, Don.)												
perula,	Möll.		*	*	*	*		*	*	*	*	

174   Die marine Mollusken-Fauna Norwegens.

		Nord-Norwegen			Mittel-Norweg.		Süd & Ost Norweg.		West-Schwed.		England etc.
		Varangerfjord–Nordkap	Nordkap–Tromsø	Nordland, Lofoden	Drontheim	Amt Bergen–Aalesund	Stavanger	Christiania Fjord	Gothenburg	Kullen	Britische Meere
Yoldia											
lucida, (*Leda l.*)	Lov.	*	*	*	*	*	*	*			
pygmaea, (*Leda pyg.*)	Münst.	*	*	*	*	*	*	*	*		*
nana, (*Leda frigida, Torell*)	Sars.			*			*				
limatula,	Say.			*							
sinuata,	Sars.					*					
abyssicola, (*obtusa Sars.*)	Koren.			*		*					
intermedia,	Sars.	*									
arctica,	Gray.		*	*							
Limopsis											
borealis,	Woodw.				*	*					
Arca											
pectunculoides, (*raridentata, Wood.*)	Scac.	*	*	*	*	*	*	*	*		*
Koreni, (*obliqua, Phil.*)	Danielss.	*						*			*
lactea,	L.								*		*
tetragona,	Poli.				*	*	*		*		*
nodulosa,	Müll.			*	*	*			*		
glacialis,	Gray.				*						
Lepton											
squamosum,	Mntg.					*			*		*
nitidum,	Turt.								*	*	*
Montacuta											
substriata,	Mntg.		*	*	*				*	*	*
bidentata, (*Mesodesma exiguum, Lov.*)	Mntg.			*					*	*	
ferruginosa, (*tenella, Lov.*)	Mntg.					*	*	*	*		
tumidula,	Jeffr.								*	*	
Dawsoni,	Jeffr.								*		*
Kellia											
suborbicularis,	Mntg.			*	*	*	*	*	*		
lactea,	Brown.	*	*	*	*	*			*		
rubra (*Lasaea r.*),	Mntg.				*						*
Lucina											
spinifera,	Mntg.			*	*	*	*	*	*		
borealis,	L.	*		*	*	*	*	*	*		
Axinus											
flexuosus,	Mntg.	*	*	*	*	*		*	*	*	*
croulinensis,	Jeffr.				*			*			*
ferruginosus,	Forbs.			*	*		*	*	*		
eumyarius,	Sars.			*				*			
Sarsii, (? *v. flexuosus*)	Phil.	*	*	*		*		*			

Die marine Mollusken-Fauna Norwegens.

		Varangerfjord–Nordcap	Nordcap–Tromsö	Nordland, Lofoten	Drontheim, Aalesund	Amt Bergen	Stavanger–Christiansand	Christiania Fjord	Gothenburg	Kullen	Britische Meere
Cyamium											
minutum,	Fabr.	*	*	*	*	*	*	*			*
(? = Turtonia minuta, Fabr.)												
Cardium												
aculeatum,	L.					*		*			*
echinatum,	L.	*	*	*	*	*	*	*	*	*	*
exiguum,	Gml.	*						*			
(pygmaeum, Don.)												
(parcum, Phil.)												
fasciatum,	Mntg.	*	*	*	*	*	*	*			*
nodosum,	Turt.	*	*	*		*	*	*			
edule,	L.	*	*	*	*	*	*	*	*	*	
minimum,	Phil.	*	*	*	*	*	*	*			
(suecicum, Reeve)												
norvegicum,	Spengl.				*	*		*	*		*
elegantulum,	Möll.	*	*								
grönlandicum,	Chm.	*									
Isocardia												
cor,	L.			*	*	*	*	*	*		*
Kelliella												
abyssicola,	Sars.			*	*	*	*	*			
nach Jeffrey's = Junge von Isocardia cor; ich fing nie grössere als wie ein Nadelknopf.												
Cyprina												
islandica,	L.	*	*		*	*	*	*	*		*
Lyonsiella												
abyssicola,	Sars.			*							
Astarte												
sulcata,	Da Cos.	*	*	*	*	*	*	*	*		*
„ v. paucicostata,	Jeffr.					*		*			*
„ v. elliptica,	Brown.	*	*	*	*	*	*	*			*
compressa,	Mntg.	*	*	*	*	*	*	*	*		*
„ v. globosa,	Möll.	*				*		*			*
„ Banksii,	Leach.							*	*		
crebricostata,	Forb.		*	*							
arctica,	Gray.	*	*	*		*	*?				
(borealis, Chm.)												
Artemis												
exoleta,	L.			*		*		*	*		*
lincta,	Pult.			*		*			*		*
(Venus l.)												
compta,	Lov.							*	*		
(v. de lincta, Jeffr.)												
Venus												
fasciata,	Da Cos.				*	*	*				*
casina,	L.	*			*	*					*
ovata,	Penn.	*	*	*	*	*	*	*	*	*	*

Die marine Mollusken-Fauna Norwegens.

		Nord-Norwegen			Mittel-Norweg.		Süd & Ost Norweg.		West-Schwed.	England etc.
		Varangerfjord—Nordcap	Nordcap—Tromsoe	Nordland, Lofoden	Drontheim	Amt Bergen Aalesund	Stavanger	Christiansand Christiania Fjord	Kullen	Gotheuburg	Britische Meere
gallina,	L.	*	*	*	*	*	*	*	*	*	*
(striatula, Da Cos.)											
Lucinopsis											
undata,	Penn.		*	*			*	*			*
Gastrana											
fragilis,	L.				*						*
nur Mc. Andrew fing eine halbe Schale bei Drontheim; fide Jeffreys.											
Tellina											
crassa,	Penn.					*			*		*
balthica,	L.	*	*	*	*	*	*	*	*		*
(solidula, Pult.)											
tennis,	Da Cos.	*	*	*	*	*	*	*	*	*	*
fabula,	Gronov.			*		*	*	*	*		*
pusilla,	Phil.					*	*	*	*		*
(pygmaea, Loc. Ph. Mscrpt.)											
calcarea,	Chm.	*	*	*	*	*	*	*	*		
Psammobia											
tellinella,	Lm.			*							*
ferröensis,	Chm.		*	*		*	*	*	*	*	*
vespertina,	Chm.					*		*			*
Donax											
vittatus,	Da Cos.					*					*
(anatinus, Lm.)											
Mactra											
solida,	L.										
v. elliptica,	Brown.	*	*	*	*	*	*	*	*	*	*
subtruncata,	Da Cos.	*	*	*		*		*	*		*
ponderosa,	Phil.			*							
Scrobicularia											
piperata,	Bellon.					*		*	*		*
Syndosmya											
(Scrobicularia)											
nitida,	Müll.	*	*	*	*	*	*	*	*	*	*
(intermedia, Thomp.)											
prismatica,	Mntg.		*	*	*	*	*	*	*		*
alba,	Wood.		*	*	*	*	*	*	*	*	*
v. radiata,	Lov.							*	*		*
Solecurtus											
antiquatus,	Pult.							*			*
(coarctatus, Gml.)											
Solen											
ensis,	L.	*	*	*	*	*		*			*
pellucidus,	Penn.			*	*	*		*		*	*
vagina,	L.							*		*	*
siliqua,	L.					*					
Solemya											
nitidula,	Sars.		*								

Die marine Mollusken-Fauna Norwegens.

			Nord-Norwegen			Mittel-Norweg.		Süd & Ost Norweg.		West-Schwed.		England etc.
			Varangerfjord — Nordcap	Nordcap — Tromsø	Nordland, Lofoten	Drontheim Aalesund	Amt Bergen — Stavanger	Stavanger — Christiansand	Christiania Fjord	Gothenburg	Kullen	Britische Meere
Lyonsia												
norvegica,	Chm.				*		*		*	*		*
arenosa,	Möll.				*		*		*			
?striata,	Mntg.					*						
Thracia												
prætenuis,	Pult.		*	*	?	*	*	*	*	*		*
papyracea,	Poli.			*	*		*		*	*		*
(*phaseolina*, *Lm.*)												
„ v. villosiuscula,	M'. Gill.								*	*		
convexa,	W. Wood.			*	*		*	*	*	*		*
distorta,	Mntg.				*		*					
myopsis,	Beck.		*	*	*							
Poromya												
granulata,	Nyst & Westend.		*		*		*			*		*
Neæra												
abbreviata,	Forb.			*			*		*	*		*
(*vitrea*, *Lov.*)												
obesa,	Lov.		*	*	*	*	*	*	*	*		
rostrata,	Spengl.			*	*	*	*	*	*	*		*
cuspidata,	Olivi.		*	*	*	*	*	*	*	*		
costellata,	Desh.				*	*			*	*		*
lamellosa,	Sars.			*	*	*						
Corbula												
gibba,	Olivi.		*	*	*	*	*	*	*	*	*	*
„ v. rosea,	Leach.								*	*		*
Mya												
arenaria,	L.			*	*	*	*	*	*	*	*	*
truncata,	L.		*	*	*	*	*	*	*	*	*	*
Binghami,	Turt.				*	*		*				*
(*Sphaenia Bi.*, *F. & H.*)												
Panopæa												
plicata,	Mntg.			*					*			*
Saxicava												
norvegica,	Spengl.				*	*			?*[1]			*
(*Panopæa norv.*)												
rugosa,	L.		*	*	*	*	*	*	*	*	*	*
„ v. arctica,	L.		*	*	*	*	*	*	*	*	*	*
Pholas												
crispata,	L.		*	*	*	*						*
dactylus,[2]	L.											*
candida,[2]	L.											*
Xylophaga												
dorsalis,	Turt.			*		*		*	*	*		*
Teredo												
navalis,	L.								*	*		*
norvegica,	Spengl.		*	*	*	*	*		*	*		*
megotara,	Hanl.									*		*

[1] Nur todt in Bohuslän. — [2] kommen laut Jeffr. beide in Norw. vor; es fehlen mir die Localitäten.

178 Die marine Mollusken-Fauna Norwegens.

		Nord-Norwegen			Mittel-Norweg.		Süd & Ost Norweg.		West-Schwed.		England etc.
		Varangerfjord—Nordcap	Nordcap—Tromsö	Nordland, Lofoden	Drontheim—Aalesund	Amt Bergen—Stavanger	Stavanger—Christiansand	Christiania Fjord	Gothenburg	Kullen	Britische Meere

Solenoconchia.
Siphonodentalium

lofotense,	Sars.			*	*			*			*
quinquangulare,	Forb.			*	*	*	*	*			
vitreum,	Sars.	*	*								

Cadulus

subfusiformis,	Sars.			*		*		*			*

Dentalium

entalis,	L.	*	*	*	*	*	*	*	*		*
abyssorum,	Sars.	*	*	*	*	*	*	*	*		*?
agile,	Sars.			*							
affine,	Sars.			*							

Gastropoda.
Chiton

fascicularis,	L.					*					*
(*crinitus, Penn.*)											
discrepans,	Brown.					*					*
Hanleyi,	Bean.		*	*	*			*	*		*
cancellatus,	Sow. j.		*	*	*	*		*	*		*
(*alveolus, Sars.*)											
cinereus,	L.	*	*	*	*	*	*	*	*	*	*
(*asellus, Spengl.*)											
albus,	L.	*	*	*	*	*	*	*			*
marginatus,	Penn.			*				*			*
ruber, (Linné)	Lowe.	*	*	*	*	*	*	*			*
lævis, (Penn.)	Mntg.	*	*	*					*		*
marmoreus,	Fabr.	*	*								*

Patella

vulgata,	L.			*	*	*	*	*			*

Helcion

pellucidum,	L.	*	*	*	*	*	*	*	*		*

Tectura

testudinalis,	Müll.	*	*	*	*	*	*	*	*	*	*
virginea,	Müll.	*	*	*	*	*	*	*	*		*
fulva,	Müll.	*	*	*	*	*	*	*			*

Lepeta

cæca,	Müll.	*	*	*	*	*	*	*			*

Propilidium

ancyloides,	Forb.							*			*

Puncturella

noachina,	L.	*	*	*	*	*	*	*	*		*

Emarginula

fissura,	L.	*		*	*	*	*	*	*		*
(*reticulata, Sow.*)											
rosea,	Bell.							*[1]			*
crassa,	J. Sow.				*	*	*	*			*

---
[1] Asbjörnsen.

Die marine Mollusken-Fauna Norwegens.

		Nord-Norwegen			Mittel-Norweg.		Süd & Ost Norweg.		West-Schwed.		England etc.
		Varangerfjord—Nordcap	Nordcap—Tromsø	Nordland, Lofoten	Drontheim Aalesund	Amt Bergen—Stavanger	Stavanger—Christiansand	Christiania Fjord	Gothenburg	Kullen	Britische Meere
Fissurisepta								*¹)			
papillosa,	Seguenz.							*¹)			
Capulus (*Pileopsis*)											
hungaricus,	L.		*	*		*		*	*		*
radiatus,	Sars.		*								
Scissurella											
crispata,	Flem.		*	*	*	*	*	*			*
angulata,	Lov.		*	*	*²)						
Cyclostrema											
cutlerianum,	Clark.					*	*³)				
basistriatum	Jeffr.						*				
Trochus											
helicinus,	Fabr.	*	*	*	*	*	*	*	*		*
(*Margarita h.*)											
grönlandicus,	Chm.	*	*	*	*						*
(*Margarita undulata,* Sow.)											
magnus,	L.								*		*
tumidus,	Mntg.	*	*	*	*	*	*	*	*		*
cinerarius,	L.	*	*	*	*	*	*	*	*	*	*
millegranus,	Phil.			*			*	*	*		*
zizyphinus,	L.		*		*	*	*	*	*		*
occidentalis,	Migh.	*	*	*	*	*					*
(*alabastrum,* Beck)											
Margarita											
cinerea,	Couth.	*	*	*	*						
polaris,	Danielss.	*									*¹)
(*elegantissima,* Bean.)											
argentata,	Gould.					*					
Monodonta											
limbata,	Phil.					*					
Lacuna											
divaricata,	Fabr.	*	*	*	*	*	*	*	*		*
(*vincta,* Muly.)											
„ v. quadrifasciata, canalis, Mntg. = dünne Var. von divaricata ohne Bänder, Jeffr.	Mntg.							*			*
puteolus,	Turt.							*			*
(*fasciata* Ad.)											
Montacuti,	Turt.		*						*		*
(= puteolus ohne Bänder)											
pallidula,	Da Cost.	*	*	*	*	*	*	*	*		
albella,	Lov.								*		

¹) Semifossil, Jeffreys. — ²) = crispata extra gross, Jeffr. — ³) gefangen von Lilljeborg, Jeffr. — ⁴) Jeffr. Sup. p. 203.

180 Die marine Mollusken-Fauna Norwegens.

		Nord-Norwegen			Mittel-Norweg.		Süd & Ost Norweg.		West-Schwed.		England etc.
		Varangerfjord–Nordcap	Nordcap–Tromsö	Nordland, Lofoden	Drontheim Aalesund	Amt Bergen	Stavanger Christiansand	Christianiafjord	Gothenburg	Kullen	Britische Meere
labiosa,	Lov.		*		*			*			
solidula,	Lov.	*	*				*				
frigida,	Lov.	*	*								
(die 3 letzten wahrscheinlich = divaricata oder var., Jeffr.)											
Litorina											
litorea,	L.	*	*	*	*	*	*	*	*	*	*
rudis,	Maton.	*	*	*	*	*	*	*	*	*	*
„ v. saxatilis,	Johnst.							*			*
„ v. tenebrosa,	Mntg.		*					*			*
obtusata,	L.	*	*	*	*	*	*			*	*
(*litoralis*, F. & H.)											
neritoides,	L.									*	*
arctica,	Möll.		*	*							
(*rudis, var.*)											
grönlandica,	Mnke.		*	*							
(*rudis, var.*)											
?lineata (?ditto),	Lm.		*								
Rissoa											
calathus,	F. & H.				*						*
reticulata,	Mntg.							*	*		
(*Beanii*, Hanl.)											
cimicoides,	Forb.							*			*
Jeffreysi,	Waller							*	*		
(*sculpta*, Phil.)											
punctura,	Mntg.	*	*		*	*			*		*
(*textilis*, Phil.)											
abyssicola,	Forb.			*		*		*	*		*
zetlandica,	Mntg.			*		*		*	*		*
costata,	Adms.							*	*		*
parva,	Da Cost.	*	*	*	*	*	*	*	*		*
„ v. interrupta,	Adms.	*	*								*
inconspicua,	Aldr.							*	*		
turgida,	Jeffr.							*			
albella,	Lov.							*			
„ v. Sarsii,	Lov.					*					
membranacea,	Adms.					*	*	*	*		*
(*labiosa*, Mntg.)											
„ v. cornea,	Lov.										
violacea,	Desmar.	*			*	*		*	*		*
(*rufilabrum*, F. & H.)											
„ v. porifera,	Lov.					*		*	*	*	*
striata,	Adms.	*			*	*	*	*	*		*
„ v. arctica,	Lov.	*	*								*
vitrea,	Mntg.		*					*?	*		*
soluta,	Phil.	*		*		*		*			*
cingillus,	Mntg.					*		*			*

Die marine Mollusken-Fauna Norwegens.

		Nord-Norwegen			Mittel-Norweg.		Süd & Ost Norweg.		West-Schwed.		England etc.
		Varangerfjord—Nordcap	Nordcap—Tromsø	Nordland, Lofoden	Drontheim Amt	Amt Bergen	Stavanger	Christiania Fjord	Gothenburg	Kullen	Britische Meere
Hydrobia											
ulvae,	Penn.		*			*		*J	*		*
balthica,	Niels.							*	*		
(ulvae var.)											
rubra, Mc. Gil., Ad. auch var. v. ulvae,	Jeffr.					*					
ventrosa,	Mntg.							*J	*		*
Skenea											
planorbis,	Fabr.	*	*						*		*
nitidissima, Adms., synonym mit folgender.											
Homalogyra											
atomus,	Phil.	*		*		*		*			*
Caecum											
glabrum,	Montg.					*		*	*		*
Turritella											
terebra,	L.		*	*	*	*		*	*		*
(communis, Risso.)											
Scalaria											
communis,	Lm.				*	*		*	*		*
Turtonae,	Turt.				*	*		*	*		*
Trevelyana,	Leach.			*		*		*	*		*
clathratula,	Adms.					*			*		*
Loveni,	Adms.			*	*						
grönlandica,	Sow.	*	*	*	*	*		*			
Aclis											
ascaris,	Turt.					*					*
supranitida,	S. Wood.							*	*		*
Walleri,	Jeffreys.			*	*	*		*			*
Odostomia											
clavula,	Lov.							*	*		*
albella,	Lov.		*						*		*
rissoides,	Hanley.					*		*	*		*
pallida,	Mntg.					*	*?	*	*		*
(eulimoides, Hanley)											
„ v. crassa,	Thmps.								*		*
conoidea,	Brocc.		*	*				*	*		*
umbilicaris,	Malm.		*	*				*	*		*
acuta,	Jeffr.					*		*	*		*
conspicua,	Alder.								*		*
(unidentata, Hanley)											
unidentata,	Mntg.		*	*	*	*		*			*
turrita,	Hanl.							*	*		
insculpta,	Mntg.		*					*	*	*?	*
obliqua,	Alder.							*	*	*	*
indistincta,	Mntg.							*	*		*
interstincta,	Mntg.		*						*		*

	Nord-Norwegen			Mittel-Norweg.		Süd & Ost Norweg.		West-Schwed.		England etc.
	Varangerfjord—Nordcap	Nordcap—Tromsø	Nordland, Lofoden	Drontheim Aalesund	Amt Bergen	Stavanger Christiansand	Christiania Fjord	Gothenburg	Kullen	Brittische Meere
spirialis, Mntg.	*	*					*	*		*
eximia, Jeffr.							*	*		*
scalaris, Phil.										
„ v. rufescens, Frbs.		*		*		*				*
rufa, Phil.				*	*	*	*			*
„ v. fulvocincta, Thmps.					*		*	*		*
lactea, L.		*	*		*					*
(*elegantissima*, Mntg.)										
decussata, Mntg.					*					*
Warreni, Thmps.							*	*	*	*
Scillæ, Scacch.	*				*		*	*		*
acicula, Phil.		*	*		*		*	*		*
„ v. ventricosa, Frbs.		*	*		*					
(*Eulimella affinis*, F. & H.)										
producta, Lov. = acicula, Phil.										
oscitans, Lov. = pallida, Mntg.										
plicata, Mntg., wohl nur südlicher, Jeffr.										
Stilifer										
Turtoni, Brod.		*					*	*		*
Tylodina										
Dübenii, Lov.					*					
(*Stilifer Düb.*)										
Eulima										
polita, L.		*	*	*			*	*		*
intermedia, Cant.			*		*		*			*
(*nitida*, Phil., Lov.)										
distorta, Desh.			*	*	*	*	*			*
stenostoma, Jeffr.		*			*		*			*
subulata, Don.								*		*
bilineata, Ald.			*	*			*			*
Natica										
islandica, Gml.	*	*	*	*	*			*		*
(*helicoides*, Johnst.)										
grönlandica, Beck.	*	*	*	*	*		*	*		*
(*pusilla*, Gould.)										
catena, Da Cost.								*		*
(*monilifera*, Lm.)										
Alderi, Forb.		*	*	*	*		*	*		*
(*nitida*, Don.)										
Montagui, Forb.	*	*	*	*	*		*	*		
affinis, Gml.	*	*	*		*		*			
(*clausa*, Sow.)										
flava, Gould.		*	*							
(*glacialis*, Danielss.)										
(*aperta*, Lov.)										
(*Jeffr. IV. 230.*)										

Die marine Mollusken-Fauna Norwegens.

	Nord-Norwegen			Mittel-Norweg.		Süd & Ost Norweg.		West-Schwed.		England etc.
	Varangerfjord–Nordcap	Nordcap–Tromsø	Nordland, Lofoten	Drontheim	Amt Bergen–Aalesund	Stavanger–Christiansand	Christiania Fjord	Gothenburg	Kullen	Britische Meere
Lamellaria										
perspicua, L.					*			*		*
prodita, Lov.	*	*								
latens, Müll.		*	*		*					
glacialis, Sars.	*	*								
tentaculata, Mntg.								*		
Colobocephalus										
costellatus, Sars.						*				
Colpodaspis										
pusilla, Sars.						*				
Velutina										
plicatilis, Müll. (flexilis, Mntg.)		*	*		*			*		*
laevigata, Penn.	*	*	*		*	*	*	*	*	*
lanigera, Möll.	*	*?								
Torellia										
vestita, Jeffr.			*?							*
Trichotropis										
borealis, Br. & Sow.	*	*	*							
conica, Möll.		*								
Admete (*Cancellaria*)										
viridula, Fabr.	*	*	*		*	*				*
Aporrhais (*Chenopus*)										
pes pelicani, L.		*	*	*	*	*	*	*	*	*
pes carbonis, Brug. (Mac Andreae, Jeffr.)			*		*					*
Cerithium										
metula, Lov.	*	*	*	*	*		*	*		*
reticulatum, Da Cost.			*	*	*	*	*	*		*
perversum, L. (adversum, Mntg.)				*	*		*	*		
tuberculatum, L. (vulgatum, Brug.) Jeffr. IV. 264 & Supl. 217.						*				
Mc. Andrei, Adms.			*	*	*					
Cerithiopsis										
tubercularis, Mntg.							*	*		*
metaxa, Delle Ch.			*?							*
costulata, Möll.				*			*			*
Purpura										
lapillus, L.	*	*	*	*	*	*	*	*		*
Buccinum										
undatum, L.	*	*	*	*	*	*	*	*	*	*

	Nord-Norwegen			Mittel-Norweg.		Süd & Ost Norweg.		West-Schwed.		England etc.
	Varangerfjord—Nordcap	Nordcap—Tromsø	Nordland, Lofoden	Drontheim—Aalesund	Amt Bergen—Stavanger	Stavanger—Christiansand	Christiania Fjord	Gothenburg	Kullen	Britische Meere
undatum,										
v. zetlandicum, Forb.	*	*			*					*
(non *Humphreysianum*, B.)										
Humphreysianum, Ben.	*	*			*?					*
grönlandicum, Chm.		*								
(*undatum*, v. *grönl.*)										
Buccinopsis										
Dalei, J. Sow.		*								*
v. eburnea, Sars.			*							*
Murex										
erinaceus, L.								*		*
Trophon										
Barvicensis, Johnst.		*	*	*	*	*	*	*		*
truncatus, Ström.							*	*		*
(*clathratus*, F. & H., non L.)										
(*Bamffius*, Mntg.)										
clathratus, L.	*	*	*	*	*	*	*J.	*	*?	
v. Gunneri, Lov.	*	*	*	*	*	*	*			
die britische Var. scalaris von Troph. truncatus Ström gleicht letzterer. Jeffr. IV. 321.										
craticulatus, Fabr.			*							
Taranis, Jeffr. nov. genus.										
Mörchii, Malm.			*		*		*	*		
(*Trophon Mörchii*, Malm.)										
(*Pleurotoma Mörchii*, Sars.)										
Fusus										
antiquus, L.	*	*	*	*			*	*	*	*
despectus, L.	*	*	*	*						*
norvegicus, Chm.	*	*	*							*
Turtoni, Bean.	*		*							*
islandicus, Chm.	*	*	*							*
gracilis, Da Cost.			*	*	*	*	*	*		*
propinquus, Ald.	*	*	*	*				*		*
Berniciensis, King.	*		*	*						*
fenestratus, Turt.	*	*		*	*	*				*
(*Buccin. fusiforme*, Brod.)										
incarnatus, Sars.	*	*	*							
(*latericeum*, Möll.)										
Nassa										
reticulata, L.			*	*	*		*	*	*	*
incrassata, Ström.	*	*	*	*	*	*	*	*		*
pygmæa, Lm.								*	*	*
Columbella										
nana, Lov.		*		*						*
Holböllii, Möll.	*	*		*	*					*

Die marine Mollusken-Fauna Norwegens.

		Nord-Norwegen			Mittel-Norweg.		Süd & Ost Norweg.		West-Schwed.		England etc.
		Varangerfjord—Nordkap	Nordkap—Tromsø	Nordland, Lofoten	Drontheim—Aalesund	Amt Bergen—Naværanger	Navanger—Christiansund	Christiania Fjord	Gothenburg	Kullen	Britische Meere
Defrancia											
teres,	Forb.			*	*	*			*		*
(*Pleurotoma boreale*, Lov.)											
Leufroyi,	Mich.				*				*		*
linearis,	Mntg.	*		*	*	*		*	*		*
reticulata,	Renier.	*	*	*	*				*		*
purpurea,	Mntg.				*	*			*		*
cancellata,	Mi. & Ad.		*	*				*			
(? *calcara*)											
Pleurotoma											
striolata	(Scacchi), Phil.				*			*			*
(*Mangelia* str.)											
attennata,	Mntg.		*?					*	*	*	*
costata,	Don.		*		*	*		*	*		*
brachystoma,	Phil.					*		*	*		*
nebula, v. elongata,	Mntg.		*		*			*	*		*
nivalis,	Lov.		*	*	*	*	*	*			*
carinata,	Biv.	*		*	*	*	*		*		*
septangularis,	Mntg.				*						*
rufa,	Mntg.		*	*	*	*					*
pyramidalis,	Ström.	*	*	*	*	*			*		*
turricula, v. rosea,	Mntg.	*	*	*	*		*		*	*	*, γ
Trevelyana,	Turt.	*	*	*	*			*	*		
mitrula	Lov.	*?							*		
(= ? *cylindracea*, Möll.)											
„ v. alba,	Sars.							*	*		
declivis,	Lov.		*					*			
tiarula,	Lov.								*		
tenuicostata,	Sars.			*		*?					
alternata,	Mntg.	*						*?	*?		
Pingelii,	Möll.	*		*							
violacea,	Mi. & Ad.	*	*	*							
?carinula	Bouth.							*			
Cypraea											
europaea,	Mntg.				*	*	*		*		*
Cylichna											
acuminata,	Brug.				*	*			*	*	*
(*Bulla, Ovula, Volvula* a.)											
nitidula,	Lov.					*		*	*	*	*
umbilicata,	Mntg.			*		*	*	*	*	*	
cylindracea,	Penn.	*				*		*	*	*	*
alba,	Brown.	*	*	*	*	*		*			*
striata,	Sars.		*								
strigella,	Lov.								*	*	
(nach Jeffr. auf einige frische Exemplare v. C. umbilicata gegründet, an denen die Streifen stärker als gewöhnlich waren.)											

186 Die marine Mollusken-Fauna Norwegens.

		Nord-Norwegen			Mittel-Norweg.		Süd & Ost Norweg.		West-Schwed.		England etc.
		Varangerfjord–Nordkap	Nordkap–Tromsø	Nordland–Lofoden	Drontheim–Aalesund	Amt Bergen	Stavanger–Christiansand	Christiania Fjord	Gothenburg	Kullen	Britische Meere
Utriculus											
mammilatus,	Phil.			*		*	*	*	*		*
(*Cylichna mam.*)											
truncatulus,	Brng.	*?	*	*	*	*	*	*	*		*
(*Cylichna truncata*)											
expansus,	Jeffr.			*				*			*
hyalinus,	Turt.	*	*			*		*	*		*
(*Amphisphyra hyal.*)											
globosus,	Lov.		*	*		*		*	*		*
(*Amphisphyra gl.*)											
Utriculopsis											
vitrea,	Sars.			*		*		*			
(nach Jeffr. und Andern = Utriculus globosus; nach Sars verschieden.)											
Acera											
bullata,	Müll.	*	*			*		*	*	*	*
Actaeon											
tornatilis,	L.			*	*	*	*	*	*		*
(*Tornatella torn. & fasciata.*)											
" v. tenella,	Lov.					*?					*
Bulla											
utriculus,	Broc.			*	*	*			*		*
(*Cranchii, Leach.*)											
Scaphander											
lignarius,	L.			*		*	*	*	*		*
librarius,	Lov.	*	*	*		*	*	*			*
Philine											
scabra,	Müll.			*	*	*	*	*	*		*
(*granulosa, Sars.*)											
catena,	Mntg.			*				*			*
quadrata,	J. Wood.	*	*	*		*	*	*	*		*
punctata,	Clrk.						*		*		*
pruinosa,	Clrk.	*	*	*					*		*
(? *finmarkia, Sars.*)											
aperta,	L.			*		*		*	*	*	*
flexuosa,	Sars.							*			
nitida,	Jeffr.							?			*
Aplysia											
punctata,	Cuv.				*	*			*		*
(*hybrida, Lov.*)											
Pleurobranchus											
plumula,	Mntg.								*		*
sideralis,	Lov.								*		
Pleurophyllidia											
Loveni,	Bergh.							*			*
(*Diphyllidia lineata, Lov.*)											

Die marine Mollusken-Fauna Norwegens. 187

	Nord-Norwegen			Mittel-Norweg.		Süd & Ost Norweg.		West-Schwed.		England etc.
	Varangerfjord—Nordcap	Nordcap—Tromsø	Nordland, Lofoten	Drontheim, Aalesund	Amt Bergen	Stavanger, Christiansand	Christiania Fjord	Gothenburg	Kullen	Britische Meere

Nudibranchiata.
(Gymnobranchia.)

Limapontia nigra,	Johnst.							*			
Elysia viridis,	Mntg.		*								*
Eolis papillosa,	L.		*		*						*
coronata,	Forb.							?			*
branchialis,	Müll.		*		*		*				
lineata,	Lov.							*			*
smaragdina,	Ald. & Hn.							*			*
pellucida,	„						*?				
alba,	„							*			*
concinna,	„						*	*			*
aurantiaca,	„							*			*
cingulata,	„							*			*
tricolor,	Forb.							*			*
exigua,	Ald. & Hn.							*			*
laciniata,	Gmel.		*								
Doto fragilis,	Forb.					*		*			*
coronata,	Gml.	*	*	*	*	*	*		*		*
crassicornis,	Sars.							*			
Dendronotus arborescens,	Müll.		*	*	*	*					
Hero formosa,	Lov.		*					*	*		*
Tritonia Hombergii,	Cuv.							*			*
plebeia,	Johnst.							*			*
Aegirus punctilucens,	d'Orb.							*			*
Triopa claviger,	Müll.						*	*			*
lacer,	Müll.	*	*								
Polycera quadrilineata,	Müll.				?			?			
pudica,	Lov.		*								
Ancula cristata,	Aldr.							*			*
Idalia aspersa,	Ald. & H.							*			*

188 Die marine Mollusken-Fauna Norwegens.

			Nord-Norwegen			Mittel-Norweg.		Süd & Ost Norweg.		West-Schwed.		England etc.
			Varangerfjord—Nordcap	Nordcap—Tromsoe	Nordland, Lofoden	Drontheim—Aalesund	Amt Bergen—Stavanger	Stavanger—Christiansand	Christiania Fjord	Gothenburg	Kullen	Britische Meere
Goniodoris												
nodosa,		Mntg.							*			*
Doris												
tuberculata,		Cuv.	*				*		*	*		*
Johnstonii,		Ald. & H.		*			*		*	*		*
repanda,		Ald. & H.	*				*		*	*		*
(*obvelata, Müll., Lov.*)												
(fide Jeffr. V. 87.)												
(laut Jeffr. hält Lov. sie für obvelata, Müll.)												
aspera,		Ald. & H.							*			*
muricata,		Müll.	*				*	*		*		*
Loveni,		Ald. & H.					*			*		*
pilosa,		Müll.	*							*		*
(*fusca, Lov.*)												
luteocincta,		Sars.							*			
fusca,		Müll.							*	*		
(*? = fusca, Lov.?*)												
echinata,		Lov.					*		*			
Cloelia												
trilineata,		Sars.			*							

Verbindung mit Norwegen.

Regelmässige Dampfschiff-Fahrt

zwischen

Hamburg und Hammerfest,

anlaufend: Christiansand, Kleven (Hafen von Mandal), Farsund, Flekkefjord, Egersund, Stavanger, Bergen, Aalesund, Molde, Christiansund und Drontheim, (Vardö und Vadsö,) mit den bequemen schnellfahrenden Dampfschiffen der

Bergenske & Nordenfjeldske Dampfschiff-Gesellschaften,

als:
Nordstjernen.	Hakon Jarl.
Jupiter.	Nordland.
Finmarken.	Throndhjem.
Kong Carl.	Tordenskjold.
Thor.	Harald Haarfager.

Abfahrt

von HAMBURG jeden Freitag Abend
(Abänderungen vorbehalten).

Passage I. Classe

bis						
Christiansand	Spc.	7. —.	= Thlr. Pr. Crt.	10. 15	Sgr.
„ Kleven	„	7. 60.	= „ „ „	11. 7½	„
„ Farsund & Flekkefjord	„	8. —.	= „ „ „	12. —	„
„ Egersund	„	8. 60.	= „ „ „	12. 22½	„
„ Stavanger	„	9. —.	= „ „ „	13. 15	„
„ Bergen	„	10. —.	= „ „ „	15. —	„
„ Drontheim	„	15. —.	= „ „ „	22. 15	„
„ Hammerfest	„	27. —.	= „ „ „	40. 15	„
„ Vardö & Vadsö	„	32. —.	= „ „ „	48. —	„

exclusive Beköstigung.

Wird zugleich ein Retourbillet gelöst, so wird hierfür nur die Hälfte bezahlt. Am Bord dieser elegant eingerichteten Dampfschiffe befindet sich vollständige Restauration.

F. J. REIMERS, Agent der Schiffe,
68 Admiralitätsstrasse, Hamburg.

NB. Reisende nach Christiania mit obigen Schiffen nehmen ihr Billet bis Christiansand, von wo sie in einem andern Dampfer weiter fahren.

Die Söndenfjelds-Norwegische
Dampfschiff-Gesellschaft
in CHRISTIANIA.

Wöchentliche Dampfschifffahrt zwischen HAMBURG und CHRISTIANIA,
anlaufend *Christiansand, Arendal, Langesund &c.*

Von Hamburg	jeden Samstag p. m.	Von Christiania	jeden Samstag p. m.
bis Christiansand	„ Montag a. m.	bis Christiansand	„ Sonntag a. m.
„ Christiania	„ Dienstag p. m.	„ Hamburg	„ Dienstag a. m.

Von Christiansand gehen mehrmals die Woche Dampfschiffe nach Stavanger, Bergen, Drontheim und anderen Orten im nördlichen Norwegen.

Die Dampfschiffe sind elegant eingerichtet mit allen Bequemlichkeiten für Passagiere, nebst vorzüglicher Restauration.

Fahr-Preise:

Erster Platz Spc. 7, zweiter Platz Spc. 4. 80 sk., dritter Platz Spc. 2. 40. sk. Billete für die Hin- und Rückfahrt, das ganze Jahr gültig, nur die Hälfte mehr. — Rabatt für Familien.

Fernere Auskunft ertheilen umgehend die Agenten:
Herr F. J. Reimers in Hamburg.
„ J. A. Werner „ Christiansand.
„ Jens. Meinich „ Christiania.

Det Söndenfjelds-Norske-Dampskibsselskab
i CHRISTIANIA.

Ugentlig Dampskibsfart mellem Hamburg og Christiania,
anløbende *Christiansand, Arendal, Langesund* etc.

Fra Hamburg	hver Löverdag E. M.	Fra Christiania	hver Löverdag E. M.
til Christiansand	„ Mandag F. M.	til Christiansand	„ Söndag F. M.
„ Christiania	„ Tirsdag E. M.	„ Hamburg	„ Tirsdag F. M.

Fra Christiansand gaar Dampskib flere Gange om Ugen til Stavanger, Bergen, Throndhjem og andre Steder i det nordlige Norge.

Dampskibene ere elegant indrettede med gode Bekvemmligheder og god Restaurationer for Passagerne.

Passagerfragten:

paa 1st. Plads spc. 7. — sk., 2d. Plads spc. 4. 80 sk, 3d. Plads spc. 2. 40 sk. Tour- & Retourbillet, gjeldende for hele Aaret, 1½ Fragt. Rabat for Familier. Alle nærmere Oplysninger meddeles ved Henvendelse til Selskabets Agenter:
Herr F. J. Reimers i Hamburg.
„ J. A. Werner i Christiansand.
„ Jens. Meinich i Christiania.